中央财经大学 Central University of Finance and Economics

中央财经大学中央高
Supported by the Fundament

U0499393

王存同 编著

社会统计学及Stata应用

Social Statistics using Stata

中国财经出版传媒集团

经济科学出版社
Economic Science Press
·北京·

图书在版编目（CIP）数据

社会统计学及 Stata 应用/王存同编著 . -- 北京：
经济科学出版社，2024. 11
ISBN 978 - 7 - 5218 - 5916 - 4

Ⅰ.①社…　Ⅱ.①王…　Ⅲ.①社会统计 - 应用软件 -
教材　Ⅳ.①C91 - 03

中国国家版本馆 CIP 数据核字（2024）第 102742 号

责任编辑：王　娟　李艳红
责任校对：郑淑艳
责任印制：张佳裕

社会统计学及 Stata 应用

SHEHUI TONGJIXUE JI Stata YINGYONG

王存同　编著

经济科学出版社出版、发行　新华书店经销
社址：北京市海淀区阜成路甲 28 号　邮编：100142
总编部电话：010 - 88191217　发行部电话：010 - 88191522
网址：www. esp. com. cn
电子邮箱：esp@ esp. com. cn
天猫网店：经济科学出版社旗舰店
网址：http://jjkxcbs. tmall. com
北京季蜂印刷有限公司印装
710×1000　16 开　20.25 印张　300000 字
2024 年 11 月第 1 版　2024 年 11 月第 1 次印刷
ISBN 978 - 7 - 5218 - 5916 - 4　定价：86.00 元
（图书出现印装问题，本社负责调换。电话：010 - 88191545）
（版权所有　侵权必究　打击盗版　举报热线：010 - 88191661
QQ：2242791300　营销中心电话：010 - 88191537
电子邮箱：dbts@ esp. com. cn）

统计学具有处理复杂问题的非凡能力，它需要非常精细的方法和小心翼翼的解释。当人类科学探索者在问题的丛林中遇到难以逾越的障碍时，唯有统计工具可为其开辟一条前进的通道。

——弗朗西斯·高尔顿（Francis Galton，1822～1911）

序　文

他懂黑暗，却使音乐响起。①

忆及此套读本的编撰缘起，便难以绕开我在燕园的受教经历与生命历程中诸多恩师的耳提面命。京师大学堂（北京大学前身）首任校长严复先生尝谓：

> 今世学者，为西人之政论易，为西人之科学难。政论有骄嚣之风如自由、平等、民权、压力、革命皆是。科学多朴茂之意，且其人既不通科学，则其政论必多不根，而于天演消息之微，不能喻也。此未必不为吾国前途之害。故中国此后教育，在在宜著意科学，使学者之心虑沈潜，浸渍于因果实证之间，庶他日学成，有疗病起弱之实力，能破旧学之拘挛，而其干图新也审，则真中国之幸福矣！②

燕园提倡科学、提倡因果实证方法之思想根源由是可见。此后，北京大学教授胡适与傅斯年在历史学研究中，又开国内实证研究③之先河，尤其是"大胆假设、小心求证"的思想电照风行，影响更为深远。受此精神的濡染

---

① 无意间读到此句，仿佛被一击而中，只惜未能获其出处，仅记原文为"本书献给皮特·李曼他懂黑暗 却使音乐响起"。
② 严复. 与外交报主人书. 载于严复学术文化随笔［M］. 北京：中国青年出版社，1999：132.
③ 实证研究通常有广义与狭义之分。在广义上，实证研究是针对形而下的事实问题进行探索的一种研究范式，以证实或证伪某些假设及探索变量间的因果关系为目的，强调可程序化、可量化方法的正确利用，在部分情况下包括了质性研究（qualitative research）的应用。在狭义上，实证研究的基本精髓就是基于理论、以数学或统计模型为核心的量化分析，就是如何让数据说话，即这是一种以理论为导向、明确界定和利用收集到的证据或数据来解答研究问题的研究范式。

与浸淫，笔者的研究旨趣从自然科学转向社会科学，并获诸多师长谆谆教导，渐入实证研究殿堂。此后，又幸得美国伊利诺伊大学廖福挺（Tim Liao）、普林斯顿大学谢宇、芝加哥大学 James Heckman、Stephen Raudenbush 等教授的悉心教诲，更觉如鱼得水、渐入佳境。

日月不淹，春秋代序，转瞬间笔者投身于科研、教学已逾三十载，依然夙夜忧叹，恐初心难寄，故焚膏继晷，不遑暇食，殚思极虑，匪石匪席。

科研经年，荒野寒暑，庶竭驽钝，遍尝百草，最终发现以理论为导向的实证研究可爱、有趣、魅力无限且药效上佳。譬如，在理论建模、数据处理过程中降妖除魔、历尽千磨万击而最终过关斩将、一骑绝尘、直奔顶峰的乐趣，足以媲美最经典的游戏桥段；在寻寻觅觅、追本穷源过程中发现问题答案并渐得合理结论而激动与战栗的刹那，足以使人忘却模型建构、数据分析中的苦思冥想与寝食难安。上下求索，山重水复疑无路；蓦然回首，结论竟在柳暗花明处。一时间，面对意料之外、情理之中的结果，喜悦与慰藉齐飞。同时，穷理尽性、脱然贯通的幸福感亦沁人心脾，令人百骸俱疏。

传道授业，明正事理，格物致知，殚精竭虑，因而如临深渊，如履薄冰，夙夜匪懈，一课一讲未尝有丝毫懈怠；一词一句，如指诸掌，言之凿凿，如数家珍，不敢有半分差错，唯恐疏忽未尽、贻误后学。甚感欣慰的是，本校、外校同学及部分中青年教师等人士学习的积极性颇高，教室常一座难求。俟课始，诸生便凝神屏息，唯恐不得讲者之口授心传。不仅如此，他们还谬赞笔者为"少有的良心教师""最会教计量的那个人""听他讲复杂模型，像听小说般如痴如醉"等，并戏称笔者的讲义为"葵花宝典"。学生与同行的抬爱与鼓励，常使笔者百感交集、涕泪盈眶。投我以木瓜，报之以琼瑶，遂长年授课，不辞艰辛。尤为幸甚的是，笔者任教的所有课程均被遴选为精品课程。其中，《社会统计学及 Stata 应用》获"十四五"校级一流本科课程立项，《高级社会定量分析》获校级研究生优质课程建设项目，且均已上线中国大学 MOOC（慕课）和其他平台，目前已有全国二十多所高校师生及众多社会人士参与，反响颇佳。

尽管此套读本最初作为本科生、研究生及培训课程讲义，帮助无数受众利用量化方法，顺利发表了数量可观、质量颇高的论文，解决了一定程度上的生存焦虑，但在长年的授课及师生互动的过程中，笔者遗憾地发现部分同学身受量化学习之苦，尤其为读本所绊。往往在课堂上听懂了，明白了，但课后一翻英文文献资料或以复杂数学推导为主的统计读本便茫然无措，不知所云，或觉有云泥之别。这对于社会科学专业的学生，尤其是高中文科出身的同学，在自学、理解、重现及应用等方面可能存在一定的挑战。然而，对于社会科学而言，量化研究范式及统计模型的学习不可或缺。与其他范式相比，量化研究有规可循，有矩可依，理应是社会科学研究方法学习中最容易学习及掌握的范式。而因果推断，恰是科学探索的核心与宗旨，更不能也无法规避。"只找到一个原因的解释，也胜过当上波斯人的国王。"① 对因果推断的探索，目前已成为社会科学研究的主流。但如何从学生们熟悉的线性回归过渡到复杂的因果推断，与其说是一门精细的技术，不如说是一门难懂的艺术。

因此，笔者在自己的社会统计学、计量经济学及因果推断教学讲义之基础上，借鉴自己所授精品课程及 MOOC 线上课程的经验，决定为中国学生写一套从基本统计概念、统计软件操作到线性回归，再从线性回归切入因果推断的系列图书，即《社会统计学及 Stata 应用》《进阶社会统计学及 Stata 应用》《从线性回归到因果推断》，以求罕譬而喻、深入浅出。本套书以通俗易懂、简洁明了、浅白流畅的表达讲解深奥的模型原理及其背后的本质，用精心打造的案例事无巨细地阐述复杂模型的应用与操作，寓理论于实践，融问题意识与人文关怀于其中，力争使统计图书的严谨性和叙事的故事性、表达的趣味性合而为一，试图打造一套中国学生喜闻乐见的"探索量化研究方法、致力于因果推断"的图书。

随着写作的不断深入，以减轻读者量化研究的生存焦虑为志趣，致力于中国的社会科学研究与国际学术接轨，笔者又提出了进一步的自我要求与愿景：

为中国学生写一套学生能读懂的统计学及因果推断图书；

为中国读者写一套便捷的，能够由浅入深、循序渐进地掌握复杂量化分析方法与技术的丛书；

为中国学生及读者写一套传世之读本，即为广大读者呈上一套寓教于乐、

---

① 古希腊哲学家德谟克利特如是说。

心怀天下地探究高级量化分析方法、致力于因果推断的经典作品及实用手册。

作 品 特 色

本套书尤为值得一书的特色是以平等的学生视角出发，以"是什么""为什么"及"怎样做"为编撰逻辑，在语句表达、章节安排及段落顺序上予以锻造，适宜学生阶梯学习、友好阅读及实际操作。身为教师，在编撰本套书时不由自主地会从教师的视角出发，经常在无意间忽略或无暇顾及学生的接受程度及理解能力，以致许多读本或高高在上俯视众生、或佶屈聱牙晦涩难懂，最终不是被束之高阁就是被弃之如履。而本套书则以学生自我学习与友好阅读为出发点，将教师枯燥讲解的静态画面，转化为能让学生身临其境、感同身受且步步升级，融自我期许、自我奖励及学习乐趣于一体的立体性图书。因此，笔者不仅郑重邀请了有志于此的学生参与作品撰写，而且还在教学实践中让几十所高校的学生进行试读与修订，并参阅同行及相关学者、教师的建议，得到了广大师生的积极反馈与鼓励，方敢尝试出版。

需要重点说明的是，笔者的学生——芝加哥大学经济学系的研究生陈馥婷（Futing CHEN）不仅认真听取与观摩了笔者的全程教学，而且参与了本套书的整体编撰。尤其难能可贵的是，她基于学生理解与学习的视角，对笔者的课堂讲义进行了大量的增删、段落调整与制图及语句表达的修订。因此，她是本套书当之无愧的合作者。

此外，本套书保留并延续了已出版姊妹篇作品的编撰特色，诸如：

（1）聚焦基础统计概念、线性回归及因果推断方法与技术的应用。本书在浓缩与提炼数十部英文原典精髓的基础上，结合实际调查数据，对统计概念、回归模型及因果推断方法的原理与应用进行教学式解析，重在实例分析、Stata 程序实现以及对统计结果的详细解读。

（2）试图涵盖现代因果推断研究领域的前沿方法与技术。本套书不但注重常规模型的应用，更放眼于国际主流社会科学学术刊物，对因果推断方法与技术的前沿进展及具体应用进行详细的解读，来帮助读者读懂、欣赏与评价高级计量分析文献，并能规范地运用此类成熟的技术。

（3）淡化公式推导，重在细节丰富及实用。根据定位目标与服务人群，本套书力图避免使用晦涩的数学语言与公式推导，弱化对矩阵等计算方法的介绍与要求，强化模型应用与统计结果的解读，让读者能够按图索骥，准确而高效地掌握社会统计、回归分析及因果推断等工具。

（4）完整呈现执行文件。本套书不仅在正文中呈现了完整的 Stata 命令语句，详细解读命令用法及对应的数据特征，写明注意事项，还通过实例操作示范性地解释了模型结果。另外，本套书还提供所有案例分析的数据和Stata 执行文件（Do-file）。当读者应用读本中提及的模型时，多数情况下只需在执行文件中替换原文件中的变量，并到对应的正文中寻找示范语句加以解释即可。

本套书适用于社会科学专业的本科生、研究生、青年教师及有一定基础的量化方法爱好者，既可以从零起点开始学习，也可以作为进阶读物来指导论文/著的撰写与发表。学习本套书的预备课程包括概率论与数理统计知识、社会调查研究方法、抽样调查等基础知识。

作品结构与数据说明

因出版要求与字数限制，本套书分为三本，即基础篇《社会统计学及Stata 应用》《进阶社会统计学及 Stata 应用》及进阶篇《从线性回归到因果推断》。既可独立成书，亦存在承继关联。

《社会统计学及 Stata 应用》共五章，其脉络为：从抽样及研究设计的讨论开始，过渡到抽样分布及参数估计等内容的讨论。

《进阶社会统计学及 Stata 应用》共五章，其脉络为：延续《社会统计学及 Stata 应用》的内容，重点讨论假设检验、方差分析、相关分析等，宜作为规范量化研究及计量经济学学习的入门读本。

上述两本图书宜作为规范量化研究及计量经济学学习的入门图书。若未深谙此读本内容，可能会对后续进阶读本的理解存在一定挑战。

《从线性回归到因果推断》共十一章，其脉络为：线性回归——过渡——因果推断。重点解决如何从我们熟悉的线性回归过渡到复杂的因果推断方法与技术，既有理论方面的析因，亦有模型分析及实际操作的丰富案例。前几章从简单线性回归的原理入手，到多元线性回归，再讨论如何利用线性回归过渡到因果推断，并重点讨论因果推断的方法与技术。其中，以追踪数据常用的因果分析方法入手，讨论内生性问题并引入工具变量法，再讨论基于随机实验的因果推断方法。例如，先讨论基于准实验方法再到双重差分法（DID）、三重差分法（DIDID）及双重变化模型（CIC）等，再讨论断点回归设计（RDD），最终落笔到基于观测性数据为基础的系列倾向得分匹配法（PSM）。

在上述两本图书中，主要使用的数据为 CHIP2013 及各方发布的公开数据。此处仅对 CHIP2013 简介如下。

中国家庭收入调查（CHIP）致力于追踪中国收入分配的动态情况，其由国内外研究者组织，并在国家统计局的协助下完成。CHIP 调查分别于 1989 年、1996 年、2003 年、2008 年、2009 年和 2014 年收集了前一年的收支信息，这些数据按照收支发生年份被分别编号为 CHIP1998、CHIP1995、CHIP2002、CHIP2007（RUMiC2008）、CHIP2008（RUMiC2009）和 CHIP2013。所有的数据均包含农村和城镇住户的调查，并鉴于农村向城镇迁移的日渐重要的现实意义，以及城镇和农村样本并未包含所有流动人口，CHIP 数据从 2002 年开始包含了流动人口样本。

此套读本的案例分析主要采用 CHIP2013 数据。该数据于 2014 年 7 ~ 8 月收集，样本来自国家统计局 2013 年城乡一体化常规住户调查大样本库，并由 CHIP 课题组按东、中、西分层，采用系统抽样而得。该调查包括农村、城镇和流动人口三个样本，共覆盖从 15 个省份、127 个城市和 234 个县区抽取的 18948 个住户和 64777 个个体。其中有 7175 户城镇住户、11013 户农村住户和 760 户外来务工住户。[①]

其他所用案例数据，会在各对应章节脚注中予以解释与说明。

致　谢

感谢父母与家人，父慈子孝，长惠幼顺，讲信修睦，埙篪同音，康泰安平，其乐融融，为笔者的顺利写作提供了充足时光与遁世港湾；感谢纳欣悦、

---

① CHIP 网站［EB/OL］. http：//ciid. bnu. edu. cn/chip/index. asp. 检索日期：2018 - 12 - 20.

许茗萱、王丁一鹤、吴爱晖、王舒垚、苏荷雅、陈强、黄达、岳永逸、张立英、王海港、边燕杰、周雪光、陆铭、田梦怡等诸多师生挚友，对此套读本提出了大量有益的建议与修改意见。感激之情，无以言表，唯"日趋於新、精益求精、密益加密"为报。不宁唯是，幸得亲朋师友宽厚仁济、砥砺扶持，纵使荆棘丛生，屈心抑志，忍尤攘诟，步履维艰，仍以"横渠四句"① 诚意正心、识仁求仁，以潜心读写为辟邪茱萸、消炎菊酒，披星戴月，朝删暮辑，苦心孤诣，百易其稿，逾之十载，终有小得。虽思来唏嘘，亦不枉印证今生。

　　此外，需要说明的是，此套读本中的统计概念、统计模型、公式表达、步骤推导及规范表达等，均由统计先贤们发现与创设，在量化研究方法与技术不断发展中日益规范，逐渐成为该研究领域之约定俗成，为全人类之共同财富。更为重要的是，此套读本的编撰多受益于统计学前辈及数位导师们的研究积累与启发，笔者仅为"知识的搬运工"，并尽可能用通俗易懂、妙趣横生的表达及贴近现实的经典案例解读复杂的统计模型，试图让更多学子从中受益。若说此套读本有一定的创新或贡献，也只是笔者于其中增添了自己多年的研究经验、教学感悟及人文关怀而已。对待成果的态度，笔者一向欣赏李政道先生于闲暇时分回忆他与杨振宁先生共获诺贝尔物理学奖往事时所说，他们就像两个在科学海边玩耍的孩子，为自己发现的一个又一个小贝壳而欣喜若狂。② 赠人玫瑰，手留余香。因此，此套读本的全部版税将继承已出版著作的传统，继续捐赠于公益事业，以奖掖后进，推进国内社会科学研究之道的进展。

　　有诗可证的生命，是值得纪念的。③

　　是为序。

王存同

癸卯中秋 于燕园

---

　　① 横渠四句，即"为天地立心，为生民立命，为往圣继绝学，为万世开太平"，为北宋大家张载之名言。当代哲学家冯友兰称其为"横渠四句"，晚辈如我则引以为座右铭，诚勉不绝。

　　② 笔者攻读博士时的联合导师为李政道之子 James Z Lee（李中清）。其间，偶得李政道先生指点人生与治学之道，感慨良多。

　　③ 余光中．五行无阻［M］．上海：上海三联书店，2019，封面语．

目　　录

第 1 章

数据准备

任凭弱水三千，我只取一瓢饮。

——《红楼梦》第九十一回

统计学的使命是通过搜索、整理、分析样本数据等手段，以样本统计量（部分）来描述、解释、推断研究总体（整体）的特征，以追溯历史、描述现状、计算分析及预测总体的未来发展趋势。其中，统计推断是统计学的核心。若要进行统计推断，就必须对样本数据进行统计分析，而统计分析的前提是必须先获得数据。若没有数据，统计分析寸步难行，即"巧妇难为无米之炊"。因此，在讨论具体的统计方法之前，让我们先简要讨论数据的准备，包括但不限于数据采集、数据类型与数据结构等内容。

数据，即所有可以电子化记录的资料，一般分为一手数据及二手数据。其中，数据采集涉及如何从庞大的研究对象（**总体**）中抽取部分个体（**样本**）来代表总体并加以研究，以期通过该样本的特征来推断总体特征。我们根据数据不同的收集方式和结构，可将之简单划分为截面数据、时间序列数据、混合截面数据和追踪/纵贯数据等。不同的数据类型特征各异，且对应不同的统计方法。

统计软件是我们清理和分析数据时的得力助手，市场占有率较高的商业软件有 SPSS、SAS、Stata 和 R 等。其中，Stata 使用简便、功能强大，且与统计学和计量经济学联系紧密，为各级各类用户所青睐。本书亦选用 Stata 进行数据处理的演示。

1.1 数 据 获 取

数据，即所有可以电子化记录的资料。但并非所有的原始资料都能进行统计分析，我们通常要先将之重新编码或赋值，以形成可以进行数据分析的变量。例如，在验证我们的研究假设时，必须用数据来说话，即尝试用数据与方法来验证我们的研究假设。正如卡尔·波普尔（Karl Popper）所言：

> 我们通常所说的科学发现，并非是从具体经验命题归纳出的一般理论命题，而是从一般理论假设演绎出的具体的经验命题，而具体的经验命题则可以采用经验资料或数据来验证。①

因此，数据是我们研究的基石。没有合理的数据，则研究必败。皮之不存，毛将焉附？换言之，数据在研究中就像杭州雷峰塔的底砖，若被一块块地抽掉了，就必然导致雷峰塔的倒塌。② 但寻找适宜的数据并非易事，尤其对于资源尚不丰富的研究者而言。除了普查数据外，最为常用的数据为抽样数据。常见的抽样数据的获取方式有两种，分别为一手数据与二手数据。

1.1.1 一手数据

一手数据是指研究者根据自己的研究目的和理论需要，有针对性地自行收集的数据。收集一手数据无可厚非、值得鼓励。但是，对于部分刚起步的研究者而言，可能资源有限，又或问卷设计不完善、抽样方法不能保证所有

---

① Popper, Karl. The Logic of Scientific Discovery [M]. London：Routledge, 2005.
② 雷峰塔原在杭州西湖净慈寺前，宋太祖开宝八年（公元 975 年）为吴越王钱俶所建，初名西关砖塔，后定名王妃塔；因建在名为雷峰的小山上，通称雷峰塔。一九二四年九月二十五日倒塌。据考据，因该塔相传有"辟邪""宜男""利蚕"等功能，因而善男信女或市民频频前往盗挖或捡其底砖，日积月累而致轰然倒塌。

个体都以一定的概率被随机抽中（概率抽样）[①]、样本量较小等，这种数据的收集往往会事倍功半、力有不逮。若现有的数据没有涉及或并不支持我们欲从事的研究，且在仔细权衡后[②]，我们决定自行调查以获取一手数据，那么首先要有更完美的整体的研究设计（这里的"更完美"是与现有数据比较而言）。其中，有几点问题必须慎重考虑：第一，样本对总体是否有代表性？抽样方法是否为随机概率抽样？一般情况下，自行调查的样本量会比较小，那么样本对总体是否有代表性将是关键问题。此外，抽样必须采用随机概率抽样的方法。由于随机概率抽样不仅是统计推断的前提，也是各统计软件运算的前提假定，所以若抽样技术达不到概率抽样的要求，将无法进行统计推断，即由样本估计量无法推断到总体参数。背离了这一基本准则，哪怕辛苦至极收集来的数据，一旦进入统计分析阶段，也只能是"错进、错出"（garbage in，garbage out）。用此类数据撰写出的论文，会首当其冲被审稿者或读者质询（check）。第二，对数据收集有没有良好的设计？例如，将要收集的数据中有没有包括我们研究中需要的全部变量？有没有忽略重要的变量？有没有考虑到可能的中介变量、调节变量等？会不会出现数据收集中结果变量的截除（truncated）或删截（censored）情况？若是存在上述问题，我们是否准备了应对的预案？

1.1.2　二手数据

二手数据是指那些规模较大、相对成熟的已有的抽样调查数据，也指文本资料、整合数据或表格数据等。对于资源并不丰富的研究者，我们建议多利用现有的成熟二手数据；在熟悉数据或有一定资源后，再根据自己的研究兴趣或研究目的自行设计问卷，获取第一手资料。这些成熟数据常常来自大

[①]　概率抽样（probability sampling）指按随机化操作从总体中抽取样本，且每个元素都以一个已知和非零的概率被选中。概率抽样的定义，以及常见的抽样方法与技术参见相关章节，或参见：莱斯利·基什. 抽样调查（现代外国统计学优秀译丛）[M]. 倪加勋等，译，北京：中国统计出版社，1997.

[②]　例如，在现有的数据中，没有我们研究中的关键变量，或即使有，但也无法支撑我们的研究，我们才会考虑进行第一手数据的收集。

型调查或统计年鉴等，如中国家庭收入调查（CHIP）①、中国健康与营养调查（CHNS）②、中国家庭动态追踪调查（CFPS）③ 等。

根据时空要素，我们一般将数据类型分为截面数据、时间序列数据、汇总数据、追踪数据/纵贯数据等。对数据类型的定义及讨论参见第 2 章"变量测量与概率分布"部分。不同类型的数据，数据分析方法与模型也会相应不同。同时，在论文中，我们需要详细介绍数据的名称、内容、数据对应的总体、来源或收集者、收集方法（如采用何种抽样方法）和收集过程、样本量等。

需要提醒的是，我们经常说"让数据来说话"，但数据自身不会说话，只能通过人类的独特思维及精心设计的方法把数据背后的机制挖掘出来。著名社会学家约翰·戈尔德霍普（John Goldthorpe，2001）说：

> 数据科学是一个"两体"问题，即连接数据和现实，并包含隐含在数据背后的力量。……它是一门用数据解释现实的艺术，并非是单纯的一面镜子，即数据不会从不同的角度来反观自身。④

因此，我们要基于数据，基于思维与方法精心地处理与分析数据，并结合理论，致力于探索因果关系，对社会现实进行机制性探索与解读。

---

① 中国家庭收入调查（CHIP）：中国家庭收入调查由国内外研究者组织，并在国家统计局的协助下完成，致力于追踪中国收入分配的动态情况。该调查分别于 1989 年、1996 年、2003 年、2008 年、2009 年和 2014 年收集了前一年的收支信息，这些数据按照收支发生年份被分别编号为 CHIP1988、CHIP1995、CHIP2002、CHIP2007（RUMiC2008）、CHIP2008（RUMiC2009）和 CHIP2013。所有的数据均包含农村和城镇住户的调查，而鉴于农村向城镇迁移日益的重要性，以及城镇和农村样本并未包含所有流动人口，从 CHIP2002 开始，CHIP 数据也包含了流动人口样本。参见：CHIP 网站 [EB/OL]. http：//www.ciidbnu.org/chip/. 检索日期：2021 – 05 – 25.
② 中国健康与营养调查（CHNS）是美国北卡罗来纳大学教堂山分校（The University of North Carolina at Chapel Hill）与中国疾病预防控制中心的营养与健康所合作开展的一项调查。该调查的目的是评估健康、营养和计划生育政策的影响，以及考察中国的社会和经济转型是如何影响中国人的健康和营养状况。该调查收集了丰富的社区信息及家户和个人的经济、人口和社会特征，在社会科学研究中被广泛使用。具体信息请参见 China Health and Nutrition Survey [EB/OL]. https：//www.cpc.unc.edu/projects/china. 检索日期：2021 – 05 – 25.
③ 中国家庭动态追踪调查（CFPS）[EB/OL]. http：//www.isss.pku.edu.cn/cfps/. 检索日期：2021 – 05 – 25.
④ 原文为 "Data science is a two-body problem, connecting data and reality, including the forces behind the data. Data science is the art of interpreting reality in the light of data, not a mirror through which data sees it self from different angles." 参见 Goldthorpe, J. H. Causation, statistics, and sociology [J]. European Sociological Review, 2001, 17 (1)：1 – 20.

我们知道，判断因果关系的基础是事物的变异与差异，即变异性（variability）。[①] 变异性不仅是社会中的普遍现实，也是"社会科学研究的真正本质"（variability is the very essence of social science research）（谢宇，2006）。[②] 这一概念源于达尔文的《物种起源》，原本表示物种的独特性及差异。在社会科学中，我们常借此概念来说明社会现象与人类行为的复杂多样和纷繁异质。德国哲学家、数学家戈特弗里德·莱布尼茨（Gottfried Leibniz，1646～1716）曾说："世界上没有两片完全相同的叶子，也没有性格完全相同的人"，同样也强调了个体本质上的独特性和变异性。在具体的统计分析中，变异性是指统计分布或数据中数值彼此不同的程度及数值偏离均值的程度，一般可用方差（variance）、标准差（standard deviation）与极距（range）等统计量来测量。例如，个体收入的变异性是指个体收入与均值有差异（可能是个体与其他个体之间取值的变异性，也可能是不同时点上个体自身取值的差异）；教育中的变异性是指个体间受教育年限或受教育水平不同。基于变异性概念，对应发展出一系列的量化分析方法，如抽样理论与技术、回归分析、因果推断等。长年的科学实践也证明，唯有基于数据的量化分析方法才能刻画总体的异质性，这被称为社会科学研究的变异性原理（variability princeple）。[③]

事实上，除普查数据外，无论是我们获得的一手抽样数据还是二手抽样数据，其采集的背后都涉及统计推断等常识，而基于变异性原理的抽样理论与技术则为此提供了基础。现在让我们基于总体与样本的基本概念对此展开讨论。

1.2　总体与样本

1.2.1　抽样设计基本概念

在本质上，统计学的基本思想可以简单概括为从总体到样本再到总体，

---

① Mayr, E. The philosophical foundations of Darwinism [J]. Proceedings of the American Philosophical Society, 2001, 145（4）：488－495.

②③ 谢宇. 社会学方法与定量研究 [M]. 北京：社会科学文献出版社，2006：15－19.

即"总体—样本—总体",具体如图 1 - 1 所示。抽样设计涉及如何有效地选取用于推断总体的样本,事关统计推断的成败。①

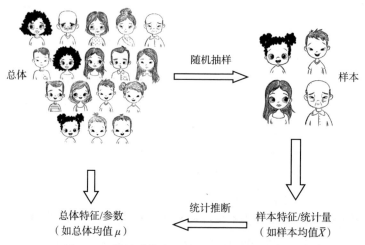

图 1 - 1 统计学基本思想:总体—样本—总体

资料来源:Govindarajulu, Z. Elements of sampling theory and methods [M]. Upper Saddle River, New Jersey:Prentice Hall, 1999.

统计学的目的是从部分推断到整体,这里的"整体"暗含了我们的研究目的。在统计学术语中,所有目标单位的整体被称为**总体**(population),总体中的每个**元素**(element)被称为**个体**。由于我们利用统计进行研究的基本目的是推知总体本身的特征,因此必须先对总体界定一个清晰的时空边界,即在特定时段和地域内满足指定条件的所有元素。此外,在具体研究中,我们还可能需要根据不同的研究目标来定义研究总体。例如,若要研究北京市普通高等学校 2020 届本科毕业生的去向问题,则研究总体应为北京市普通高等学校(约 83 所)2020 年毕业的所有本科生。

当明确了研究的总体后,就需要思考如何对总体信息进行收集。收集信息的方法通常分为两类:普查与抽样。**普查**(census)是一种特殊的数据收集和统计方法,旨在收集关于特定人口、社会群体、地区或其他统计单元的

---

① 抽样设计是指从一个研究总体(可以测量的总体)中抽取测量样本的方法。

详细信息。例如，根据联合国统计司《人口和住房普查原则与建议》的定义，"人口普查是在某一个特定时间对一国或一国内某一明确划定地区的所有人口进行调查，从而收集、汇总、评估、分析、公布或以其他方式发布相关人口、经济和社会数据的整个过程。"[①] 普查数据的收集通常由政府机构或其他组织定期进行，目的是获取关于人口、社会、经济和其他相关方面的信息，以便制定政策、规划资源分配、解决社会问题和进行研究分析，其内容包括但不限于对特定人口或地区的人口统计数据（如年龄、性别、种族、教育程度等）、经济数据（如收入、就业状况、职业等）、住房信息、社会服务需求、健康状况以及其他重要信息的收集。[②] 这种方法能让我们直接获得总体的信息，优点明显，但耗时费力，成本巨大。因此，我们常常从总体中仅选取部分有代表性的个体进行信息收集，并以此来推断总体的特征。这种选取样本进行调查的方法称为**抽样调查**（sampling survey），从总体全部单元或个体中抽取部分单元或个体的活动称为**抽样**（sampling），被抽中的单元或个体便组成了**样本**（sample）[③]。当样本内的元素不是人时，我们常称其为**案例**（case）。我们试图通过样本的特征来推断总体特征。统计学为此提供了理论基础。

一般而言，实施抽样的总体与目标总体一致，但也有例外。例如，在临床试验中，医务人员会通过猪的肝移植试验来检测这种疗法对人类总体的效果，或在实验室通过小白鼠试验来检测一种新药物对人类肝癌的治疗效果。

样本中所有个体的数目被称为**样本容量**（sample size），简称**样本量**[④]。在统计学中，我们习惯用 N 表示总体中所有的个体数，而用 n 表示样本容

---

① 国家统计局. 领导干部统计知识问答：什么是人口普查［EB/OL］. http：//www. stats. gov. cn/zs/tjws/tjdc/202301/t20230101_1903819. html. 检索日期：2023 - 01 - 01.
② 普查可以视为对总体进行了 100% 的抽样调查。
③ 从某种意义上来说，我们观察到的态度、行为与部分时候的行动，都是基于样本的。参见 Govindarajulu, Z. Elements of Sampling Theory and Methods ［M］. Upper Saddle River, New Jersey：Prentice Hall, 1999. 对抽样概念的直接引用源自杜子芳. 抽样技术及其应用［M］. 北京：清华大学出版社，2005：13.
④ 我们经常提到小样本与大样本。其实，小样本和大样本并非由样本量大小区分。容量有限的样本，不管其大小如何，都被称为小样本；容量趋于无穷大的样本则被称为大样本（具体概念参见此书第 4 章 "抽样分布"）。在实际应用中，普通教科书通常将样本容量小于 30 或 50 的样本视为小样本，而将大于该容量的样本视为大样本（量）。

量。例如，2013 年中国家庭收入调查（CHIP2013）的目标人口是全体中国人口（约 13. 57 亿人。其中，不含中国香港、澳门及台湾，亦不含西藏与现役军人），共抽取了 64777 人，64777 便是该调查的样本容量。[①] 其抽样比例 p 约为：

$$p = \frac{n}{N} \times 100\% = \frac{64777}{1357000000} \times 100\% = 0.48\%$$

抽样单位或**抽样单元**（sampling unit）是抽样中用于划分总体的单元，包括一个或多个元素。抽样单元通常是自然的划分，如省、市、县、家户、人等。例如，当直接调查个人时，抽样单元就是一个人；而在多阶段抽样中，第一级抽样单元可能是省，第二级抽样单元是市，第三级是县，第四级是人，也即先抽取省，再从中选省内抽取市，同理，再抽取县和个人。具体方法参见本章 1. 3. 5 节"多阶段随机抽样"。

抽样主要包含七个阶段：定义研究总体、确定抽样框、选择抽样方法、决定样本量、实施抽样计划、抽样与数据收集及回顾抽样过程。其中，**抽样框**（sampling frame）是指所有可能的抽样单元的名单，如学生花名册、企业名录、电话号码簿、住户门牌号等。它可用于确定抽样范围，也提供了名单供调查者抽取。在理想情况下，抽样框应与研究总体重合。但现实中，由于个体的可及性等问题，能被抽取的所有个体可能大于或小于总体，从而存在覆盖误差（coverage error）等风险。[②]

---

① 中国家庭收入调查（CHIP）：中国家庭收入调查致力于追踪中国收入分配的动态情况。其由国内外研究者组织，并在国家统计局的协助下完成。CHIP 调查分别于 1989 年、1996 年、2003 年、2008 年、2009 年和 2014 年收集了前一年的收支信息，并分别编号为 CHIP1988、CHIP1995、CHIP2002、CHIP2007（RUMiC2008）和 CHIP2008（RUMiC2009）和 CHIP2013。所有的数据均包含农村和城镇住户的调查，并鉴于农村向城镇迁移的日渐重要的现实意义，以及城镇和农村样本并未包含所有流动人口，从 CHIP2002 开始，CHIP 数据也包含了流动人口样本。其中，CHIP2013 于 2014 年 7～8 月份收集。样本来自国家统计局 2013 年城乡一体化常规住户调查大样本库，并由 CHIP 课题组按东、中、西分层，采用系统抽样而得。该调查包括农村、城镇和流动人口三个样本，共覆盖从 15 个省份、127 个城市和 234 个县区抽取的 18948 个住户和 64777 个个体。其中有 7175 户城镇住户、11013 户农村住户和 760 户外来务工住户。参见：CHIP 网站 [EB/OL]. http：//ciid. bnu. edu. cn/chip/index. asp. 检索日期：2018 – 12 – 20.

② 有关覆盖误差等内容的具体讨论参见此章 1.4 节"调查误差"。

> **总体和样本**
>
> **总体**（N）：由某种具有共同性质的全部元素组成的集合。
>
> **抽样**：从总体抽取部分个体的过程。
>
> **样本**（n）：被抽样选中的个体的集合。
>
> **抽样单位**或**抽样单元**：划分总体的单元，包含一个或多个元素。
>
> **抽样框**：所有可能抽样单元的名单。

需要提醒的是，"样本容量"（以下简称"样本量"）与"样本数量"的概念并不同。"样本容量"指某样本包含多少个体，而"样本数量"指有多少个样本。例如，"500 个样本"（"样本数量为 500"）并非指"某样本包含500 个个体"，而是"抽样 500 次所得到的 500 个样本"，其中每个样本都有各自的容量。

1.2.2 参数和统计量

由于总体特征往往是未知的，我们需要用已知的样本特征对其进行估计，即用样本统计量来推断总体参数，具体如图 1 - 1 所示。抽样和样本信息的重要性就在于为统计推断提供了数据来源。

> **参数和统计量**
>
> **参数**（parameter）是刻画总体特征的代表性数值，如总体均值 μ 和总体标准差 σ 等，为一个未知常数，常用希腊字母表示。
>
> **统计量**（statistic）是对样本特征的测量，如样本均值 $\bar{Y}$ 和样本标准差 S 等，为样本的函数，常用英文字母表示。

总体参数通常未知，但样本统计量却可以通过某种数学函数计算而得，即其值可视为已知的。我们现在讨论的抽样方法、原理及后续统计知识的主要目的就是要利用样本统计量对总体参数作出推断。

1.3 抽样方法

确定研究总体后，我们就可以进行抽样。抽样方法包括两大类：概率抽样和非概率抽样。[①] **概率抽样**（probability sampling），即不加入任何主观因素的随机抽样（random sampling，概率抽样在抽样文献中又常被称作**随机抽样**[②]），从而使组成总体的每个元素都有（非零的）概率被抽中。若在抽样中并未完全遵循随机原则，且含有一定的主观意向，从而导致总体中的部分元素被抽中的概率为零，则为**非概率抽样**（non-probability sampling）。由于非概率抽样会导致样本偏差，无法保证样本对总体的代表性，[③] 即使主观作用在其中发挥了积极作用，我们也无法度量此类数据的精确程度。[④] 因此，我们无法采用非概率抽样得到的样本进行总体推断。换句话说，只有通过概率抽样才能保证样本对总体有一定的代表性（representative），即利用**概率样本**（probability sample）中的个体、元素或数据才能够准确、可靠地反映总体的性质、特征和属性。需要提醒的是，SPSS、SAS、Stata 及 R 等统计软件都以概率抽样为基础假定进行统计推断。

> **概率抽样（随机抽样）**
>
> **概率抽样**，即不受任何主观因素影响的随机抽样，组成总体的每个元素都有非零的概率被抽中。[⑤] 若每个元素被抽中的概率相等，则称为**等概率抽样**（equal probability sampling）；若每个元素被抽中的概率并不相等（通常在抽样之前就分别给总体的某些元素分配了不同的被抽中概率），则为**不（非）等概率抽样**（unequal probability sampling）。

---

① 抽样的具体方法和细节可参阅抽样调查相关书籍。推荐阅读 Leslie Kish. Survey Sampling［M］. New York：Wiley – Interscience，1995. 对应中译版：莱斯利·基什. 抽样调查（现代外国统计学优秀译丛）［M］. 倪加勋等，译，北京：中国统计出版社，1997.
② 莱斯利·基什. 抽样调查（现代外国统计学优秀译丛）［M］. 倪加勋等，译，北京：中国统计出版社，1997：28. "随机抽样"的使用十分广泛，在部分教材和文献中，它又指简单随机抽样或无放回的简单随机抽样等。
③ 代表性是指可以用样本统计量向总体参数进行推断。具体讨论我们会在此后的章节中展开。
④ 卢淑华. 社会统计学（第 3 版）［M］. 北京：北京大学出版社，2009.
⑤ 上海市统计局. 抽样调查的主要方法［EB/OL］. http://tjj. sh. gov. cn/tjzx_tjff/20150626/0014 – 214991. html. 检索日期：2023 – 01 – 01.

一般来说，概率抽样具有如下特点。①

第一，概率样本是按随机操作抽取的，即随机抽样。这里的"随机"并非"随便"或"无规律"，而是指个体能否被抽中完全由自然（chance）② 决定，而不取决于个体特征或调查者。例如，若要从一所大学抽取 100 名学生，遵循随机操作原则，可以先得到这所大学所有学生的花名册（抽样框），并从 1 开始，对每个学生编号，再利用统计软件或随机数表生成 100 个随机数，编号与这 100 个随机数相等的学生便构成了一个样本。这种抽样方法可使总体中的每个个体都有可能被抽中，且每个个体能否进入样本完全是由自然（chance）决定，而不受调查者个人或学生特质的影响。但若调查员为贪图方便，仅在图书馆或学校食堂门口集中发放问卷（非概率抽样），则这种抽样就不是随机的，因为它不能让学校里每个学生都有被抽中的可能（那些在图书馆外或从不进入图书馆或学校食堂的学生就不可能被抽中，即被抽中的概率为零），且学生被抽中与否还取决于他本人特征。因此，"随机抽样"是指通过不受人为干扰的随机化操作来抽取样本，其实质是严格而科学的元素抽取方法，并非为"随便选取"。

第二，随机抽样中不加入任何主观因素，且组成总体的每个元素都有非零的概率被抽中。

第三，在估计总体特征时，一般需要对估计值赋予一定的权重（weight）。这一权重由具体的概率抽样方法决定。③

概率抽样拥有诸多优点：第一，只有概率抽样才能让我们合理地用样本来推断总体，因为几乎所有的统计推断理论只适用于概率抽样的样本。第二，来自概率样本（或称随机样本）的统计量的分布通常以参数真值为中心，因此对于这些统计量，利用概率抽样可以有效地控制或减少估计偏差。第三，

---

① 贾俊平. 统计学［M］. 北京：清华大学出版社，2006.

② 部分教材将 chance 译为机会或偶然，亦有部分教材直接译为随机。

③ 针对不同的抽样方法，Stata 软件有专门的模块，即"svy"为前缀的命令组，来对估计赋予权重，以提高估计的精度。例如，在对分层抽样调查数据进行线性回归时，可以先用命令"svyset psuid[pweight = finalwgt],strata(stratid)"指定这是分层抽样的加权，再用命令"svy: regress Y X"进行回归。当受抽样方法影响估计结果需要赋权时，部分大型调查（如中国健康与养老追踪调查，CHARLS）会在数据库中附上权重变量，用户只需在"finalwgt"处填入该变量名即可。

概率抽样也能让研究者计算抽样误差①，以及根据所期望的抽样误差来确定样本量②。例如，若研究者要求的抽样误差较小，则样本量应设计得较大。

常见的概率抽样方法有简单随机抽样、分层随机抽样、系统抽样等。不同的抽样方法决定了参数估计时是否需要对权重进行处理，这也会影响估计的有效性（efficiency）③。

非概率抽样为非随机抽样。此类非随机抽样在现实生活中较为常见，包括但不限于方便/偶遇抽样（小型网上冲浪式问卷调查、街头偶遇拦人式调查或访谈等）、立意/判断抽样、配额抽样④、空间抽样及定性研究中经常用到的滚雪球/熟人抽样等。⑤ 由此得到的样本称为**非概率样本**（nonprobability sample）。⑥

> **非概率抽样**
>
> **非概率抽样**指采用非随机的操作从总体抽取样本，每个元素被选中的概率未知。

非概率抽样在被用于统计推断时，有较大的弊端。第一，样本选择问题（sample selection problem），即个体被抽中的概率取决于个体特征。这可能会使样本失去代表性，并可能使估计偏离真实值。例如，对于网上调查，只有能够上网且对该问卷感兴趣的人才会填写，但这部分人往往不能代表研究总体。再如，1936 年《文学文摘》（*Literary Digest*）曾通过电话访问来预测美国总统大选，但估计结果大大偏离最终的选举结果。造成这种情况的原因之一就是被调查群体主要是负担得起电话的富裕阶级，而他们倾向于支持某特

---

① 抽样误差是对样本统计量与总体参数真值之间误差的测量，详细介绍参见本章 1.3 节。
② 具体的计算公式参见第 5 章"参数估计"。
③ 估计的有效性由估计量的方差衡量。一个有效的估计的方差应该足够小，即估计量在不同样本上取值的变化尽可能小。这一性质是优良估计量的基本要求之一。关于有效性，我们会在此书第 5 章"参数估计"进行详细讨论。
④ 配额抽样，即采用主观判断的方法而非等概率的原则抽取样本，因此配额抽样的样本无法严格再现总体结构。此类方法抽样常用于样本较小的探索性研究，且需要研究者对总体比较熟悉。
⑤ 杜子芳. 抽样技术及其应用 [M]. 北京：清华大学出版社，2005：453.
⑥ 非概率抽样数据无法从样本特征推断到总体特征，但在部分情境或特殊研究议题中也经常用到，具有一定的价值。但需要注意的是，此类数据只能得出样本的描述，无法推及总体。

定候选人，因此不能较好地代表全体选民。① 值得注意的是，即使对抽样框内元素（如电话用户）采用概率抽样方法抽样，但若进入抽样框的概率受个体特征（如收入）影响，仍会使最终得到的样本实际上是非概率样本。第二，非概率抽样的样本无法进行统计推断。这是因为在非概率抽样中，我们无法得知个体被抽中的概率，因而不能使用基于概率抽样的概率论和统计理论，更无法进行从样本统计量到总体参数的统计推断。据此，非概率抽样所得的数据，原则上也不能用 Stata、SPSS、SAS 或 R 等以概率抽样为基础的统计软件进行推断分析，尤其是回归分析等。虽然非概率抽样具有便利性等一定优点，但这远远不能抵消其样本选择问题和无法实现统计推断的缺陷。因此，我们不再对非概率抽样展开讨论。若无特殊说明，本书中的抽样均指概率抽样。

下面我们按抽样调查方法从易到难的排序及各教材的惯例来讨论较为常见的概率抽样，包括简单随机抽样、分层随机抽样、系统抽样、整群抽样、多阶段随机抽样及概率比例规模抽样（PPS）等。②

1.3.1 简单随机抽样

1.3.1.1 概念及含义

> **简单随机抽样**
>
> 简单随机抽样（simple random sampling）指从研究总体（N）随机地抽取 n 个元素作为样本，并使每个容量为 n 的样本都以等概率被抽中。由此得到的样本被称为**简单随机样本**（simple random sample，SRS）。

简单随机抽样是一种纯随机抽样的方法，不仅每个固定容量的样本被抽中的可能性相等，而且总体中每个元素被抽中的机会也相同。这种抽样方法

---

① Moazzam Ali. Sampling & Sample Size Estimation［EB/OL］. https：//www. gfmer. ch/SRH – Course – 2013/Geneva – Workshop/pdf/Sampling – techniques – Ali – 2014. pdf. 检索日期：2014 – 09 – 16.

② 袁方，王汉生. 社会研究方法教程［M］. 北京：北京大学出版社，1997.

是直接从总体中进行随机抽样，不借用任何辅助资料，也不对总体作任何分组或分层，是各种概率抽样方法的基础，常被融入其他方法中。

简单随机抽样通常利用抽签法、随机数法进行。抽签法的基本思想是将总体中的每个个体或元素与一个标识或编号相关联，然后将这些标识或编号放入容器中，随机地从容器中抽取标识或编号，最终选择相应的个体或元素作为样本。此方法通常用于小规模的研究或情境中。若总体较大、抽签法实施困难时，通常会使用随机数法，如利用随机数表、随机数骰子、摇号机等进行抽样。例如，在使用随机数表时，可以根据总体 N 的位数来决定从随机数表中抽取几例。假如总体为 2319，要抽取 20 个样本，则在随机数表中先随机抽取 3 列，再顺序向下，抽取最早出现的 20 个 0001 ~ 2319 间互不相同的数。[1]

这种抽样具有如下特点。

（1）随机性：每次抽取都由自然决定，抽取前，某个体能否被抽中是不确定的；

（2）等概率性：每个元素被抽中的概率都相等；

（3）独立性：每次抽取都相互独立。[2]

一般而言，简单随机抽样适用于总体规模不大、抽样框容易获得且元素间差异较小的情况。此抽样方法的优点在于[3]：第一，从抽样框直接抽取样本，操作方便。第二，数学性质简单，多数统计理论、技术和统计软件都是以简单随机样本为前提假定的[4]。第三，只有简单随机抽样可以抽出所有可能的元素组合，而其余概率抽样对元素的组合都加以了限制。

此抽样方法的不足在于：第一，当总体规模较大或元素间差异较大时，构建抽样框及从中抽取元素会十分困难，估计精度也很难达到要求（即抽样

---

[1] 陈殿阁. 市场调查与预测 [M]. 北京：清华大学出版社，北京交通大学出版社，2004：139.
[2] 严格来说，只有来自无限总体或有放回的有限总体时，每次抽取才相互独立。但在实际应用中，由于社会科学研究的总体通常都很大，可以不必区分总体有限或无限、抽样是有放回还是无放回，而相信简单随机样本中的元素是相互独立的。
[3] 莱斯利·基什. 抽样调查（现代外国统计学优秀译丛）[M]. 倪加勋等，译，北京：中国统计出版社，1997：41.
[4] 更准确来说，是假定样本来自无限总体或有放回的有限总体。但实际应用中，由于社会科学研究的总体通常都很大，我们不必区分总体有限或无限、抽样是有放回还是无放回。

误差较大)[①]。例如，2013 年，若我们要在中国抽取一个 6800 人的样本（不含中国香港特区、澳门特区与台湾地区），以进行抽烟与肺癌的追踪调查，则需要把全国 13.57 亿人都列出来，且对每个个体都以身份证号等号码作为唯一的编号，形成一个相当长的抽样框。尽管我们可以借助计算机软件来完成之后的随机化抽样过程并确定最终的样本，但人工整理如此庞大的抽样框，工作量十分繁重，成本极高，且抽样精度难以达到研究的要求，因此这种传统的抽样方法在大型调查中极少被用作主要方法。第二，简单随机抽样并未充分利用其他辅助信息来提高抽样的效率。综上，在实际大型调查的抽样设计（如即将讨论的系统抽样和分层抽样等）中，一般不将简单随机抽样作为核心的抽样方法来实施，而是通常以简单随机抽样为基础，再加入或融合其他的抽样方法共同来提高抽样精度及抽样效率。

1.3.1.2 有放回和无放回抽样

根据选中的元素是否放回，随机抽样可分为**有放回抽样**（sampling with replacement）和**无放回抽样**（sampling without replacement）两种。在有放回和无放回的简单随机抽样中，每个元素被抽中的概率都相等。例如，要从容量为 N 的总体中抽出 n 个元素，则在这两种简单随机抽样中，每个元素被选中的概率都是 n/N。

有放回和无放回会影响样本内各元素的抽取是否彼此独立，而样本的独立性是大多数统计理论与方法的前提。对于无限总体[②]，不论放回与否，每次抽取都相互独立。对于有限总体，只有使用有放回抽样，相邻的两次抽取才相互独立；若使用无放回抽样，则不独立。在有放回抽样中，每次被抽出的元素又被放回抽样框，因而并不影响之后的抽取。但无放回抽样则是抽出

---

① 此处的估计精度以抽样误差（sampling error）衡量。抽样误差是对样本统计量与总体参数真值之间误差的测量，详细介绍参见 1.3 节"调查误差"或第 5 章"参数估计"。我们知道，每种抽样调查都会产生无数个估计值，每个估计值都有一个与总体真值的误差。若总体规模较大且元素之间差异过大，再采用简单随机抽样，无数的误差累积就会使整体的抽样误差较大、抽样精度远离我们的预期。一般来说，决定抽样误差或抽样精度有四个因素：总体方差、样本量及采用的抽样技术及统计推断时选定的置信度。该置信度是总体真值被包含于某个数值区间的概率（如 95%、99% 等），表示样本结果的可靠程度。

② 无限总体：总体无限大，或总体内的元素源源不断、无限制地产生。例如，工厂流水线上制造的零件、进入商场的顾客、银行内的交易、实验室里重复的试验等。

一个元素后，再从剩余部分抽取，因此前一次的抽取会影响之后的结果。例如，元素间的相关性会影响最终统计推断的结果。在实际应用中，当总体容量 N 较大而样本容量 n 较小时，无放回抽样对独立性的影响较小，此时无放回和有放回抽样样本内的元素都可以认为是相互独立的。

绝大部分社会科学的调查都采用"不考虑顺序的无放回抽样"，即每次抽取都不放回，且并不用关心个体被抽中的顺序。例如，要从 A、B、C、D 四人组成的总体中抽出 2 人，则采用无序不放回抽样得到的可能样本共 6 个：{A，B}、{A，C}、{A，D}、{B，C}、{B，D}、{C，D}。其中，A-B（先抽出 A 后抽出 B）和 B-A 被视为一种情况，都记为 {A，B}。虽然从严格的角度来说，这种抽样并不能满足独立性的要求，但由于社会科学所研究的总体通常很大，此时无放回和有放回随机抽样的统计结果并无明显区别。因此，若未作特殊说明，本书的后续讨论将不再区分无放回和有放回抽样。

根据元素是否放回及是否排序，现列出利用简单随机抽样从容量为 N 的总体中抽出容量为 n 的样本所有可能样本的数量供大家了解，具体如表 1-1 所示。另外，此表也有助于区别"样本数量"与"样本容量"两个概念。

表 1-1　　　　有放回和无放回简单随机抽样的所有可能样本的数量

抽样技术	考虑顺序	不考虑顺序
有放回抽样	N^n	C_{N+n-1}^n
无放回抽样	$\dfrac{N!}{n!}$	C_N^n

注：社会调查一般采用不考虑顺序的无放回抽样。

1.3.2　分层随机抽样

当研究总体的关键特征呈现较强的变异性（variability）时，我们可以量体裁衣地选择分层随机抽样（stratified random sampling），从而有效地提高样本的代表性。

分层随机抽样

　　分层随机抽样，简称分层抽样，指按照总体呈较强变异性的特征，将总体划分为若干互斥的层（statum）或子总体（sub-population），再在每一层内独立进行随机抽样（简单随机抽样或系统抽样等），并将这些随机样本合并形成最终样本。

　　分层随机抽样的核心思想是：试图增大各层之间的差异性（或方差），从而相对地减小层内的差异性（或方差），再将各层的样本结果按一定公式加权结合得到总体参数的估计值。

　　其中，"分层"（stratified）的概念可能颇让人费解，但我们可以将其简单理解为：按与研究主题密切相关的主要因素对总体进行分类，形成子总体。例如，若我们试图探索中国计划生育政策在不同民族间的差异，则"民族"就可以作为"层"，即把"民族"分为"汉族"与"非汉族"两个子总体，各自进行简单随机抽样，就是分层随机抽样。

　　因此，在分层时，我们一般以主要研究变量或相关变量作为分层的标准，或以有明显层次的变量作为分层变量。当然，也可以根据具体情况或研究目的选用其他变量。需要注意的是，第一，在分层抽样中，层与层之间必须互斥，即总体中的每一个元素只能属于一个分层；第二，对每层进行随机抽样，如此，可大大地改善估计的精度；第三，进行统计计算时，针对简单随机样本采用的是算术平均值，但对于分层样本，一般需要采用加权平均值。

　　分层随机抽样可分为不等比例随机分层抽样与等比例随机分层抽样。判断比例相等与否，是根据各层在样本中的占比是否等于它们在总体中的占比。若我们的研究焦点在于某层，则可以采用**不等比例随机分层抽样**（disproportionate stratified sampling），即有意使样本中某层的占比高于或低于它在总体中的比例，如图 1 - 2 （a）所示。**等比例分层随机抽样**（proportionate stratified sampling），则是按各层在总体中的比例抽取样本，如图 1 - 2 （b）所示。

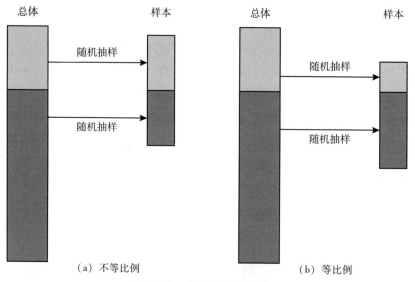

（a）不等比例　　　　　　　　　　（b）等比例

图 1-2　分层随机抽样图示

　　分层随机抽样在实际调查中较为常用，如中国家庭收入调查（CHIP）2013 年的样本便是按照中国的东部、中部、西部进行分层，再在层内进行系统抽样，最后将各层随机样本合并而得。此种抽样方法的优点是：第一，适用于规模较大且内部差异较大的总体。第二，分层增大了层内元素间的同质性，容易抽出有代表性的样本，提高统计量的估计精度。第三，分层抽样能保证样本覆盖总体所有指定的特征，避免出现简单随机样本集中于某些特性或漏掉某些特性的问题，使样本更有代表性，有利于提高估计的精度。第四，与简单随机抽样相比，当所要求的样本量相同时，分层抽样的抽样误差更小；当要求的抽样误差相同时，分层抽样所需的样本量也更小。但美中不足的是：第一，分层抽样的程序比简单随机抽样及系统抽样更为繁杂，且抽样前必须先对总体内部构成的差异性有较多的了解，否则无法科学与合理地进行分层。第二，当存在多种分层特征时，抽样会变得十分复杂。

1.3.3　系统抽样（等距抽样）

　　系统抽样（systematic sampling）指先将抽样框按序排列，再依固定间隔每隔若干单位抽出一个，直至抽完为止。因此，系统抽样又被称为间隔抽样（interval sampling）。[1]

其操作过程及步骤如下。

首先，对总体中的全部个体分别编号，使每个个体都拥有一个唯一的号码，并形成抽样框列表，以方便我们抽取样本。

其次，确定抽样间隔：

$$k = N/n \qquad\qquad (1-1)$$

其中，N 为总体容量，n 为样本容量。抽样间隔表示我们将要在总体中每隔多少个个体抽出一个纳入样本。

再其次，在第一个间隔内随机抽出第一个个体，这里通常采用简单随机抽样，以保证在第一个间距内的每一个个体被抽中的概率都完全相同。在确定第一个个体后，再每隔一个间距 k 抽取一个个体。例如，先在编号 1 到 k 之间随机抽取序号 r 作为初始单位，之后依次取 $r+k$、$r+2k$……单位，直到抽满 n 个个体为止，具体如图 1-3 所示。

最后，得到一个样本量为 n 的样本集合，并进行整体评估或分析。

简单而言，系统抽样是一种按照相等间距进行等概率抽样的方法，能保证每个个体被抽中的概率相等。系统抽样常与分层抽样和整群抽样等结合。从 N 个元素中抽出 n 个元素的方法，也同样适用于从 K 个群中抽出 k 个群。

值得提醒的是，此抽样方法需要特别警惕**周期性偏差**（periodicity bias）[2]，否则样本会失去代表性。例如，陆军人员的名单通常按排排列，30 人为一排，排长一般位列第 1 位，若抽样间距恰好取 30 时，则样本或全由士兵组成，或全由排长组成。

---

① 卢淑华. 社会统计学（第 3 版）[M]. 北京：北京大学出版社，2009：444. 本书中此章仅介绍系统抽样中最简单的方法。除此之外，系统抽样还有其他方法，如不等概率系统抽样等。此外，对各抽样方法次序的排列参见袁方，王汉生. 社会研究方法教程 [M]. 北京：北京大学出版社，1997.

② 单词 bias，根据不同的语境与术语习惯，一般译为偏差、偏误或偏倚等。在统计学中，偏差一般是指此估计量的期望值与估计参数的真值之差。偏差为零的估计量为无偏。

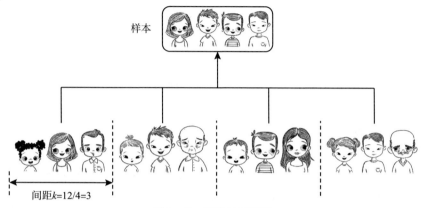

图 1-3　系统抽样图示

　　系统抽样的优点有：第一，操作简便，有一定的经济性。相较于简单随机抽样，系统抽样的耗时与费用相对较少。第二，当总体信息不全时，系统抽样法可以替代简单随机抽样法。第三，在掌握抽样框并充分利用已有信息对总体元素进行有组织地排序后进行系统抽样，能使抽样效率①和估计精度（或减小抽样误差）比简单随机抽样的更高。第四，样本的分布比较好，计算估计值相对容易。这种方法的缺点有：第一，样本的随机性取决于抽样框内元素排列的随机性。例如，当总体内部分元素的排列有一定的周期性变化，或存在规律的增减趋势，我们可能就会得到一个较差的样本。第二，抽样效率不是特别高。第三，不能由此得到无偏的方差估计量。

1.3.4　整群抽样

整群抽样

　　整群抽样（cluster sampling），又称聚类抽样，指按照分析单位（如个体或家庭）的隶属关系或层次关系，将总体划分为若干群体（cluster），再从中随机抽取群（子群），并对入选子群的所有个体进行调查。

---

　　①　在样本容量相同的情况下，一个抽样方案的抽样方差（sampling variance，即统计量的方差）越小，其抽样效率越高。

抽取群体时可采用简单随机抽样、系统抽样和分层随机抽样等方法。这里的"群"（cluster）作为抽样单位，通常是自然的划分，如市、县或社区等，也可以由调查员人为确定，如整个学校、整个幼儿园或整个街道等，如图 1-4 所示。一旦确定了"群"，则需针对群内所有成员进行调查。①

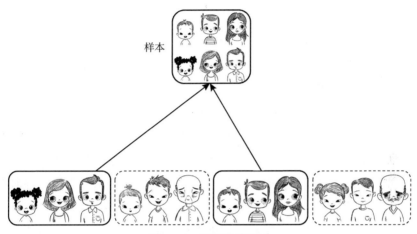

样本

图 1-4　整群抽样图示

整群抽样的价值取决于每个群对总体的代表程度：要想得到最佳样本，则群内的元素要保证较高的变异性，而群与群之间应尽可能相似。② 若群内的变异性足够高，使每个群都相当于一个浓缩的总体，则抽取较少数量的群便能得到总体参数的良好估计。

例如，为了探索我国"211 工程"高校大学生的家庭结构与精神抑郁的关系，我们想要进行一项全国的抽样追踪调查，但我们知道，全国共有 115 所大学隶属"211 工程"（112 所大学及 3 所军校），其中包括 39 所"985 工程"大学，要想获取一个能包括所有"211 工程"学校学生信息的抽样框是几乎不可能的。因此，我们通常采用整群抽样方法：首先剔除 3 所军校，再

---

　　① 卢淑华. 社会统计学（第 3 版）［M］. 北京：北京大学出版社，2009：446. 需要提醒的是，不要把我们最终的分析单位（如个体、家庭、学校、工厂等）与群（如市、县等）相混淆。
　　② 群内和群间的异质性（heterogeneity；用方差衡量）是此消彼长的关系。群内异质性大，则群间异质性小；反之则相反。

从全国 112 所"211 工程"高校中用简单随机抽样或系统抽样等方法抽取 31 所高校（除中国香港特区、澳门特区、台湾地区之外，从各省级行政区抽取一所高校），再对这 31 所高校所有在读学生进行调查。此时，若各高校内学生家庭结构之间的差异较大，且各高校之间十分相似，则样本对总体会有良好的代表性。但这种假定只是一个美好的愿望，几近天方夜谭。因此，整群抽样在大型抽样调查中并不常用，通常与其他随机抽样方法结合。

整群抽样的优点在于：第一，抽样时只需要群的抽样框和中选群内个体的名单，而不需要所有个体的抽样框，大大减轻了编制抽样框的工作量。第二，适合总体内个体地理分布十分分散的情况。虽然总体分散，但由于群内个体的地理位置通常较为集中，整群抽样常常比简单随机抽样更易实行，成本也更低。因此，在被调查单元在总体中的分布不均匀，且在群间差异性不大或不适宜单个抽取调查样本的情况下，可采用整群抽样。第三，当构成总体的个体有一定的自然聚类时，可以相对容易地区分不同的群体，进而提高抽样效率。

整群抽样的缺点在于：第一，群内个体间同质性较高，抽样的独立性假定难以满足，容易导致整群抽样样本的代表性相对较差，估计的精度较低、抽样误差较大（相对大于相同样本量的简单随机抽样）。第二，通常要抽取更大规模的样本才能得到与简单随机抽样或分层抽样同样的精度。第三，对总体方差的估计比简单随机抽样更为复杂。

在实际应用中，我们经常会选用多阶段随机抽样（参见本章 1.3.5 节"多阶段随机抽样"），即通过在群（如省、市、县/区）内再逐级抽取更小的单元（如乡、街道、社区、学校、家庭）以改进整群抽样的效果。

1.3.5　多阶段随机抽样

多阶段随机抽样

　　多阶段随机抽样（multistage random sampling）指从逐级减小的抽样单位中逐阶段随机抽取单位，直至由研究对象组成最终的样本。

若抽样过程共分为两个步骤或阶段，则称为**两阶段随机抽样**（two-stage random sampling）或二重抽样。这种抽样方法的第一阶段与整群抽样类似，只是最后一步不是对群内所有个体实施调查，而是从群内再随机抽出若干个体进行调查，即先随机抽取群，再从选中的群内随机抽取部分个体组成最终样本，如图 1 − 5 所示。

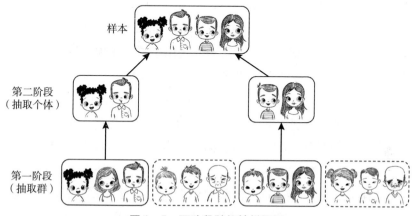

图 1 − 5 两阶段随机抽样图示

例如，为研究中国女性地位与生育意愿之间的关系，我们以家庭为分析单位，并选取多阶段随机抽样，则可以在全国 2000 多个县（区）中进行如下操作。

首先，先随机选出 200 个县（区）（简单随机抽样、系统抽样或分层抽样等）；

其次，再在这 200 个县（区）中随机抽取家户得到家庭样本（可以任意选择简单随机抽样、系统抽样或分层抽样等方法）。

两阶段随机抽样在实际调查中较少使用。大规模的抽样调查更常通过多个阶段来完成集群及最终样本的选取。例如，我们想调查中国农村留守儿童的精神健康状况，则可以采取如下的多阶段抽样。

第一阶段：将总体分为若干个较大的初级抽样单位，采用简单随机抽样或其他概率抽样方法抽取若干初级抽样单位（例如，区或县）；

第二阶段：在每个选中的一级抽样单位内，采用简单随机抽样或其他概率抽样方法抽取若干较小的二级抽样单位（例如，乡或村）；

第三阶段：在每个抽中的二级抽样单位内，再采用简单随机抽样或其他概率抽样方法抽取若干更小的三级抽样单位（例如，村小组）。以此类推，可设置若干级别抽样单位，层层抽取，直至获得最终的个体（例如，留守儿童个体）组成最终的小样本进行调查。

其中，第一阶段的大抽样单位、第二阶段的小单位和最终的调查对象分别被称为**初级抽样单位**（primary sampling unit，PSU）、**二级抽样单位**（secondary sampling unit，SSU）和**最终抽样单位**（ultimate sampling unit，USU）。

多阶段随机抽样的优点在于：第一，适用于总体规模特别大（如中国人口），或总体分布范围特别广的情况。由于多阶段抽样样本的分布比简单随机抽样更集中，在总体分散的情况下多阶段抽样将更便于实施、节约成本。第二，只需要制作初级抽样单位、被抽中的初级单位内的二级单位等的抽样框，这减轻了编制抽样框的工作量。第三，当抽样单位内个体间的差异不大（方差较小）时，多阶段抽样的效率高于整群抽样。其不足在于：第一，在每个阶段抽样时产生的误差都可能传递到下一个阶段，从而相应地增加抽样误差。因此，即便是大型调查，抽样的阶段也应尽可能少。在实际研究中，一般是通过增加最初阶段的样本量，并适当减少最终阶段的样本量来减小误差。第二，计算总体方差的估计值相对复杂。第三，抽样效率比简单随机抽样低。

当然，我们可以对整群或多阶段抽样进行一番改进。例如，可以将分层抽样和整群/多阶段抽样技术有机结合，形成混合抽样（mixed sampling）。其中，采用分层抽样以提高样本的代表性，采用整群/多阶段抽样以便于数据的收集。

目前，多阶段随机抽样在对较大而又复杂的总体调查中较为常用，如全国1%人口抽样调查[①]、中国综合社会调查（CGSS)[②]、中国青少年生殖健康

[①] 根据国务院 2010 年颁布的《全国人口普查条例》，我国的人口普查每 10 年进行一次，位数逢 0 的年份为普查年度，并会在两次人口普查之间开展一次较大规模的人口调查，即 1% 人口抽样调查，又称为"小普查"。每次小普查均以全国为总体，以各地级市（地区、盟、州）为子总体，采取分层、二阶段、概率比例、整群抽样等混合抽样方法。参见国家统计局公报［EB/OL］. http：//www. stats. gov. cn/ztjc/zdtjgz/cydc/. 检索日期：2018 – 12 – 20.

[②] 中国综合社会调查（CGSS, 2003, 2005, 2006, 2008, 2010, 2011, 2012, 2013, 2015, 2017)，主要采用多阶段随机抽样，如多阶段分层 PPS（概率比例规模抽样）随机抽样等，但不同时期的抽样调查方案略有不同。参见：CGSS 官方网站［EB/OL］. http：//cgss. ruc. edu. cn/xmwd/cysj. htm. 检索日期：2020 – 12 – 20.

可及性调查（Survey of Youth Access to Reproductive Health in China）[①]、全国残疾人抽样调查[②]、中国生活史与社会变迁调查（LHSCCC）[③] 等。

1.3.6 概率比例规模抽样

概率比例规模抽样（probability proportional to size sampling，PPS）是一种按群体规模大小来决定个体抽中概率的概率抽样，简称 PPS 抽样。[④] 这种抽样方法在本质上也是一种多阶段抽样，在目前大型社会调查中利用率极高。常用抽选样本的方法有汉森 - 赫维茨方法（Hansen - Hurwitz）、拉希里（lahiri）方法等。

PPS 抽样的一般步骤如下。

首先，第一阶段：将总体划分为多个群，并从中抽出指定数量的群，计算每个群被抽中的概率（Pr1）。该过程中，各群被抽中的概率应与其在总体所占的比例成正比。

$$Pr1 = (CP \times NC)/TP \tag{1-2}$$

其中，CP 为抽中群的总人口（cluster population）；TP 为总人口数（total population）；NC 为抽中的群数（number of clusters）。

---

① 中国青少年生殖健康可及性调查，主要采用多阶段随机抽样及 PPS 抽样方法对 15 ~ 24 岁未婚青少年进行个体调查，意在了解中国未婚青少年性与生殖健康的知识、态度和行为现状，评价青少年性与生殖健康服务的可得性与可及性。参见郑晓瑛，陈功. 中国青少年生殖健康可及性调查基础数据报告 [J]. 人口与发展，2010（3）：2 - 16.

② 全国残疾人调查共分两次。第一次全国残疾人调查于 1987 年开展，采用分层、多阶段及整群概率抽样方法，实际调查人数 1579314 人。第二次全国残疾人抽样调查采取分层、多阶段、整群概率比例抽样方法，在 31 个省、自治区、直辖市抽取 734 个县（市、区）、2980 个乡（镇、街道），共 5964 个调查小区，平均每个调查小区 420 人左右。在全国共调查了 771797 户、2526145 人，调查的抽样比为 1.93‰。入户见面 2108410 人，占调查总人数的 83.46%。参见姚景川. 第一次全国残疾人抽样调查回顾 [J]. 中国康复理论与实践，2004，10（6）：338 - 339. 中华人民共和国国务院新闻办公室. 2006 年第二次全国残疾人抽样调查主要数据公报 [EB/OL]. http：//www. scio. gov. cn/xwfbh/xwbfbh/wqfbh/2006/1201/Document/325201/325201. htm. 检索日期：2006 - 12 - 01.

③ 中国生活史与社会变迁调查（Life Histories and Social Change in Contemporary China，LHSCCC，1996）：首先按照教育和年龄进行分层抽样，再以县—乡镇—村—调查对象的顺序进行多阶段随机抽样。最终，得到一个 6090 个成年人的样本（农村 3087，城市 3003）。参见 Treiman，Donald J. Life Histories and Social Change in Contemporary China：Provisional Codebook. Los Angeles：UCLA Institute for Social Science Research [EB/OL]. https：//dataverse. harvard. edu/dataset. xhtml？persistentId = hdl：1902. 1/M889V1. 检索日期：2018 - 12 - 20.

④ 也有人称之为"容量比例概率抽样法""人口比例抽样法""概率抽样法"或"容量比例概率二阶段整群抽样法"。

其次，第二阶段：从所有被选中的群中分别抽取相同数目的个体，使得在此阶段小群体中的个体更有可能被抽中，并计算每个个体在每个群中被抽中的概率（Pr2）。

$$Pr2 = NI/CP \qquad (1-3)$$

其中，CP 为抽中群的总人口（cluster population）；NI 为每一个抽中群中被抽取的个体数（number of individual to be sampled in each cluster）。

最后，计算每个个体从总人口中被抽中的概率。

$$P_{total} = Pr1 \times Pr2 = \frac{(CP \times NC)}{TP} \times \frac{NI}{CP} \qquad (1-4)$$

其中，第二阶段是对第一阶段的一种补偿，以使总体中的每个元素都以相等的概率被抽中。这可以简单证明如下。

已知总体容量为 N，群 k 的容量为 N_k，且要求最后从中选群各抽出 50 人。设个体 i 在群 k 中。因为根据 PPS 第一阶段的要求，群 k 被抽中的概率应与其在总体中的占比成正比，即 $p_k = m\dfrac{N_k}{N}$（$m > 0$）[①]，所以总体中个体 i 被抽中的概率等于：

$$m\frac{N_k}{N} \times \frac{50}{N_k} = \frac{50m}{N} \qquad (1-5)$$

此概率为一常数，说明 PPS 使得每个元素被抽中的概率相等。

在实际调查中，我们经常先用系统抽样方法抽取群，再从选中的群中随机抽取相同数目的个体实施调查。例如，假设某市有 6 个县，人口分别为 220 人、260 人、310 人、440 人、500 人和 550 人。现要采用 PPS，从这 6 个县中选出 3 个县，并对这 3 个县各抽出 100 人开展调查，则可按如下步骤进行。

第一阶段：抽取县级单位。

我们先按人口向各县分配数字，即将数字 1~220 分配给第一个县，数字 221~480（=220+260）分配给第二个县，……，1731~2280 分配给第六个县，如表 1-2 所示。

---

① 此处 m 为随意设定的一个大于 0 的常数，表示"成正比"。

表1-2		县级抽样单位选定表	
编号	人口数	累计人口数	数字
1	220	220	1 ~ 220
2	260	480	221 ~ 480
3	310	790	481 ~ 790
4	440	1230	791 ~ 1230
5	500	1730	1231 ~ 1730
6	550	2280	1731 ~ 2280

接下来，因为要抽出 3 个县，所以可用系统抽样方法从这 1 ~ 2280 的数字中抽出 3 个数字。即生成一个 1 ~ 760（ = 2280/3）的随机数，假设为 186，那么最后要抽取的县就是包含数字 186、946 和 1706 的县，即第一、第四、第五个县。

第二阶段：确定调查对象。从第一、四、五个县中分别随机抽取 100 人进行调查。

再如，假设我们的研究总体有 2000 住户，其中社区 A 有 200 家住户，社区 B 有 20 家住户。若采用 PPS 抽样，则在第一阶段社区 A 被选中的概率将是社区 B 的 10 倍：社区 A 被选中的概率是 1/10，社区 B 被选中的概率须为 1/100。如此，社区 B 的住户可能不会出现在最终的样本中，但若社区 B 中选，我们可以继续进行第二阶段的 PPS 抽样。

在第二阶段，我们规定从两社区均抽选 10 户。若社区 A 被选中，则其住户从 A 中被抽中的概率为 10/200 = 1/20，从总体进入样本的概率则为 (1/10)×(10/200) = 1/200。若社区 B 也被选中，则其住户从 B 中被抽中的概率为 10/20 = 1/2，从总体中入样的概率于是为（1/100）×（10/20） = 1/200。因此，即使在第一阶段两个社区被选中的概率不同，但是 PPS 抽样最终可使两社区的住户以等概率被抽中。

通过上述案例，可以看出 PPS 抽样不但兼具几乎所有概率抽样的优点，如科学性强、可行性较好、人群代表性好及方便快捷等，而且能使研究者对最终的样本量有更好的控制，以及实现随机等概率抽样。例如，假设我们要以家庭为单位进行家庭社会经济地位与子女教育关系的社区调查，若社区的家庭户数严重不等，如有的社区只有 10 户人家，而有的社区有 500 户，那么采用简单随机抽样或系统抽样得到的抽样结果可能会不太理想，因为我们极可能全部抽到大的社区，从而导致最终样本有偏。若想解决这种户数差异较大的问题，可以根据社区的规模来分层，然后从每一层抽取一个样本，但这种方法可能会忽略或影响其他分层因素，也有可能会因增加分层因素而使抽样变得更为复杂（Turner，2003）；若采用 PPS 抽样，不但能较好地控制最终的家庭户数（样本量），保证抽样的代表性，而且不再需要按照社区（群）的大小分层。但若总体中各个群的大小完全相同或几乎相似时，则 PPS 抽样不再有优势。

在掌握上述常见概率抽样方法的基础上，我们还要对调查误差有所熟悉，以了解一项抽样调查可能存在的问题。

1.4 调 查 误 差 *

判断一个调查结果能否推断到总体的关键在于该调查是否采取了概率抽样。同时，衡量一个调查价值的关键之一在于调查的抽样误差和非抽样误差大小。这里的误差是指样本结果（统计量值）和总体真实值（参数）之间的差异，一个良好的抽样设计应尽可能同时减小这两种误差。

1.4.1 抽样误差（存在于普查、概率抽样方法）[1]

在随机抽样中，我们只观测总体中的部分元素，且某一元素是否进入样本是由自然（chance）决定的。因此，单一样本结果（即样本统计量的值）

---

* 推荐阅读：Groves，R. M. Survey Errors and Survey Costs ［M］. Hoboken，New Jersey：John Wiley & Sons，2004.

① 抽样误差的公式参见此书第 5 章"参数估计"。届时结合置信区间的知识，我们将对抽样误差的含义和决定因素有更详尽的讨论。

不太可能等于总体真值（即参数），且不同样本的统计量值也会有所不同。但综合所有样本结果来看，它们都应围绕总体真值波动。利用概率论，我们可以计算出一个与总体真值有一定距离的误差幅度，使该幅度涵盖 95%（或 99% 等）的样本结果，如图 1－6 所示，这个误差幅度便是**抽样误差**（sampling error）。例如，在关于美国总统支持率的民意调查公布结果时，经常会附有声明，如"本调查结果预期与真实结果相差不超过 ±3 个百分点"等，其中，3% 便是这项民意调查的抽样误差。该声明可以理解为：若进行 100 次民意调查，大约有 95 次的调查结果会在真实结果的 ±3 个百分点以内，且该机构默认"本次调查结果"是这 95 个在真实结果 ±3 个百分点以内的结果之一。有关抽样误差的具体计算，我们将在本书第 5 章"参数估计"中展开讨论。

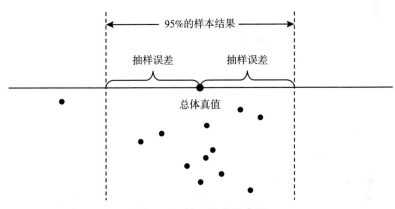

图 1－6　抽样误差示意图

抽样误差与样本量、总体变异程度及采用的抽样技术等因素有关。例如：第一，样本量越大，则抽样误差越小。在极端情况下（如普查），其抽样误差为 0。第二，总体内元素间的差异程度越大，抽样误差越大；差异越小，抽样误差越小。在极端情况下，若每个元素都相同，则抽出的样本完全能推断总体，抽样误差为 0。在实际应用中，调查者往往会通过设计更大的样本量来减小抽样误差，但需要付出更高的成本。

1.4.2 非抽样误差（存在于普查、概率抽样方法、非概率抽样方法）

非抽样误差（nonsampling error）主要包括覆盖误差、无回答误差和测量误差等。不同于抽样误差，非抽样误差并非由抽样的随机性导致，无法通过增大样本量来减小；甚至在一些情况下，增大样本量反而会带来更多误差。如果抽样过程中存在非抽样误差，即使研究者最初采用概率抽样方法，最终也可能仅得到非概率样本，缺乏对总体的代表性。

1.4.2.1 覆盖误差

抽样调查的前提是具备一个完备且最新的、与总体重合的抽样框。若抽样框不完善，如未纳入总体中的某些成员、包括了部分无关对象、让部分成员重复出现等，就会产生**覆盖误差**（coverage error）。当这部分被遗漏成员与抽样框内成员存在特征上的差异时，样本估计量将会有偏（即样本估计结果不会以总体真值为中心浮动)[①]。例如，若具有某些特征的总体成员未能进入抽样框，覆盖误差可能会导致选择偏差（selection bias），使最终样本无法代表总体。例如，若采用手机应用程序（App）对中国西部留守儿童的营养与健康状况进行抽样调查，就会遗漏那些不用智能手机的农户，而使用与不使用手机的农户特征是不同的（如收入不同）。再如，若要开展一项关于中国女性工资的调查，需要考虑的现实情况是：虽然研究总体是全体女性，但只有参加工作的女性才有工资，而那些未工作的女性并无工资数据。由于工作与未工作的女性具有不同特征（如是否结婚、小孩数目、受教育程度等），若只调查有工资的工作者而遗漏未工作者，则得到的数据将不能代表女性总体，用这份数据对研究总体进行推断将会导致估计量的偏差（这种类型的误差在统计分析中常被称为选择偏差，详见下文的讨论）。若基于这份数据对研究总体进行推断将会导致估计偏差。一般而言，对于这种存在覆盖误差的

---

① Groves, R. M. Survey errors and survey costs [M]. Hoboken, New Jersey: John Wiley & Sons, 2004: 83 – 90.

样本数据，其仅能用于推断抽样框这一群体，而不能估计研究总体。

1.4.2.2 无回答误差

当样本中部分个体未回答整个调查，或未回答其中某些项目时，会产生**无回答误差**（nonresponse error）。这可能是因为他们拒绝回答（有意），或不在家、丢失问卷（无意）等。若未回答的个体与其他回答者具有不同的特征，则仅用回答部分的数据对总体进行推断就会产生偏差。例如，在收集中国居民收入和宗教信仰等有关信息时，会发现部分受访者（如公务员）可能出于某些政治因素的考量而拒绝回答自己有宗教信仰，这就出现了"样本选择问题"（sample selection）或数据的偶然截除（incidental truncation）①。因此，当存在一次无回答时，调查人员应多次尝试，尽可能完成问卷；若多次无果，则许多调查者常常会从抽样框中随机抽取另一批对象来弥补空缺，如因大雪封山等自然条件限制而不能到达某县时，随机抽取另一个县来调查。但如果这批对象与无回答对象不同，则误差仍然存在。无回答误差对数据质量有重要影响，在实际调查中也十分普遍，因此，我们应重视调查的无应答率，若无应答率过高，则须谨慎处理。

需要补充说明的是，当存在覆盖误差或无回答率较高，且未覆盖或未回答的个体与总体其他成员显著不同时，元素的抽取并不符合随机原则，最终得到的样本将会是总体的一个非概率样本。如此，无论是否采用了概率抽样方法，或为得到概率样本付出了多少努力都无济于事。此时，由于是否进入抽样框或是否回答受个体特征的影响，统计推断可能存在严重偏差，并且这一偏差难以通过增大样本量来抵消。

---

① 若部分样本受到因变量的特征作用或出于某种原因（低于或高于域值）而无法再观测到 Y 与 X 的任何信息，这种数据所得的样本信息受限，被称为数据被截除，简称为截除或断尾。也就是说，我们只获得了子样本（subsample）而得到了部分观测值，另一部分因变量与解释变量却都没有任何信息。例如，研究中国大学生毕业的就业意向问题，若只收集了"985"及"211"院校的数据，那非"211"或"985"院校的数据就无法观测到。这种因结果变量的特征问题导致数据只在某个区间才能被观测到的现象被称为数据被截除。此外，若部分样本因某种原因退出观察队列，出现了样本流失（sample attrition），此时即使对余下样本继续追踪，但显然缺失了一部分样本的信息。这也是一种数据被截除现象，因变量相应受限。

若我们进一步假定因变量受到了其他变量的影响才导致了数据被截除，这种情况被称为数据偶然截除（incidental truncation）。这种特征的数据一般是由于样本选择（sample selection）导致，因此偶然截除也被统称为样本选择。

1.4.2.3　测量误差

测量值与实际值的差异即为**测量误差**（measurement error）。[①] 测量误差主要有四个来源：受访者、调查员、问卷和调查形式。

（1）**回答误差**（response error）（受访者）[②]：指受访者的回答与实际值存在偏差。这可能是因为受访者对问题知之甚少、理解错误、记忆不清、无意或有意误报等。例如，由于记忆不准确，许多调查对象（尤其老年人）难以回答关于童年时期甚至过去一年的问题。再如，受访者可能算不清自己的收入以致误报；此外，收入对许多受访者来说是个敏感问题，部分高收入者可能会出于某种需要故意低报收入，部分低收入者也可能出于"好面子"等原因高报收入。其中，无意识误差可以视为随机的，但有意识误差由于具有倾向性，会造成估计量的偏差。

（2）调查员、问卷和调查形式：测量误差还可能源于调查员的个人特征、调查时的用词和语气；问题的措辞、选项的设置、问卷的长度；不同的调查形式，如面访、电访或网络调查，等等。

除以上的宽泛分类外，我们耳熟能详的还有两种特殊的误差，即幸存者偏差和选择性偏差。现对这两类误差简单讨论如下。

幸存者偏差（survivorship bias）是指由于过度关注"经历某事件"后存活的研究对象，而忽视了事件中的未幸存者，从而导致推断错误。这种偏差可能是因为研究设计不当，或事件中的未幸存者无法观察等所致。

例如，假设一空军想加强战斗机的防护，以降低被炮火击落概率，且发现在安全返航的战斗机中，受攻击最多的位置是机翼（弹孔较多），最少的位置是发动机和驾驶舱（弹孔较少），如图 1-7 所示。假如你是该空军的统计顾问，你会建议他们加固哪些部位呢？

---

① 此测量误差概念仅针对社会科学，自然科学中测量误差的概念与此略有不同。

② 部分教材将"回答误差"和"测量误差"分开成两类，但参照 Groves, R. M. Survey Errors and Survey Costs［M］. Hoboken, New Jersey: John Wiley & Sons, 2004，本书将回答误差归入测量误差，即来自受访者的测量误差。

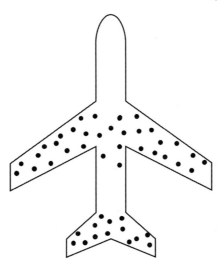

图 1 - 7 飞机弹坑示意图

资料来源：Radford，T. Tips for better thinking：Surviving on only half the story. McGill Office for Science and Society［EB/OL］. https：//www. mcgill. cu/oss/article/general_science/tip - better - thinking - surviving - only - half - story. 检索日期：2024 - 07 - 04.

　　我们可能会认为当然应加强机翼的防护，因为机翼中弹最多。而著名统计学家沃德·亚伯拉罕（Wald Ábrahám）[1] 却提出应加固受损最轻的发动机和驾驶舱，他指出：现存统计样本仅包含那些成功返航的飞机，却未包括那些坠毁或丢失的战斗机；返航飞机的机翼之所以中弹最多是因为这个地方最能抵抗炮弹的伤害，即使被击中很多次战斗机也能正常飞行，而发动机和驾驶舱中弹最少是因为这些部位一旦中弹，飞机就很容易坠毁，难以安全返航。军方最终采纳了他的提议，此后的实际情况也验证其决策十分合理。[2]

　　社会科学领域里许多研究问题都需要应对幸存者偏差。例如，我们在研究胚胎期经历大饥荒对成年后精神分裂的影响时，若只对幸存者进行研究就可能低估大饥荒的影响效果，其原因在于许多胚胎经历大饥荒并能存活下来，

---

　　① 沃德·亚伯拉罕（Wald Ábrahám，1902～1950），美国哥伦比亚大学教授，匈牙利数学家，在决策论、几何学、计量经济学等方面有所贡献，第二次世界大战期间为美国海军服务，发现幸存者偏差。1950 年因空难在印度尼尔吉里丘陵不幸去世。

　　② Wiersma，H. M. Don't Screw Up Your Business Insights：15 Ways of How Not to Use Your Data［M］. Munich：Via Tolinv Media，2022.

可能与它的基因或对环境的适应性较强有关。

选择性偏差（Selection bias）或**样本选择偏差**（sample selection bias）的概念十分宽泛，普遍指由于个体进入样本的过程并未做到随机化、样本对总体不具代表性，使样本中分析的结果无法正确地反映总体特征，用样本对总体的推断也存在误差。前面所提到的非抽样误差和幸存者偏差都可以视为选择性偏差。例如，我们在讨论覆盖偏差时所举的中国女性工资的案例，便是选择性偏差的经典案例。选择性偏差还有一种常见的类型，称作**自选择偏差**（self-selection bias），指个体由于某些原因而自己选择进入样本，如果这些原因未被研究者考虑或控制，就会导致样本分析的结果出现偏差。例如，在讨论大学学历对收入的影响时，需要特别注意处理选择偏差，因为大学的影响涉及两个阶段：个人首先自己选择是否上大学，其次才会有大学对收入产生影响。如果选择上大学者和不上大学者的特征存在很大差异，如上大学者本身智商较高、更有毅力、更追求高收入、家庭背景更好等，那么他们即使不上大学，收入很可能也比那些现实中未上大学的人要高。因为在大学真正施加影响前，选择进入和不进入大学的两个群体本身存在很大差异，对这两个群体进行简单比较或同级分析而未考虑到他们本身特征的差异将会产生偏差，在统计分析中常被称为自选择偏差。

为减小总误差，我们在实施调查时应尽可能同时缩小抽样误差和非抽样误差。若无回答误差和测量误差等都很大，那么再大的样本也无助于缩小估计误差。反之，即使尽力减小非抽样误差，如果样本过小导致抽样误差很大，总误差仍会居高不下。

1.5 数 据 类 型 与 结 构

基于上述抽样调查，我们就能获得样本的**数据**（data）。从狭义上来说，数据是通过观测得到的样本对象的信息；从广义上来说，数据并不局限于数字，即无论是基于抽样调查，还是利用其他技术手段获取的、可以记录的图像、声音、气息等信息，如指纹、星座、长相、MRI 成像、微信语音等都可以称为数据。[1] 我们常以二维表格形式排列数据，如表 1 - 3 所示，其中每一列代表一个**变量**（variable），每一行表示一条**观测值**（observation）[2]。

常见的数据类型与结构如下：（1）截面数据（cross-sectional data）；（2）时间序列数据（time series data）；（3）混合截面数据（pooled cross-sectional data）；（4）追踪数据或纵贯数据（panel data or longitudinal data）。

不同的数据类型及结构特点决定了统计方法与模型的不同，因此我们必须明晰数据的结构、类型及特点，从而量体裁衣、利益最大化地选择统计模型或方法。例如，虽然所有数据类型都可以使用最基础的线性回归模型及广义线性模型（如 logit、probit 等），但其运用到具体的数据类型却有不同的变体，如针对时间序列数据专有的自回归移动平均（auto regression moving average，ARMA）模型、自回归求和移动平均模型（Autoregressive Integrated Moving Average model，ARIMA）等；针对追踪数据专有的固定效应模型（fixed effects model）与随机效应模型（random effects model）等。

当然，统计分析的前提为随机概率抽样（常默认概率相等），这也是所有统计软件进行统计计算或统计推断的基础。若为不等概率抽样，则在统计推断时较为困难，通常要利用一定的统计技术进行权重调整或其他的特殊处理等。各统计软件对此都进行了精心设计，并有相应的模块进行处理。例如，在 Stata 软件中设计了 survey 模块。

1.5.1　截面数据

尽管我们还不熟悉**截面数据**（cross-sectional data）的定义，但事实上我们对此类数据并不陌生。例如，我们耳熟能详的中国综合社会调查（CGSS）数据即为截面数据（分别于 2003 年、2005 年、2006 年、2008 年、2010 年、2011 年、2012 年、2013 年、2015 年、2017 年等年份展开调查）、中国青少年生殖健康可及性调查（于 2009 年展开调查）、中国第一次及第二次全国残疾人抽样调查（分别于 1987 年及 2006 年展开调查）、中国家庭收入调查

---

① 王汉生. 数据思维：从数据分析到商业价值［M］. 北京：中国人民大学出版社，2017：1 - 2.
② 观测值也可以指某变量的一个具体取值。

（CHIP）（分别于 1989 年、1996 年、2003 年、2008 年、2009 年和 2014 年展开调查）。① 那此类数据有什么共同特点吗？

首先，它们均为在同一个给定时点（a given point in time）对个体进行随机抽样构成的样本数据集。② 其中，每次调查并不要求调查样本及抽样范围相同，采集的是特定时间段样本的一次性资料，反映的是研究总体在某一时点或特定时段内的截面记录。

例如，中国家庭收入调查（CHIP）2013 年便是一个截面数据，其记录或反映了 2013 年中国家庭收入在调查时点上的基本状况。表 1-3 是此数据的一部分，记录了 59116 个受访者的个人编码（*id*）、性别（*male*）③、出生年份（*birth*）、兄弟姐妹数（*sibsize*）、受教育年限（*eduyr*）和居住地类型（*urban*）。其中，*id* 是我们人工生成的编号（可任意编码），这里由家庭编码（前 13 位）和个体在家庭内的序号（后 2 位）合成。性别和居住地为二分类变量（或 0-1 变量）：性别编码为 1 = "男"，0 = "女"；居住地编码为 1 = "城镇"，0 = "农村"。我们之后还会频频见到这类变量。此外，受教育年限最后一行的值为 "."，表示数据缺失。

表 1-3　　　　　　　　　　截面数据结构示例

id	male	birth	sibsize	Eduyr	urban
110101020680101	1	1947	3	15	1
110101020680102	0	1949	0	15	1
110101020680103	0	1922	2	4	1
110101020830101	0	1989	0	11	1
…	…	…	…	…	…
…	…	…	…	…	…
…	…	…	…	…	…

① 除 CHIP2007 和 CHIP2008 外，这两期为追踪数据。
② Wooldridge, J. M. Introductory Econometrics: A Modern Approach [M]. Toronto, Canada: Nelson Education, 2002: 6.
③ 对于如性别这种有两个类别或属性的变量（二分类变量），建议以编码为 1 的那类为变量名，以减轻记忆负担，避免因记错编码而导致失误。

id	male	birth	sibsize	Eduyr	urban
621121101090103	1	1989	1	15	0
621121101090104	0	1992	4	15	0
621121101090105	0	2012	1	…	0

资料来源：根据中国家庭收入调查（CHIP）2013 年相关数据整理。

其次，此类数据中并无确切的变量随时间变化的信息（如事件起始或终止时间）或历时追踪的记录，仅是在特定时点（段）收集的一次性信息。

在此基础上，我们对截面数据的定义是：

截面数据或横截面数据是在相同或大致相同的时点对研究对象收集的数据。在此类数据中，同一样本一般只被调查一次（通常不会在下一轮截面数据收集中再次被调查）。

截面数据主要用于了解研究总体现状、进行描述性分析或判断社会现象或变量间的相关关系。由于其缺少变量随时间变化的信息，无法满足因果关系中"时序先后"的条件，难以进行因果推断。为一定程度上弥补截面数据的这一缺陷，我们可以将若干截面数据合并以形成混合截面数据，或基于追踪调查获得追踪数据。

1.5.2　时间序列数据

时间序列数据（time series data）记录了某研究对象的一个或多个变量在不同时点上的观测值，反映了这些变量随时间的变化趋势。常见的例子有股票价格、国内生产总值（GDP）、消费者价格指数（CPI）、通货膨胀率、每日气温、空气质量指数（AQI）和卡路里摄入量，等等。

例如，假设有一家中国上市公司每日的股价如表 1-4 所示。该表格记录了从 2014 年 1 月 30 日到 2017 年 9 月 2 日，该公司股票每日的开盘价（*open*）、最高价（*high*）、最低价（*low*）和收盘价（*close*）。把每日的观测值按时间记录并依次排列下来，就构成了一份时间序列数据。

表1-4 时间序列数据结构示例

date	open	high	low	Close
20140130	15. 5	15. 59	14. 33	14. 64
20140131	14. 52	16. 48	14. 52	15. 27
20140201	15. 2	16. 71	15. 04	16. 67
…	…	…	…	…
…	…	…	…	…
…	…	…	…	…
20170831	55. 88	58. 88	52. 8	55. 49
20170901	55. 35	58. 45	50. 65	57. 28
20170902	58	63. 78	57. 01	62. 51

资料来源：根据虚拟数据整理。

基于时间序列数据发展而成的时间序列数据分析是动态数据处理的经典统计方法之一，感兴趣的读者可以自行阅读部分经典教科书。[①]

1.5.3 混合截面数据

为比较截面数据在不同调查时点上的情况，刻画社会现象随时间变动的趋势，可将来自同一总体不同时点上的截面数据进行合并。这种将同一总体不同时期的截面数据合并后形成的数据被称为**混合截面数据**（pooled cross-sectional data）。我们通常还会用一个变量（如年份）来标识个体来源的数据库。

值得提醒的是，对截面数据的合并需要谨慎：首先，数据合并的前提是不同年份的变量相同，即调查问卷中的问题及问题选项必须相同；其次，合并时不仅要考虑测量单位的统一及数据的标准化，还要全面考虑数据合并的

---

① 推荐阅读：Enders, W. Applied Econometric Time Series (3rd) [M]. Hoboken, New Jersey: John Wiley & Sons, 2012; Hamilton, J. D. Time Series Analysis [M]. Princeton, New Jersey: Princeton University Press, 1994.

合理性。不同调查时期的同一变量，其含义或数值可能有所不同，在合并数据时一般需要先将其标准化才能合并。例如，对于不同年份的收入，可以用贴现率（discount rates）或消费者价格指数（CPI）等方法标准化；不同年代或地区的死亡率一般需要根据人口年龄结构等进行标准化处理。

例如，现有2008年和2013年全国大学生性与生殖健康抽样调查的截面数据，假定这两份数据服从数据合并的要求，则可以进行数据合并，并用年份（变量 *year*）来区分个体所属的截面数据，具体如表1-5所示。其中，身份编码（变量 *id*）位于1~5000的案例来自2008年数据，后5000个案例来自2013年数据。

表1-5　　　　　　　　　　混合截面数据结构示例

id	year	Male	birth	eduyr	urban
1	2008	1	1955	9	1
2	2008	0	1958	9	1
3	2008	0	1992	10	1
…	…	…	…	…	…
…	…	…	…	…	…
…	…	…	…	…	…
5000	2008	1	1993	9	0
5001	2013	1	1947	15	1
5002	2013	0	1949	15	1
5003	2013	0	1922	4	1
…	…	…	…	…	…
…	…	…	…	…	…
…	…	…	…	…	…
10000	2013	0	2012	…	0

资料来源：根据虚拟数据整理。

这种混合截面数据，除用于数据描述性统计分析或探讨变量间的相关关系之外，还可以用于观察某一变量的历时趋势，如评估计划生育政策随时间变化的效果（如独生子女政策、三孩政策或生育政策完全放开的影响等），或分析教育回报率是否随时间的变化而变化等。将多个样本合并在一起也增大了样本量，有利于提高估计的精度。普通截面数据的方法通常也适用于混合截面数据，只是需要注意的是，我们要对混合截面数据得出的历时趋势及因果推断等研究结论加以警惕：第一，由于混合截面数据包括不同时期的数据，因此我们在研究两个变量的关系时，要重点考虑两者呈现的关系是否因为一个变量的变化引起了另一个的变化，还是仅仅因为两个变量都随时间变化而已（此时称这两个变量是虚假相关，如鞋子尺码大的儿童数学成绩更好，不过是因为鞋子尺码及数学成绩都与年龄相关）。因此，需要通过在回归方程中加入时间（如年份）固定效应（通常以虚拟变量①的形式）来控制这一时间因素，并加入包含时间与此时间内重要特征（如政策）的交互项。第二，就同一问题，混合截面数据在不同时期采用了不同的样本，每个时期的截面数据都反映了相应时期总体的特征，但每个时期的抽样框并不完全相同。例如，中国社会调查（CGSS）数据始于 2003 年，此后开展了许多年，尽管许多测量的变量相同，但每一年的样本及样本量都不尽相同，这主要是因为每一年的全国人口规模及结构都在不时地发生变化，从而导致抽样框并不完全相同。因此，我们需要高度警惕表面的历时趋势及因果推断中可能存在的陷阱。

1.5.4 追踪数据/纵贯数据

截面数据仅在某一时点上收集，而没有记录变量或社会现象的动态变化，即缺乏变量的时间序列维度，这使我们在判定因果关系时经常捉襟见肘。此外，在截面数据中，若问卷未包括部分重要变量，尤其是那些随时间发生变化的变量，将导致用户估计结果上的严重偏倚。如何将截面数据与时间序列

---

① 如对于表 1-3 中的混合截面数据，可以设置虚拟变量"年份"（year）如下：若数据来自 2013 年，则 $year=1$；若数据来自 2008 年，则 $year=0$。虚拟变量的详细介绍请见第 2 章"变量测量与概率分布"。

有机结合，为因果关系推断提供数据基础是社会科学家亟须解决的问题。

由此发展出了追踪调查，即在不同时期对固定的调查对象进行重复地、持续地观测，并将每次的结果记录下来，则这种同一样本对象在不同时期的观测数据便是**追踪数据**（panel data）（又译为"**面板数据**"）或**纵贯数据**（longitudinal data）①。简单来说，追踪数据是一种"时间序列－截面"数据，由横截面样本中每个调查对象的时间序列组成。从截面（cross-section）上看，追踪数据由在多个时点上若干个体的截面观测值组成；从时间点或纵贯剖面（longitudinal section）上来看，每个个体都有一条时间序列。

追踪数据与混合截面数据的区别是：追踪数据就同一问题在不同时期追踪测量了同一固定样本，而混合截面数据则是就同一问题在不同时期测量了不同的样本。此外，追踪数据也不同于时间序列数据：时间序列数据仅限于1个调查对象（如同一个人的身高、同一家公司的股价），而追踪数据在每一个时点上都包括多个对象，如一个家庭过去 10 年的年收入是时间序列数据，而 100 个家庭过去 10 年的年收入就是追踪数据。

下面我们以中国健康与营养调查（CHNS）②的数据为例，来熟悉追踪数据的结构，具体如表 1－6 所示。其中，*hhid* 为家庭编码，*gender* 为性别（1 = "男"，2 = "女"），*edulevel* 为最高受教育水平（0 = "未上过学"，1 = "小学"，2 = "初中"，3 = "高中"，4 = "职高或中专"，5 = "大学本科或大专"，6 = "研究生"，9 = "不知道"），*income* 为个人年收入（元），*wave* 表示调查年份。由表 1－6 可以看出，追踪数据的结构较为特殊，呈

---

① 早期我国学者将 Panel Data 译为面板数据，主要是依据该英文的表面字义和数据的表面结构形状，即此类数据按截面与时间两个维度排列时，所有数据都排列在一个平面上，整个表格看起来像是一个面板，与美国早期的电话接线面板十分相似，因此被称为面板数据（Panel Data）。从数据结构来看，这类数据实质上是一种"时间序列－截面数据"。在较多个时间点上对截面个体重复观测时，样本可能流失严重，但若补充样本与留存样本也对总体具有代表性，则这样收集的数据我们称为"纵贯数据"（Longitudinal Data）。但在一般研究中，我们对追踪/面板数据和纵贯数据这两个概念并不严格区分。

② 中国健康与营养调查（CHNS）是美国北卡罗来纳大学教堂山分校（The University of North Carolina at Chapel Hill）与中国疾病预防控制中心营养与健康所合作开展的一项调查。该调查的目的是评估健康、营养和计划生育政策的影响，以及考察中国的社会和经济转型如何影响中国人的健康和营养状况。该调查收集了丰富的社区信息，以及家户和个人的经济、人口和社会特征，在社会科学研究中被广泛使用。具体信息参见：横截面数据、时间序列数据、面板数据 [EB/OL]. http://www.cpc.unc.edu/projects/china. 检索日期：2018－12－20.

"长数据"形式：整张数据表的观测值按个体排列，个体内部又按调查时间依次排列。例如，前 9 行分别是第 1 个人在 1989 年、1991 年……2015 年的数据，接下来 9 行又是第 2 个人在这九年的数据，等等。这一数据格式与混合截面数据不同，后者只是将各个时点的样本数据集上下拼接起来（见表 1-6）。追踪数据之所以采用这种长数据格式，是因为针对追踪数据的统计方法通常需要对同一个体在相邻时点上的观测值作一定变换，这就要求同一个体的观测值按时间顺序上下相邻。若调查年份不断延长，则此数据将会越来越长，颇有"去年一滴相思泪，至今未流到腮边"之喜感。

表 1-6 追踪数据结构示例

hhid	gender	edulevel	income	wave
200001001	1	2	2306	1989
200001001	1	5	3100	1991
200001001	1	5	2808	1993
200001001	1	5	4300	2000
200001001	1	9	4522	2004
200001001	1	11	6822	2006
200001001	1	14	7700	2009
200001001	1	16	8801	2011
200001001	1	16	100030	2015
200001002	2	2	2666	1989
200001002	2	5	2832	1991
200001002	2	5	2900	1993
200001002	2	5	3100	2000
200001002	2	5	2512	2004
200001002	2	5	2300	2006
200001002	2	5	2102	2009
200001002	2	5	2806	2011
200001002	2	5	3400	2015

续表

hhid	gender	edulevel	income	wave
…	…	…	…	…
…	…	…	…	…
…	…	…	…	…
…	…	…	…	…
212404081	1	9	5500	2004
212404081	1	9	6209	2006
212404081	1	11	7354	2009
212404081	1	11	8100	2011
212404081	1	11	11100	2015

资料来源：根据中国健康与营养调查（CHNS）相关数据整理。

毋庸置疑，追踪数据具有许多得天独厚的优势：不仅能有效地处理个体异质性、增加样本信息量、提高估计效率，还能有效地描述与分析动态变化，估计固定效应与随机效应，建构截面数据或时间序列数据所不能的复杂模型（Baltagi，2008；Hsiao，2003）。例如，若想研究同一个体在不同年代教育程度的变化，则利用表 1 - 6 中的追踪数据和相应的统计技术便可以消除那些未被测量的不随时间而变（time-invariant）的因素（如天赋、性格、动力等），[1]从而有效避免因遗漏变量导致的估计偏倚。这是追踪数据的特色所在，混合截面数据则很难甚至无法实现类似操作。而对于那些随时间变化（time-varying）的因素，利用追踪数据不但能描述与分析其动态变化，还能有效地判断因果关联。[2]

当然，追踪数据也存在着许多的不足。例如，数据采集相对困难，成本更高。此外，样本流失（attrition）[3] 或自我选择性流失（self-selectivity attri-

---

① 这种统计技术包括回归分析中的固定效应模型（fixed effects model，FEM）等，将在此书姊妹篇《从线性回归到因果推断》中进行讨论。
② 因果关联只适用于那些随时间变化的自变量与因变量。
③ 样本流失（attrition）指样本内部分个体在追踪调查的后续追访中离开样本。这可能是由于受访者搬家、去世，或拒绝继续参与调查等。

tion)[1] 等问题也难以解决。

目前，针对我国居民进行的比较典型且方兴未艾的追踪数据有：北京大学中国社会科学调查中心正在进行的"中国家庭动态追踪调查"（China Family Panel Studies，CFPS）[2]，从 2010 年基线调查起已跟踪过四期（2010 年、2012 年、2014 年、2016 年）；北京大学主持的"中国健康与养老追踪调查"（China Health and Retirement Longitudinal Study，CHARLS）[3] 也于 2011 年、2013 年、2014 年、2015 年进行了四期的全国性跟踪调查，收集了中国 45 岁及以上中老年人家庭和个人的信息；美国北卡罗来纳大学教堂山分校（The University of North Carolina at Chapel Hill）主持的"中国健康与营养调查"（China Health and Nutrition Survey，CHNS）[4]，分别在 1989 年、1991 年、1993 年、1997 年、2000 年、2004 年、2006 年、2009 年、2011 年、2015 年开展，只是由于其调查初期的样本并不固定，早期的 CHNS 数据并非严格意义上的追踪数据。

针对追踪数据有诸多不同于截面数据的专属统计方法，我们会在本书姊妹篇《从线性回归到因果推断》中进行详细讨论。

需要提醒的是，无论哪种数据都有可能存在数据的偶然截除（incidental truncation）或"样本选择问题"（sample selection）等调查误差问题（参见本章 1.4 节），从而违背了抽样随机的假定。针对此类问题，我们需要采用特殊的统计方法进行处理，具体方法我们留待将来再讨论。[5] 初学者可以暂时假定我们所分析的大型抽样调查数据无此类问题。

――――――――――

① 自我选择性样本流失，通常归结于样本选择问题。
② 中国家庭动态追踪调查（CFPS）［EB/OL］. http：//www. isss. pku. edu. cn/cfps/. 检索日期：2018 – 12 – 20.
③ 中国健康与养老追踪调查（CHARLS）［EB/OL］. http：//charls. pku. edu. cn/zh – CN. 检索日期：2018 – 12 – 20.
④ 中国健康与营养调查（CHNS）［EB/OL］. http：//www. cpc. unc. edu/projects/china. 检索日期：2018 – 12 – 20.
⑤ 参见本书姊妹篇《进阶社会统计学及 Stata 应用》（出版中）。

1.6　Stata 软件介绍

工欲善其事，必先利其器。若手工对大量数据进行清理和统计分析，会相当困难，而统计软件的出现大有裨益，可以帮助我们大大提高分析的效率和准确性。目前，市场占有率较高的 5 种统计软件包为：SPSS、SAS、Stata、R 与 Python。从软件操作或掌握的角度而言，SPSS 较为初级，入门简单，操作方便，适合初级用户；SAS 最为复杂，初学者需要掌握 SAS 语言，较适合高级用户，常有 "三年入门，五年精通" 之戏言；Stata 则介于这两者之间，集傻瓜菜单与命令编程于一身，有机结合了使用简便和功能强大的特点。部分研究者也偏好采用 R、Python 等免费开源软件包进行统计分析，其中 R 处理灵活，且有许多较新的模型和检验方法，但对编程要求较高，增加了自学难度；近年来，颇为流行的 Python 凭借简单易学的语法、广泛的应用领域、丰富的库和社区支持，已成为一种强大的通用编程语言，不仅适用于数据科学、Web 开发、自动化等各种任务，而且可为前沿社会科学研究提供强大支持。

出于统计教学与初学者实用性考虑，本书在进行数据演示时均采用 Stata 13.0。现对 Stata 统计软件简要介绍如下。

Stata 统计分析软件是一个功能强大、灵活且易于使用的统计软件包，能提供较为广泛的数据管理、统计分析、绘图和报告功能，目前被广泛用于社会学、经济学、生物医学研究和其他领域的数据分析和统计建模。

（1）数据管理：Stata 允许用户导入、编辑、整理和清洗数据。操作者可以轻松地进行数据转换、合并、拆分和缺失值处理，以准备数据进行分析。

（2）统计分析：Stata 能提供广泛的统计方法，包括但不限于描述性统计、回归分析、方差分析、生存分析、时间序列分析、聚类分析等。此外，它还支持更为进阶（advanced）的统计技术，如混合效应模型和概率模型等。

（3）绘图功能：Stata 具有强大的绘图功能，可用于创建各种图表，如散点图、直方图、箱线图、生存曲线等，以可视化数据和分析结果。

（4）编程能力：Stata 支持编写自定义脚本和程序，操作者可以使用 Stata 命令语言（Stata Command Language，Do-file）来自动化分析过程。这有助于提高分析的重复性和可重复性。

（5）数据报告：操作者可以使用 Stata 生成高质量的报告和输出，包括表格、图形和分析结果的格式化报告。这对于研究论文、学术出版物和决策支持非常有用。

（6）社区支持：Stata 拥有广泛的用户社区和在线资源，包括用户论坛、帮助文档、教程和教育培训，这些资源有助于用户解决问题和学习如何使用软件。

（7）跨平台支持：Stata 可以在不同操作系统上运行，包括 Windows、macOS 和 Linux，因此适用于各种计算环境。

（8）数据安全性：Stata 支持数据加密和权限控制，确保数据的安全性和隐私保护。

与市场上流行的其他统计软件相比，Stata 软件具有如下鲜明的优点。①

第一，可兼当教科书。Stata 本身即是一部内容精当、包罗万象的统计学或计量经济学经典教科书。例如，在结果窗口，Stata 除输出统计结果外，还提供了丰富的辅助性标题、注释、风险警告和错误提示，以及与该命令相关的关键统计指标。用户在浏览统计结果表格时，不仅能明白该命令的作用，还能借此表格查漏补缺，通过查阅 Stata 手册、帮助文档（直接输入 help 命令即可查询）或其他教材来学习尚不熟悉的统计技术。其中，Stata 手册非常强大，它不但提供所有统计手段权威的计算方法与原理、命令详析、语法分解及案例教学，还提供了统计学界对各类方法的评论及方法间的联系等，可谓是一本值得各类学者参考的工具书。

此外，拥有诸多国际著名大学的技术支持平台也是 Stata 不可忽略的优点之一。例如，我们可以随时通过网络或加州大学洛杉矶分校（UCLA）、普林斯顿大学（Princeton University）、波士顿大学（Boston University）等技术支持平台等寻求帮助。同时，Stata 公司也会定期出版大量的软件应用手册或经

---

① Stata 官网［EB/OL］. https：//www. stata. com/. 检索日期：2018 – 12 – 25.

典统计教科书,[①] 并定期发布期刊 *Stata Journal*（SCI），我们可以投稿、发表或学习其他用户开发的优秀的 Stata 命令。

第二，操作简单。Stata 不仅支持类似 SPSS 的傻瓜式按钮选择操作，也支持程序代码运行，而且代码编写非常简单，命令即为与其对应的英文单词，只需用户有高中英文词汇水平，且多数命令只需键入英文单词的前三个或四个字母的缩写即可。

简单来说，Stata 是一个功能丰富、灵活且可靠的统计分析工具，适用于各种领域的数据研究和决策支持，尤其适合从事社会科学研究的学者使用。

1.7　本 章 小 结

数据准备是统计分析的基础。其中，在抽样数据采集中，我们试图从总体中随机抽取有代表性的样本，并通过样本的特征来推断总体特征。统计学为此提供了理论基础。在抽样方法类型中，本章重点讨论了抽样调查中常用的概率抽样（或随机抽样）方法。其中，简单随机抽样不但是所有概率抽样方法的基础，也是多数统计理论的前提假定和各大统计软件包的基础。

在抽样调查的基础上，根据数据收集的时空特点及表现形式的不同，通常可将数据可分为截面数据、时间序列数据、混合截面数据和追踪/面板/纵贯数据等。其中，截面数据是许多个体在同一个时点的观测数据，如北京、纽约、莫斯科某一天的雾霾指数。时间序列数据是某个体随时间而产生的观测数据。例如，北京一年来每一天的雾霾指数。追踪数据则是前两者的综合体，即许多个体组成的横截面样本在不同时期的综合数据，如北京、纽约、莫斯科这一年来每一天的雾霾指数。随着学习的不断深入，未来我们将会讨论不同的数据类型所对应的不同统计技术和模型。

---

① 推荐阅读：Baum. C. F. & Christopher, F. An Introduction to Modern Econometrics using Stata［M］. College Sation, Texas：Stata Press, 2006；Cleres, M. & Gutierrez. R. An Introduction to Survival Analysis using Stata［M］. College Sation, Texas：Stata Press, 2004；Long. J. S. & Freese. J. Regression Models for Categorical Dependent Variables using Stata［M］. College Sation, Texas：Stata Press, 2001.

此外，本章还简单介绍了市场占有率较高的 5 种统计软件包：SPSS、SAS、Stata、R 与 Python。其中 SPSS 较为初级，入门简单，操作方便，适合初级用户；SAS 最为复杂，需要掌握 SAS 语言，较适合高级用户；Stata 介于这两者之间，集傻瓜菜单与命令编程于一身，有机结合了使用简便和功能强大的特点。Stata 软件的开发与计量经济学的发展密切相连，因此深受初级用户及高级用户的喜爱，更受社会统计学及计量经济学家的青睐。R 则为后起之秀，免费开放，模型选择众多，但对编程要求较高。近年来，颇为流行的 Python 也开始日益应用于社会科学研究领域。

在综合考虑了与社会定量或计量经济学教材的配套学习之后，我们建议采用 Stata 软件。若打一个不恰当的比方，可以说 SPSS 类似于一个傻瓜相机（傻瓜式窗口操作），Stata 类似于一个半自动相机（既可以采用傻瓜式窗口操作，也可以手动编程），而 SAS 则像一个单反相机或航空母舰（程序编写较为复杂，但功能强大）。R 为绿色开源软件，颇像足球场上的自由人，其功能几乎能与这三种统计软件包相媲美，而 Python 像个八爪鱼，能支持多种编程范型，包括结构化、过程式、反射式、面向对象和函数式编程。可以说，诸统计软件都各有千秋，功能各异。对于我们而言，只有偏好，并无优劣。

第 2 章

变量测量与概率分布

You can, for example, never foretell what any one man will do, but you can say with precision what an average number will be up to. Individuals vary, but percentages remain constant. So says the statistician. ①

——夏洛克·福尔摩斯《四签名》

我们在第 1 章重点讨论了数据准备等内容。其中,如何对概念进行具体化及可操作化得到变量(variable),并对变量进行数据收集是数据准备的核心。由于变量本身具有明确性及可观测性的特点,因而成为构造因果关系的基石。目前,使用变量语言已成为有志于因果推断的科学研究者的首选。②

科学发展史表明,统计分析是目前最有效的探讨因果关系的利器。利用统计分析不仅可以对我们获得的样本资料进行描述、概括、检验及总体推断,而且还可以深入分析两个变量或多个变量之间的相关关系或因果关系。而一旦涉及变量之间关系的统计分析,对变量如何**测量**(measurement)的讨论便不可或缺。所谓变量测量,即指按照某种操作规则确定被测变量量值的过程,即利用数据来量化描述观察变量的取值、类别或属性等,这是统计分析的前提条件。若一个变量不能被测量成数值或其他可以量化处理的信息等,便无法对其进行统计分析。

---

① 译文:"你永远不能预测某个人会做什么,但可以精确地说出人们的行为会趋近于哪一个平均数。个体间虽然有差异,但总的可能性保持不变——统计学家如是说。"
② 袁方,王汉生. 社会研究方法教程[M]. 北京:北京大学出版社,1997:73-75. 其中,北京大学社会学系王汉生教授为笔者社会研究方法的启蒙老师,受益良多。

根据变量所含信息的丰富程度及测量层次，我们通常把变量分为两类：连续变量与离散变量。其中，离散变量包括定类变量、定序变量和计数变量（定类变量与定序变量又被统称为分类变量），连续变量包括定距变量和定比变量。

我们单独安排一章来强调变量的测量层次主要是因为：变量测量层次的不同不仅暗含着概率分布的不同,[①] 且由此引发的统计检验量、相关系数、回归模型、变量纳入等统计手段及技术也截然不同。若对变量的测量层次不加以区分，将统计方法混用，则可能会导致统计结果的原则性错误，使我们陷入万劫不复的境地。例如，检验某一连续变量在两个类别/组间的均值差异（如收入的性别差异），通常采用 t 检验；检验某一连续变量在多个类别/组间的均值差异（如收入的省际差异），通常采用方差分析即 F 检验；检验两个分类变量之间是否独立时（如抽烟与肺癌），通常采用卡方检验（χ^2 检验）；检验一个二分类变量和一个定序或连续变量的关系时，通常采用 Wilcoxon 秩和检验；检验一个多分类变量和一个定序或连续变量的关系时，通常采用 Kruskal – Wallis 检验；计算两个连续变量的相关性时，通常采用皮尔逊相关系数（Pearson correlation coefficient，PCC）；计算两个定序变量的相关性时，通常采用伽马系数（gamma coefficient，γ）和肯德尔 τ_b（Kendall's tau-b）及 Spearman 秩相关系数（r_s）。这些方法我们之后都会陆续介绍。此外，回归模型建构的第一条原则是依因变量测量层次的不同而建构不同的回归模型。若因变量为连续变量，则通常采用线性回归；若因变量为分类变量，则通常采用 logit 模型或 probit 模型；若因变量为计数变量，则通常采用 Poisson 模型或负二项模型。不过，无论我们采用哪一种回归模型，将不同层次变量作为自变量纳入回归方程的原则都是：连续变量与计数变量按其自然形式纳入；定类与定序变量必须转化为多个虚拟变量纳入。上述内容我们将在本书的后续章节及姊妹篇《从线性回归到因果推断》《进阶社会统计学及 Stata 应用》中展开讨论。因此，在初入统计学殿堂前，我们必须先熟悉与掌握变量的测量层次及其概率分布，才能在实际统计分析时做到"量体裁衣"。

---

① 参见本书附录 1 "常见离散型与连续型随机变量的分布和数字特征"。

本章将首先讨论随机变量的特性与测量层次，再介绍概率、随机变量的含义和数字特征，最后在这些基础上讲解常见的概率分布类型。

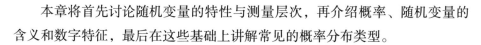

2.1　变量及其测量[*]

2.1.1　变量

我们知道，概念是对同一类现象的概括性表述，由名词、抽象定义与经验内涵有机构成。变量（variable）则是对概念的具体化及可操作化，具有变异性及多值性等特点，用以刻画现象的规模、类别、程度、重量、速度、密度等方面的可变动性。[①] 如"年龄"这一变量表示个体年龄的取值变异，从0岁到100岁及以上等；"生理性别"这一变量则表示男性、女性等类别；"受教育程度"则表示小学及以下、初中、高中、大学及以上等受教育水平的等级或序次等。我们通常把调查问卷中直接出现的各种变量称为初始变量。若对初始变量进行重新处理，或合并、或分组等整合而成的新变量，称为复合变量。结合概率论的基本内容可知，社会科学中的"变量"即概率论语言中的"随机变量"（random variable），两者都将随机试验结果（不同个体的特征）用数值或类别来表示。待熟悉变量的含义和测量层次后，我们再讨论随机变量。

变量具有变异性与随机性的特点。其中，变异性指变量的取值各不相同，分别表现为随机变异性（以个体取值的差异表示）及干预效果变异性（以均值之间的差异表示），这也是社会现象或个体变异性的体现。随机性则是指随机变量的"不确定性"。这种不确定性一般来自两个方面，一是由于随机

　＊　Agresti, A., Finlay, B. Statistical Methods for the Social Sciences (3rd) [M]. New Jersey：Pearson Education, 1997：12 – 17；袁方，王汉生. 社会研究方法教程 [M]. 北京：北京大学出版社，1997：165 – 173.

　①　袁方，王汉生. 社会研究方法教程 [M]. 北京：北京大学出版社，1997：73 – 75.

变量刻画的事件是随机事件，因此在取值上存在一定的不可预知性；二是由于个体的异质性导致受访者个体的行为或态度有多种，无法预知。[1]

我们通常根据研究目的把变量分为两类：因变量和自变量。

因变量和自变量

因变量（dependent variable）：即我们想要研究的结果，通常记为 Y，为研究的核心。例如，在因果推断研究中，研究的重要目的即是分析与解释因变量"何以可能"（How is the outcome possible）[2] 及其背后的因果机制（why, what-if, cause and effect）。

自变量（independent variable）：即我们用以解释或预测因变量的影响因素，通常记为 X。自变量包括但不限于我们感兴趣的关键自变量（key variables）和非研究兴趣但对因变量有影响因而必须将其影响排除的**控制变量**（control variables）。

值得说明的是，自变量与因变量仅是当前模型中相对彼此关系而言的。一个方程中的因变量和自变量可能分别是另一个方程中的自变量和因变量。例如，凯恩斯模型（Keynesian model）是由两个方程组成的联立方程，即

$$\begin{cases} (1) \quad C_t = \beta_0 + \beta_1 Y_t + \varepsilon_t \\ (2) \quad Y_t = C_t + I_t \end{cases}$$

其中，C_t 表示消费，Y_t 表示收入，I_t 表示投资。在模型中，收入和消费变量互为因果：在方程（1）里，收入影响消费；在方程（2）里，消费则是影响收入的因素之一。[3]

---

① 谢宇. 回归分析［M］. 北京：社会科学文献出版社，2010：5.

② "何以可能"源自德国社会学家格奥尔格·齐美尔（Georg Simmel）对社会科学根本问题的阐述"社会是怎么成为可能的？"（How is society possible）及著名哲学家伊曼努尔·康德（Immanuel Kant）在"三大批判"之《纯粹理性批判》的开篇语，即"自然是怎么成为可能的？""How is nature possible"。参见汪丁丁. 社会科学的根本问题：社会何以可能［EB/OL］. https://www.aisixiang.com/data/4146.html. 检索日期：2022−01−08.

③ 针对这种联立方程，一般会将变量区分为内生变量（endogenous variable）与外生变量（exogenous variable）。外生变量（exogenous variable）与内生变量（endogenous variable）可从技术层面简单理解为：内生变量是指与方程中的随机误差项相关的自变量，外生变量则指那些与方程中随机误差项不相关的自变量。在没有进入回归分析之前，我们暂时对两个概念不进行具体介绍。协变量（covariate）则是指与因变量有线性或非线性相关，且在探讨自变量与因变量关系时通过统计技术加以控制的变量。

当然，因变量与自变量在不同的学科或统计策略中又有不同的命名或名称，表 2-1 总结了这些名称。其中，我们在进行因果推断或进行因果机制解释时，常把因变量假定为结果，从而把因变量命名为**被解释变量**（explained variable）、**反应变量**（response variable）或**结果变量**（outcome variables），而把自变量假定为原因，从而把自变量命名为**解释变量**（explanatory variable）。例如，我们在评估接种新冠疫苗对降低新冠病毒（COVID-19）感染率的效果时，通常把新冠感染率作为因变量，把接种新冠疫苗当作关键自变量（关键解释变量），把其他人口社会学特征（如性别、受教育年限、收入、身体条件等）当作控制变量，即作为次要解释变量，利用统计手段加以统计控制，

表 2-1　　　　　　　　　　因变量与自变量的常用别名

因变量（Y）	自变量（X）	备注
被解释变量（explained variable） 结果变量（outcome variable） 反应变量（response variable）	解释变量（explanatory variable） 独立变量（independent variable） 控制变量（controlled variable）	因果推断
被预测变量（predicted variable）	预测变量（predictor variable）	预测方程
左边变量（Left-hand-side variables）	右边变量（Right-hand-side variables）	等式结构
回归变量（regressand）	回归元（regressor）	回归模型
输出变量（output variable）	特征/输入变量（feature/input variable）	实验分析
目标变量（target variable） 实验变量（experimental variable） 标签变量（label variable）	解释变量（explanatory variable） 控制变量（controlled variable）	实验设计
结果变量（outcome variable）	干预变量（treatment variable） 操作变量（manipulated variable） 暴露变量（exposure variable） 风险因素（risk factor） 协变量（covariate） 中介变量（mediator） 调节变量（moderator） 内生变量（enogenous）	政策评估 干预分析

注：在模型中，解释变量都应是外生变量（exogenous variable）。因此，把自变量称为内生变量并不十分恰当。但一般来说，解释变量都具有一定的内生性（enogenous），即与误差项有一定的相关性。所以我们在此意义上，把解释变量称为内生变量。对于内生变量，应通过某种统计方法（如工具变量法）来解决其内生性带来的估计偏倚（bias）问题。

使它们保持不变。[1] 但需要说明的是，控制变量也同时影响因变量的变化或结果，只是因为我们的主要目的是测量因变量与关键自变量之间的关系，因此未把控制变量（假定保持不变）作为主要兴趣点来探讨而已。

2.1.2 变量测量

测量（measurement）是指按照一定的规则为研究对象的特征赋予具体的值（数字或符号）。测量的目的是得到变量的具体数值、类别或其他可以量化处理的信息形式，从而使社会现象数量化或类型化[2]。根据袁方、王汉生（1997）的研究，有效的测量须满足三个条件：准确性、完备性与互斥性，我们讨论如下。

第一，准确性是指对变量的精准赋值（数字或符号），即此赋值必须能真实、可靠且有效地反映变量特征或属性上的变异。例如，某大型抽样调查的问卷设计中有一道单选题为"过去一年中您使用最多的日常通勤交通工具是?"，选项如下：

（1）地铁/城铁；（2）公共汽车；（3）私家汽车；（4）自行车；（5）火锅；（6）其他。

其中，被调查者甲回答（3）私家汽车；乙回答（2）公共汽车；丙回答（5）火锅……这些回答能否真实地反映各通勤者在交通工具选乘上的差异，首先取决于我们的问题及选项设计的准确性。此例的问题显然不满足准确性，因为（5）火锅并非交通工具。因此，变量测量准确性的前提是问题及选项设计必须能测量到我们想测量的概念及变异，并保证其可靠性。

第二，完备性指赋值要"全"，即必须能包括变量的各种状态、类别及取值等。例如，在上述测量通勤交通工具的案例中，若能保证每个受访者都能找到适合自己的交通工具，即能满足完备性条件。

---

① 如何进行统计控制，待到学习多元回归时我们再具体讨论，读者可参见此书姊妹篇《从线性回归到因果推断》（出版中）第3章"多元线性回归"。

② 尽管统计学的进展已发展到图像资料等领域，但本书旨在基础统计知识的推广，因此依据传统统计学的知识结构，我们不再谈及变量的其他可处理的信息形式，只是简单将其描述成变量的取值。

第三，互斥性指变量的取值要"水火不容"，互不包含。例如，在单选题中，每个选项互不相同、不存在交集。[①] 若从问卷调查中选项的设计来看，互斥性则要求各选项之间须为互斥事件，不能"脚踏两只船"。

例如，若上例通勤交通工具的选项是：

（1）公共交通；（2）私家汽车；（3）地铁/城铁；（4）公共汽车；（5）自行车；（6）其他。

不难看出，上述选项设计并不服从互斥性条件。（3）地铁/城铁及（4）公共汽车都隶属于（1）公共交通的范畴，受访者既可以选择（3）或（4），也可以选择（1），因此选项（1）与选项（3）、选项（1）与选项（4）之间存在交集，并不互斥。

若一个变量的测量并不能同时满足准确性、完备性及互斥性的条件，那我们就无法获得高质量的数据，这将会使我们的科学研究失去"立政之基"。因此，在进行变量的测量时，必须要权衡并同时考虑上述三个条件。

2.1.3 变量的测量层次

根据变量的取值特征和测量层次，我们通常把变量分为两大类五小类，具体如图 2-1 所示。

（1）离散变量：定类变量、定序变量和计数变量；

（2）连续变量：定距变量、定比变量。

离散变量和连续变量

离散变量（discrete variable）指只能取有限个或可列无穷多个可能值的变量。两个相邻取值间不可再分割。

连续变量（continuous variable）指在最小和最大的测量值间可以取无穷个任意值的变量。两个取值间可以无限分割。

---

① 袁方，王汉生. 社会研究方法教程 [M]. 北京：北京大学出版社，1997：165-168.

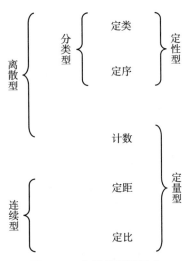

图 2 - 1　变量的测量层次

注：谢宇. 回归分析 [M]. 北京：社会科学文献出版社，2010：5. 其中，定性变量 （qualitative variable） 包括定类和定序变量，其数值只表示不同类别或高低次序，并无实在的数量意义，也无法进行加减乘除等算术运算。在这个意义上，定性变量也被称作分类变量。定量变量 （quantitative variable） 则包括定距、定比和计数变量，其取值代表实际的数量，可以进行一定的算术运算。

　　例如，毕业后是否出国读书 （是/否）、日常通勤交通工具的类别 （地铁/城铁、公共汽车、私家汽车、飞机、自行车等）、生活的幸福程度 （最不幸福、较不幸福、凑合、较幸福、最幸福）、兄弟姐妹的数目、人工流产的次数、一年内公司破产的次数等，只可能是自然数或类别编码，而不可能再分成任意小数，因此属于离散变量。再如，高考成绩、智商、国际社会经济地位指标 （ISEI）①、城市化率、犯罪率等可以取任意值，因此属于连续变量。

　　在这两大类下，按照变量从低到高的测量层次 （包含信息量的多少），又可以把变量具体分为定类、定序、计数、定距和定比变量五种。

───────────

　　① 国际社会经济地位指标 （International Socioeconomic Index） 简称 ISEI，该指标的前身是美国社会学家奥迪斯·邓肯 （Otis Duncan） 首创的社会经济地位指标 （SEI）。SEI 用于衡量一份职业将人力资源转化为收入 （报酬） 的程度，其相关变量通常由每种职业从业者的平均教育水平与收入水平构造。后来，SEI 指标经过哈里·甘泽 （Harry Ganzeboom），保罗·德格拉夫 （Paul De Graaf） 和唐纳德·特雷曼 （Donald Treiman） 等学者的发展，形成了国际通用的版本 ISEI。一种职业的社会经济地位越高，其 ISEI 数值越大；大多数职业的 ISEI 分值介于 20 ~ 80 分之间。参见网页：职业编码炼成记之二：职业地位指标 [EB/OL]. https：//www. isss. pku. edu. cn/cfps/cjwt/cfpsxkt/1295060. htm. 检索日期：2022 - 01 - 12.

2.1.3.1 定类变量

在社会科学研究中，定类变量（nominal variable）的应用较为广泛。例如，人口犯罪学研究探讨个体在单位时间内的首次犯罪行为、再次犯罪或犯罪类型等；政治科学研究地方选举是否成功或选民支持哪位候选人等；经济学研究已婚女性是否选择外出工作，或人们日常选择哪一项通勤交通工具等；营销学研究消费者是否选择了某个手机品牌或奢侈品品牌等；社会学或人口学研究是否有正常的社会流动、阶层是否固化、人们是否失业、是否迁移、是否结婚、是否死亡、职业种类、婚姻状态、避孕工具使用的类型、保险类型及慢性病患病类型等。其他常见的人口社会学定类变量还有性别、语言、民族、籍贯、国别、政治身份等。对定类变量的具体讨论如下。

定类变量又称**名义变量**（nominal variable），指取值仅表示类别划分，且类别间无次序高低的变量。若一个定类变量只有两个类别，则称为**二分类变量**或**二分变量**（binary variable）。若一个定类变量包含三个及以上类别，则称为**多分类变量**（multinomial variable）或多分变量、多值变量等。在数据分析中，通常对各个类别以整数数字进行编码，如以 1、2 或 0、1，来分别标识二分类变量中的两个类别，以 1、2、3……分别标识多分类变量中的多个类别。但需要注意的是，该整数数字不能进行任何的数量运算，即并不存在 $1+2=3$ 或 $5-2=3$ 的数学关系。[1]

例如，美国职业篮球（NBA）巨星迈克尔·乔丹（Michael Jordan）的球衣号码为 23 号，另一巨星科比·布莱恩特（Kobe Bryant）的球衣号码则为 24 号，此号码仅用于区分运动员，而不能进行加减乘除运算。否则，这两个号码相加会得到 47 号俄罗斯大前锋安德烈·基里连科吗？这两个号码相减会得到号称"伤病魔咒"的 1 号如特雷西·麦克格雷迪（Tracy McGrady）、安芬尼·哈达威（Anfernee Hardaway）或昌西·比卢普斯（Chauncey Billups）吗？

再如，"民族"是一个二分类变量，包括汉族和非汉族（少数民族）两类，且这两类民族间无高低次序之分。虽然我们在调查数据中常将"汉族"

① 袁方，王汉生. 社会研究方法教程［M］. 北京：北京大学出版社，1997：169.

编码为 1，"少数民族"编码为 2，但这些数字仅为数值标识，并无实际的大小之分。对此我们还可以采用其他的编码，如"汉族" = 5、"少数民族" = 3，或"汉族" = 1、"少数民族" = 0 等，无论进行何种方式的编码，都不影响统计分析的最终结果，这主要是由于统计分析时所用到的是各类别的比例。由此可见，编码数值间的距离无任何实质意义，因此不能对取值作比较和加减乘除的运算。例如，我们不能说"少数民族比汉族大"或"少数民族比汉族多 1"，因为这类表述既不符合常识，也是完全错误的。

又如，日常通勤交通工具的选择为多分类变量，包括地铁/城铁、公共汽车、私家汽车、飞机、自行车、其他选项，我们把乘坐这 6 种交通工具分别编码为 1、2、3、4、5、6。这种编码仅是通勤交通工具的类别标识而已，不存在高低贵贱之分，也无法进行类似于 5 - 4 = 1（自行车 - 飞机 = 公共汽车）的运算。

在二分类变量中，两种可能的结果通常被描述为成功和失败。这是对医学统计学概念的借鉴与传承，即治疗方案的成功与否。在社会科学研究中，我们把关注的结果记为"成功"（编码为 1），另一类则记为"失败"（编码为 0）。我们常将这种编码为 0 或 1 的二分变量称作 **0 - 1 变量**（zero-one variable），也称为**虚拟变量**或**哑变量**（dummy variable）。较为特殊的是，0 - 1 变量的均值即为 1 的比例，这也是 0 和 1 比其他编码数字更常见的原因之一。我们知道，统计学中最基础、最成熟的分析方法与技术都是基于均值进行的，回归分析技术更是如此，因此所有的离散型变量都必须处理为 0 - 1 变量，才能进入最终的统计分析。事实上，多分类变量也是多个二分类变量的整合。对于多分类变量，我们必须对每个类别都生成 1 个虚拟变量，再分别求这些虚拟变量的均值（每个虚拟变量的均值就等于各类所占的比例）。即将讨论的定序变量也完全遵循这一做法。

现以多分类变量"职业"为例讨论如何设置虚拟变量，如表 2 - 2 所示。有关虚拟变量、多分类变量及定序变量的计算和具体应用，将在后续章节展开。

表 2 - 2　　　　　　　多分类变量虚拟变量的设置（以职业为例）

ID	职业	工人	农民	知识分子	干部	其他
1	工人	1	0	0	0	0
2	农民	0	1	0	0	0
3	知识分子	0	0	1	0	0
4	干部	0	0	0	1	0
5	其他	0	0	0	0	1

注：该数据中的"职业"，每个类别都被赋予了具体的数值。其中，最左列显示的字符 1 到 5 仅是这些数值的字符标签。

表 2 - 2 是一张数据表，其中第一行为变量名，其余为具体数据。因为职业共有五类，所以需要将其离散成 5 个虚拟变量（见表 2 - 2 第 3 ~ 7 列），每个虚拟变量代表一类职业。个体在与其职业相对的虚拟变量上取 1，而在表示其他职业的虚拟变量上值为 0。例如，第 1 个人的职业为工人，因此在第一行，虚拟变量"工人"的值为 1，而其他虚拟变量的值都是 0。

> 【Stata 操作：生成虚拟变量】
>
> 　　在 Stata 中，可用如下命令生成变量 X 的虚拟变量：
>
> 　　. tabulate(X),generate(Z)①
>
> 　　X 有几类（k），就会生成多少个虚拟变量"Z_i"（$i = 1$，2，…，k），其中 i 是虚拟变量对应类别在 X 中的序数。同时，该命令还会输出 X 的频数分布表，内容包括频数、百分比和累积百分比。

　　例 2.1　Stata 操作：设置虚拟变量　试利用中国家庭收入调查（CHIP）2013 年数据（*ch3.* dta），在 Stata 中对"高考的报考类型"（*gkcat*）设置虚拟变量。

---

　　① Stata 的命令一般都可以简化为单词开始的三个字母，如 summarize 可以简写为 sum,display 可以简写为 dis。也有个别常用命令可以简写为首字母，如 help 可以简写为 h。在本书中，命令全称中有下划线的字母代表该命令的缩写。

```
.use ch3.dta,clear
.codebook gkcat          /*可用 codebook 查看变量内容*/
```

gkcat				高考报考类型

```
              type:  numeric (byte)
             label:  gkcat1

             range:  [1,5]                   units:  1
     unique values:  5                  missing .:  51872/59116

         tabulation:  Freq.   Numeric  Label
                      237        1     文艺体育类
                      2434       2     文史类
                      3599       3     理工类
                      664        4     文理综合
                      310        5     其他
                      51872      .
```

```
.tabulate(gkcat),generate(gk)          /*生成 gkcat 的虚拟变量
gk1~gk5*/
```

	Freq.	Percent	Cum.
文艺体育类	237	3.27	3.27
文史类	2434	33.60	36.87
理工类	3599	49.68	86.55
文理综合	664	9.17	95.72
其他	310	4.28	100.00
Total	7244	100.00	

上述命令不仅按 *gkcat* 各类别的顺序依次生成虚拟变量 *gk*1 ~ *gk*5，还同时输出了每个类别的频数、百分比和累计百分比。用 list 命令查看数据就会发现，正如上面所介绍的那样，与个体高考类别对应的虚拟变量值为 1，否则为 0：

```
.list gkcat gk1 gk2 gk3 gk4 gk5 in 1/100 if gkcat！=.   /*
列出前 100 行中 gkcat 未缺失的观测值*/
```

	gkcat	gk1	gk2	gk3	gk4	gk5
24.	文理综合	0	0	0	1	0
41.	文史类	0	1	0	0	0
60.	理工类	0	0	1	0	0
66.	理工类	0	0	1	0	0
76.	文史类	0	1	0	0	0
79.	文理综合	0	0	0	1	0
83.	文理综合	0	0	0	1	0
95.	文史类	0	1	0	0	0
98.	文理综合	0	0	0	1	0

2.1.3.2 定序变量

定序变量（ordinal variable）是指按照变量界定的特征或属性进行等级大小、程度高低、次序先后的排列，通常给以整数赋值。[①] 部分读者可能对此整数赋值有所误解，从而用此赋值进行错误的数量运算。但此赋值仅是等级或序次的区分且为人为任意的赋分，其等级、程度、次序之间的距离并不相等，我们无法计算其取值间确切的差异。因此，尽管它的测量尺度比定类变量更高（增加了"序"），但它与定类变量一样，其取值不能进行任何数量的运算。

定序变量经常被用于事件状态、心理态度的等级或程度大小主观评价等的测量。例如，"在 1~10 分的范围内，您对目前新冠病毒（COVID-19）防治的总体评价是？"评分越低，就越不满意，反之则相反。这里的 1~10 仅是对新冠肺炎防治满意度由低到高的等级区分及人为赋值，不代表数量的多少，更不能进行任何数量运算。除非我们有足够的证据或信息证明相邻序次的间距完全相等，或使用的量表为国际公认的成熟量表[②]（如流调中心的抑郁量表，简称 CES-D 量表），否则不建议将定序变量等同于连续变量而进行数量运算。

定序变量的编码和虚拟变量的设置与多分类变量相同。定类变量、定序

[①] 袁方，王汉生. 社会研究方法教程［M］. 北京：北京大学出版社，1997：73-75.

[②] 例如，流行病学研究中心的抑郁量表. Center for Epidemiologic Studies-Deprssion Scale（CES-D）等为较成熟的量表，可以作为连续变量进行加总处理，尽管这种处理也有一定的统计风险。

变量合称**分类变量**（categorical variable）。部分教科书也将计数变量纳入分类变量的范畴。[1]

2.1.3.3 定距变量、定比变量

在上述分类变量性质的基础上，定距变量、定比变量还有更理想的特性。

定距变量（interval variable）取值的间距代表所测量的特征的量的实际间距，且相邻取值的间距相等，因此可以进行加减数量运算。[2] 但定距变量没有真实的或绝对零点（absolute zero），即使有所谓的零值，也是主观指定的，并非表示"不存在"，因此乘除运算对于定距变量无效。例如，在出生年份比较时，我们可以说公元 1971 年与 1998 年各自出生者的年龄差距等于公元元年与公元 27 年各自出生者的年龄差异，但公元元年并非一无所有或没有时间，就像 IQ 等于 0 并不意味此人没有智商一样，这个公元元年是人类主观指定的而已。再如，定距变量举例最常用的变量——摄氏温度（temperature with the Celsius scale）也没有绝对零点：0℃代表的是冰水混合物的温度，但并不表示绝对的冷或没有温度，只是个人为的设定临界值。因此，若北京上个月的平均气温为零下 20℃，这个月的平均气温为零下 5℃，我们可以说这个月平均气温比上个月高了 15℃，等于芝加哥零下 40℃与零下 25℃之间的差距。但芝加哥的零下 25℃比北京的零下 5℃冷五倍吗？并不尽然，主要原因在于此摄氏零度是我们主观设定的，它并不表示没有温度。[3]

定比变量，又称**定比尺度**（ratio scale）。根据袁方、王汉生（1997）的相关研究，此类变量是"变量测量中的最高层次，它除了包含定类、定序及定距变量的特征之外，还有一个特征就是具有实在意义的真正零点。定比尺度下的数字是可以进行加减乘除的，运算的结果都具有实在的意义。"[4] 当然，在该零点上所测量的特征不存在。例如，与我们上述讨论的摄氏温度不

① Long, J. S. Regression Models for Categorical and Limited Dependent Variables［M］. Thousand, oaks, California：Sage, 1997. Powers, D. A., & Xie, Y. Statistical Methods for Categorical Data Analysis［M］. Bingley, United Kingdom：Emerald, 1999.

② 袁方，王汉生. 社会研究方法教程［M］. 北京：北京大学出版社, 1997：171.

③ 有关摄氏温度的案例源自袁方，王汉生. 社会研究方法教程［M］. 北京：北京大学出版社, 1997：172.

④ 袁方，王汉生. 社会研究方法教程［M］. 北京：北京大学出版社, 1997：172.

同，开尔文（Kelvins）温度（［K］＝［℃］＋273.15）就具有绝对零点，其零点是绝对零度，此时所有热运动停止、温度不存在。因此若要计算气温变化的百分比或倍数，只能以开尔文为单位。再如，中国高考等非标准化考试的分数也是有真正零点的。0 分代表考生没有作答任何题目或所有题目都答错，即没有成绩，因此我们可以说在同一套试卷下，甲考生的高考成绩是乙考生的两倍等。当然，定比变量的零点有时只具有理论上的意义，实际中可能不存在。此外，既然零点意味着此时定比变量的值不存在，那么低于零点的值还会存在吗？对于部分变量，答案是肯定的。例如，"公司利润"就是值域从负无穷到正无穷的定比变量。当公司某年不赚不亏、没有利润时，其利润为 0，但这并不妨碍公司亏损时利润记为负数。

事实上，我们经常用到的连续变量，如人均 GDP、国家财政收入、出生率、死亡率、迁移率等都是定比变量。尽管定距变量和定比变量在理论上存在一定的差异，但由于其概率分布等完全相同，因此我们在实际研究中并不加以区分，统称为**连续变量**。

2.1.3.4　计数变量

计数变量（count variable）表示的是指定时间或空间范围内事件发生的次数，可能取值为 0、1、2、3……从 0 到正无穷的非负整数，其对应的数据被称为计数资料（count data）。常见的计数变量有：一生中生育的子女数、一生的人工流产数、一年内的住院次数、一周内有氧运动的次数、空难次数、专利个数、结婚次数、被警察逮捕的次数及战争次数等。在实际研究中，我们通常假定计数变量的每次事件之间相互独立。

计数变量较为特殊，它既有定类与定序变量的特性，也兼具连续变量的部分特性。值得注意的是，计数变量相邻取值间的间隔通常并不相等。例如，尽管我们说 0～1 次的犯罪和 1～2 次的犯罪都是一次犯罪，但初次犯罪的过程是漫长的，若有了一次犯罪史后，再次犯罪就容易多了。此外，0～1 次的概率分布与此后数次的分布明显不同。因此，尽管相减都为 1，但在实际意义上其等级间距并不相等。而当事件的次数足够大（如大于 20 次）时，一般可以视为连续变量处理。此外，这类变量多呈右偏态分布（skewed to the right）①。

简单来说，相比离散变量而言，连续变量不仅包含的信息更丰富，且数值具有实际的意义，可以进行数学运算。出于特定研究目的，研究者可以将连续变量降维为离散变量，但需要注意的是，变量降维会导致变量信息的损耗，研究者需要权衡这一风险。此外，在少数特殊情况或迫不得已的情况下，我们也可以按照一定的赋值规则将定序变量转换成连续变量（通常不建议如此操作，尤其对定类变量更不能如此操作）。但转换的前提是需有文献支持，或先进行严格的间距相等的检验。例如，我们有时会将定序变量"受教育程度"转换成连续变量"受教育年限"（0 年 = 未上过学，6 年 = 小学，9 年 = 初中等），转换而来的受教育年限变量保留了序次信息，因而满足定序变量的要求，但这个以"年"为单位的新变量真的能像年龄、身高等变量一样完全具有连续变量的属性吗？并不尽然。我们需要检验相邻教育年限的间距是否相等才能作出判定。② 在部分情况下，该假定能够成立；但若条件不具备、假定不成立，则只能沿用受教育程度这一定序变量。

千里之堤，溃于蚁穴。若不能对变量的测量层次加以严格区分，我们就无法量体裁衣地进行统计分析，使统计估计及推断失去用武之地。在之后描述性统计、假设检验和回归分析等部分，我们都会以变量的测量层次为主线展开讨论（这也是统计学方法百年发展的主线之一），并分别讨论不同测量层次变量适用的统计方法。接下来，让我们先讨论概率及不同层次变量的概率分布，以加深对测量尺度间差异的理解。

---

① 右偏态：概率分布的峰向左偏，尾部向右拉长，取值更集中于左侧。具体介绍参见此书第 3 章"描述性统计"。

② 例如，在将来讨论的回归模型中，我们可采用 F 检验等方法进行相关操作。参见 Xie, Y., & Hannum, E. Regional variation in earnings inequality in reform-era urban china［J］. American Journal of Sociology, 1996, 101（4）: 950 – 992；谢宇. 回归分析［M］. 北京：社会科学文献出版社，2010：229 – 230；Wooldridge, J. M. Introductory Econometrics: A Modern Approach. 6th edition［M］. Mason, ohio: South – Western, 2013: 237 – 238.

2.2　概率与随机变量

概率论与统计分析密不可分，为统计学提供了一定的理论基础。我们这里仅简要讨论概率论的部分内容及其在统计上的应用。[1]

2.2.1　随机试验与概率

2.2.1.1　概率的定义

我们一般称某种现象或对事物的某种特征的一次观察为**试验**（trial），试验的一个结果为**事件**（event）。个别事件的发生似乎是偶然、无规律的，但"概率"关心的是"将试验重复很多次后，所有结果将呈现什么模式？"这种大量重复试验的理想情境是理解概率的关键。

在上一章概率抽样部分，我们曾强调"随机"（random）的含义，即某试验的结果完全由自然（chance）决定，不受人为影响。通常，若试验能同时满足三个条件，即试验在同等条件下可以反复进行；每次的试验结果不止一个；对于这样的试验，我们在每次试验前都无法提前预知结果，则称此类试验为随机试验（random trial）。

例如，我们无法预知谁会进入样本、摸一次球摸出来的是黑球还是白球、骰子停止时的点数等。但随着试验大量地重复进行，试验的结果将逐渐呈现一定的规律性。如在一个仅有一个黑球、一个白球的不透明口袋中不断摸球后，将发现黑球与白球被摸出来的次数都越来越接近总次数的一半。这是因为虽然每次试验的结果是随机出现的，但大量随机影响叠加后，将互相抵消，从而使试验的结果呈现出清晰而稳定的模式或规律。因此，虽然现实中我们只能观测个别试验，并常认为"随机"暗含着不确定性，但随着试验次数的

---

① 有关"概率与随机变量"的内容编排及结构参见概率论通用教材惯例。例如，盛骤，谢式千，潘承毅. 概率论与数理统计［M］. 北京：高等教育出版社，2008.

增加，我们就能渐渐观察到试验结果呈现一定的规律性，即可以确定其随机性的概率分布（probability distribution）。

我们将这种在个别试验中具有不确定性，但在大量的重复试验中结果呈现一定规律性的现象称为**随机现象**（random phenomenon）。这种规律由概率刻画。称某结果或事件发生的次数（f_i）占试验总次数（n）的比例为该事件发生的**频率**（f_i/n）（relative frequency），那么随机现象中某事件发生的**概率**（probability）是指在大量重复试验中该事件发生频率所逐渐趋近的稳定值。

概率的统计定义

在相同条件下重复试验 n 次，若随着 n 的增大，事件 A 发生的频率在某常数 p 附近波动，且波动的幅度逐渐减小，趋于稳定，则称该频率的稳定值为事件 A 发生的**概率**，即 $P(A) = p$。

在讨论概率定义时，统计学教科书通常使用的经典案例为摸扑克牌试验、抛硬币试验、黑白球试验、掷骰子试验、特定字母出现的频率等。此类试验操作简便、浅显易懂，不但能生动形象地展示频率与概率之间的联系与区别，而且能帮助我们建立良好的概率直觉。[①] 感兴趣的朋友可在 Stata 中自行模拟上述试验，[②] 并观察其结果的规律性。

此外，在理解概率时需要注意以下几点：第一，概率描述的是长期或试验次数非常多时的情况，且每次试验间必须彼此独立（某试验的结果并不影响其他试验的结果）。虽然在实际中难以为之，但在理论上应做此假想。第二，概率是事件本身的固有属性，不会因某试验结果而改变，可视为总体的特征。相比之下，频率则是由实际试验结果组成的样本的特征，会随样本的

---

① 高宏. 抛硬币试验误差模型及分布规律［EB/OL］. http：//wap. sciencenet. cn/blog－3418723－1286360. html？mobile＝1. 检索日期：2021－01－12.

② 抛硬币试验 Stata 命令及语法：.heads［,flips(integer 100)coins(integer 1)prob(real .5)ci］其中，选项 flips() 设定抛掷次数，coins() 设定每次抛掷的硬币个数，prob() 设定硬币正面朝上的概率，括号里都为默认值；ci 显示置信区间。该命令会绘出在不同试验次数中正面朝上的平均数，即正面的频率，随试验次数增加的变化趋势。

除抛硬币试验外，常见的经典试验有洗牌或摸牌试验及掷骰子试验等。其中，洗牌或摸牌的命令为 cards；掷骰子试验的命令为及语法为：.dice［,NDice(integer)NRolls(integer)NSides(integer)］参见 UCLA：Stata Programs for Teaching［EB/OL］. https：//stats. oarc. ucla. edu/stata/ado/teach. 检索日期：2022－01－08.

改变而改变。根据概率的定义，只有大样本量下的频率才趋于稳定，才能作为概率的近似，小样本量下的频率则不行。第三，因果关系的推论目标是总体中的"平均人"（average person）①，且其中原因 X 和结果 Y 之间的关系是或然性或概率性的。若在保持其他条件不变的情况下，X 变化时 Y 发生的概率也将变化，则我们说 X 是 Y 的因。② 换言之，X 是 Y 的因的结论，是以条件概率表示的。

2.2.1.2　概率的性质

将每个不可能再分解成更多事件的试验结果称作**基本事件**；将全体基本事件的集合称为**样本空间**（sample space）③，记作 Ω；将样本空间的子集（试验若干可能结果的集合）称为**随机事件**，简称**事件**。④ 则定义在 Ω 上的概率有以下基本性质，也称概率的公理化定义：

（1）对任一事件 A，有 $0 \leqslant P(A) \leqslant 1$；

（2）$P(\Omega) = 1$；

（3）若事件 A 与 B 无共同的结果，则称两者**互斥**（mutually exclusive），且 A 或 B 发生的概率等于 $P(A+B) = P(A) + P(B)$。将之推广到更多两两互斥的事件 A_1、A_2……则有：

$$P(\bigcup_{i=1}^{\infty} A_i) = \sum_{i=1}^{\infty} P(A_i) \tag{2-1}$$

2.2.1.3　条件概率和独立事件

在讨论抽样和概率时，我们经常提到"独立"的概念，那如何从数学的角度理解它呢？由于真实世界中的万物都存在一定的联系，因此在社会科学研究

---

① 由于组内成员具有一定同质性（homogenity），分组便可以将同质性较高的个体聚在一起，而将异质性（heterogeneity）高的个体划分开。这样就便于我们用组内的平均特点来代表和概括该组所有个体的特点，从而避免穷尽所有个体，而转为研究各组有代表性的平均人（average person）。

② Pearl, J., Mackenzie, D. The Book of Why: The new Science of Cause and Effect [M]. New York: Basic books, 2018: 47.

③ "样本空间"即为一个个样本（基本事件）组成的空间。

④ 严格来说，只有样本空间的非空真子集，即 $0 < p < 1$ 的概率发生的事件才是"随机事件"；若某事件必然发生，则称其为"必然事件"；若某事件不可能发生，则称之为"不可能事件"。但为了讨论的方便，也把后两种事件视为特殊的随机事件。

中，我们通常考虑条件概率而非单独的概率。为此，让我们先理解条件概率。

条件概率（conditional probability），顾名思义，是指事件 A 发生的条件下事件 B 发生的概率，记作 $P(B\,|\,A)$。其等于事件 A 和 B 同时发生的概率与事件 A 发生的概率之比为：

$$P(B\,|\,A) = \frac{P(AB)}{P(A)}, \quad P(A) > 0 \qquad (2-2)$$

稍作转换可得概率的**乘法公式**：

$$P(AB) = P(A)P(B\,|\,A) \qquad (2-3)$$

若事件 A 和 B 独立，那么事件 A 发生这一条件并不会影响事件 B 发生的概率，因此 $P(B\,|\,A) = P(B)$。将此代入乘法公式，便有以下独立事件的定义和乘法法则：

独立事件的定义和乘法法则

　　对于两个事件 A 和 B，若任一事件的发生不影响另一事件发生的概率，即有

$$P(AB) = P(A)P(B) \qquad (2-4)$$

则称事件 A 与 B **独立**（independent）。该公式被称为**独立事件的乘法法则**（multiplication rule for independent events）。

除用公式（2-4）判断事件独立性外，还可以利用如下事件独立的充分必要条件：

$$P(B\,|\,A) = P(B) \ \text{或} \ P(A\,|\,B) = P(A) \qquad (2-5)$$

例如，在只有一个黑球、一个白球的摸球试验（有放回）中，每次试验都是相互独立的。因此，记 $A = \{$第一次出现黑球$\}$、$B = \{$第二次出现黑球$\}$，则 $P(B\,|\,A) = P(B) = 0.5$。再如，在第 1 章"数据准备"中，我们曾提到无放回抽样中每次抽取并不独立，是因为每次抽取会影响剩余某元素被抽中的概率，即两次抽取并不满足式（2-4）。[①] 在实际生活中，我们还常常会犯赌

---

① 有关概率的公式具体参见概率论专业教科书。例如，Degroot Morris H. Probability and Statistics (2nd)［M］. Reading, Massachusetts：Addison Wesley Publishing Company, 1986；茆诗松, 程依明, 濮晓龙. 概率论与数理统计教程［M］. 北京：中国统计出版社, 2004.

徒谬误（gambler's fallacy），即将本相互独立的事件认为是有关联的。例如，赌徒在赌场游戏机上连输多局后，可能会认为赢的概率将越来越大，于是继续下注。但实际上游戏机并没有记忆（假设游戏机没有作弊），每次给出的结果都是随机的，不会因为赌徒连输而照顾他/她。这种时来运转、风水轮流转的想法，实际上是将两两独立的事件视作相关，但结局可能是会输得更多。人们也常将生男生女视作相互关联的事件。如在偏好男孩的家庭，可能会在已有多个女孩时仍坚持生育，但需知，新生婴儿的性别并不会因已出生子女的性别而改变（假设婴儿的性别是随机决定的）。

2.2.2 随机变量

由本章 2.1.3 节"变量的测量层次"可知，人均 GDP、国际职业地位指数（ISEI）、生育率、死亡率、犯罪率等连续变量的取值，具有明确的数量意义；生理性别、通勤交通工具、职业类别、满意度等分类变量通常是人为赋值，尽管不能进行数量运算，但这种赋值具有一定的统计含义。所谓随机变量，承担的便是上述对各种试验结果赋值的工作。

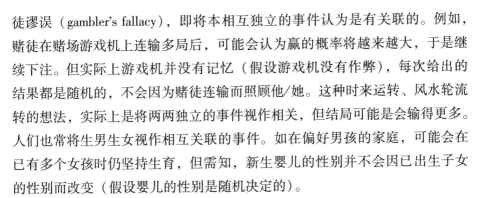

随机变量

　　随机变量（random variable）是用来表示各种随机试验结果的变量。[①]通常用大写字母或小写希腊字母（如 X, Y, Z, η, λ, ζ）来表示。

　　实质上，随机变量是定义在样本空间上，将试验结果一一映射到对应数值的实值函数；所有可能的试验结果的数值便构成它的值域。通过这种函数形式，随机变量能将所有结果囊括起来并数量化，从而方便了统计分析。随机变量一般用大写字母（如 X）表示，具体取值则用小写字母（如 x）表示。例如，我们可以用 X 表示性别，并分别将 1 和 0 赋值给男性和女性，即

---

　　① 部分概率论教科书将随机变量的定义为"用来表示随机现象结果的变量"。例如，茆诗松，程依明，濮晓龙. 概率论与数理统计教程［M］. 北京：高等教育出版社，2011：3. 还有部分教科书对随机变量的定义是"随机变量是指由随机实验结果来决定其取值的变量"。例如，谢宇. 回归分析［M］. 北京：社会科学文献出版社，2010：5.

$$X = \begin{cases} 1, & \text{男性} \\ 0, & \text{女性} \end{cases}$$

这里的 X 就是随机变量，它是定义在样本空间｛男性，女性｝的函数，并将性别的两个可能结果映射到具体的数值上。

我们此前谈论的社会科学研究中的"变量"实际上就是统计学语言中的"随机变量"，它们都用具体的数值或编码来表示某特征所有的可能结果。

2.2.3　随机变量的概率分布

在讨论变量的测量层次时，我们曾强调不同测量层次的概率分布决定了研究者应选择何种统计方法。下面我们就分别讨论离散变量和连续变量的**概率分布**（probability distribution）。

2.2.3.1　离散型随机变量

离散型随机变量的概率分布由变量的所有可能取值及各取值的概率构成。

离散型随机变量的概率分布

设离散型随机变量 X 的所有可能值为 x_k（$k = 1$，2，…），且 X 取各可能值的概率为

$$P\{X = x_k\} = p_k, \quad k = 1, 2, \cdots \qquad (2-6)$$

则称式（2-6）为 X 的**概率分布**或**分布律**。

由概率的性质可知，离散型随机变量的概率分布具有以下性质：

（1）$0 \leqslant p_k \leqslant 1$；

（2）$\displaystyle\sum_{k=1}^{\infty} p_k = 1$。

离散型随机变量的概率分布一般以表格形式表示。例如，在摸球试验中，假设一个黑箱中有一个白球和一个黑球，记摸一次球则摸出黑球的次数为 X，则 X 的概率分布如表 2-3 所示。

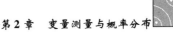

表 2-3	摸出黑球次数的概率分布	
X	0	1
P	0.5	0.5

由此可见，离散型随机变量 X 各取值发生的概率便构成了 X 的概率分布。累积分布函数或分布函数 $F(x)$ 则指 X 在不大于实数 x 的区间上取值的概率。

> **分布函数和离散型随机变量的分布函数**
>
> 对于随机变量 X 和任意实数 x，称
> $$F(x) = P\{X \leqslant x\}, \quad -\infty < x < \infty \tag{2-7}$$
> 为 X 的**累积分布函数**（cumulative distribution function，CDF）或**分布函数**。
>
> 设 X 为离散型随机变量，其分布律为式（2-6），则 X 的分布函数为
> $$F(x) = P\{X \leqslant x\} = \sum_{x_k \leqslant x} P\{X \leqslant x_k\} = \sum_{x_k \leqslant x} p_k \tag{2-8}$$

根据式（2-8）可知，为求离散型随机变量 X 的分布函数，将 X 在所有小于等于 x 的取值上的概率加总即可。例如，表 2-3 中摸球试验例子的分布函数为：

$$F(x) = \begin{cases} 0, & x < 0 \\ 0.5, & 0 \leqslant x < 1 \\ 1, & x \geqslant 1 \end{cases}$$

2.2.3.2　连续型随机变量

对离散型随机变量，我们尚可以一一列出各取值的概率，再将概率累积求和写出分布函数。但对于取值连续不断、无法全部列出的连续型随机变量，我们需要利用定义在无数取值上的函数——**概率密度函数**（probability density function，PDF）$f(x)$ 来描述其概率分布。

连续型随机变量的概率密度函数 $f(x)$ 有以下性质：

（1）$f(x) \geqslant 0 \ (-\infty < x < +\infty)$；

（2）$\int_{-\infty}^{+\infty} f(x)\,\mathrm{d}x = 1$（连续变量在区间（$-\infty$，$+\infty$）上取值的概率为1，图形表达为概率密度曲线下方的面积）。

需要提醒的是，对于一个具体值 a，$f(a)$ 并不是 $X = a$ 的概率，因为 $f(a)$ 反映的是 X 在 a 处取值的密集程度，而非概率。实际上，连续型随意变量 X 取任一具体值的概率为 0，即 $P\{X = a\} = 0$。[①]

连续型随机变量的分布函数

连续型随机变量的分布函数为一个非负可积函数，等于 $f(x)$ 在小于等于任意实数 x 的区间上的积分，即

$$F(x) = P(X \leqslant x) = \int_{-\infty}^{x} f(t)\,\mathrm{d}t \qquad (2-9)$$

根据式（2-9）易知，若 $f(x)$ 在点 x 处连续，则对于任意实数 x_1、x_2（$x_1 \leqslant x_2$），有以下两个关系式成立：

$$f(x) = F'(x) \qquad (2-10)$$

$$P\{x_1 < X \leqslant x_2\} = F(x_2) - F(x_1) = \int_{x_1}^{x_2} f(x)\,\mathrm{d}x \qquad (2-11)$$

式（2-9）和式（2-10）说明密度函数和分布函数可以相互导出。式（2-11）表明 X 在区间（x_1，x_2]上的概率就等于密度函数在区间（x_1，x_2]上的积分，即该区间上概率密度曲线下方的面积，具体如图2-2所示。图2-3给出了相应的分布函数示意图。

常见的连续分布有均匀分布、指数分布、正态分布等（参见本章2.4节）。最后，为避免概念上的混淆，我们将两类随机变量的概率分布相关术语小结如表2-4所示。

---

① 连续型变量取任一具体值的概率为0可以这样理解：连续变量取某单点值，就类似在一条直线上取某点，两者的概率都为0。但这并不是说这一事件是不可能事件。

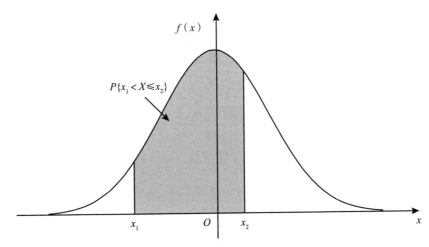

图 2 - 2　概率密度函数图

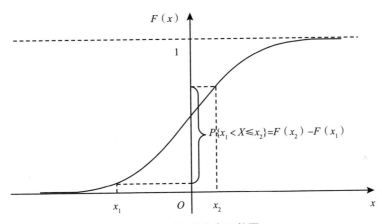

图 2 - 3　累积分布函数图

表 2 - 4　　　　　　　离散型和连续型随机变量的术语

离散型随机变量	概率分布/分布律 $P\{X=k\}$	分布函数/
连续型随机变量	概率密度函数 $f(x)$	累积分布函数 $F(x)$

2.3 随机变量的数字特征

在实际应用中，我们很难求出随机变量的概率密度函数。此时可以退而求其次，通过掌握随机变量的主要特征来了解其概率分布。我们将这些特征称为随机变量的数字特征。本节讨论两个最重要的数字特征：期望和方差。

2.3.1 期望

2.3.1.1 期望的定义

期望（expectation）是对随机变量集中趋势的刻画，又称均值（mean）。数学定义如下。

期望

（1）设离散型随机变量 X 的分布律为 $P\{X = x_k\} = p_k$（$k = 1$，2，…），则 X 的**期望**为：

$$E(X) = \sum_{k=1}^{\infty} x_k p_k \qquad (2-12)$$

通常记作 $E(X)$ 或 μ。

（2）设连续型随机变量 X 的概率密度为 $f(x)$，则其数学期望为：

$$E(X) = \int_{-\infty}^{+\infty} x f(x)\,\mathrm{d}x \qquad (2-13)$$

从式（2-12）可以看出，离散型随机变量的期望实际上是变量各取值以概率为权重的加权平均数，可以理解成所有可能试验的结果的算术平均值。它与概率类似，是理论上对长期试验结果的描述。连续变量的期望也可作此理解，但由于其取值无法穷举，因此通常需要用概率密度函数来求其期望。

2.3.1.2　期望的性质

离散型和连续型随机变量的期望均有以下重要性质。

（1）常数的期望是其本身：

$$E(C) = C \qquad (2-14)$$

其中，C 为常数。

（2）常数与随机变量 X 乘积的期望，等于该常数与 X 的期望的乘积：

$$E(CX) = CE(X) \qquad (2-15)$$

（3）常数与随机变量 X 和的期望，等于该常数与 X 的期望的和：

$$E(X+C) = E(X) + C \qquad (2-16)$$

（4）两个随机变量 X 和 Y 之和的期望，等于各自期望之和：

$$E(X+Y) = E(X) + E(Y) \qquad (2-17)$$

（5）若随机变量 X 和 Y 相互独立，则有

$$E(XY) = E(X)E(Y) \qquad (2-18)$$

但反之不成立。

2.3.2　方差

2.3.2.1　方差的定义

除用期望了解概率分布的集中趋势外，我们还需要知道分布的离散程度。**方差**（variance）便是对随机变量离散程度的衡量。期望和方差相结合来刻画变量的分布。

方差和标准差

　　方差等于离差 $[X - E(X)]$ 平方的期望，记作 $Var(X)$、$D(X)$ 或 σ^2，即：

$$Var(X) = E\{[X - E(X)]^2\} \qquad (2-19)$$

标准差（standard deviation）$\sigma(X)$ 则为：

$$\sigma(X) = \sqrt{Var(X)} \tag{2-20}$$

具体而言，离散型随机变量的方差为：

$$Var(X) = \sum_{k=1}^{\infty} [x_k - E(X)]^2 p_k \tag{2-21}$$

连续型变量的方差为：

$$Var(X) = \int_{-\infty}^{+\infty} [x_k - E(X)]^2 f(x) \, \mathrm{d}x \tag{2-22}$$

由定义可知，方差和标准差都是非负数。根据式（2-21）可知，离散型随机变量的方差可视为以概率为权重的离差平方的加权平均数。

式（2-19）则说明了用方差来衡量离散趋势的原因：若 X 的概率分布较离散（X 的取值较远离均值），则方差较大；若 X 的取值较集中，则方差较小；若 X 就是常数 $E(X)$，则方差为 0。因此，方差的大小就表明分布的离散程度。

式（2-19）可简化成如下公式，常在计算时使用（证明见附录 3）：

$$Var(X) = E(X^2) - [E(X)]^2 \tag{2-23}$$

2.3.2.2 方差的性质

离散型和连续型随机变量变量的方差均有以下性质。

（1）常数的方差为 0：

$$Var(C) = 0 \tag{2-24}$$

其中，C 为常数。

（2）常数与随机变量 X 之积的方差，等于该常数的平方与 X 的方差之积：

$$Var(CX) = C^2 Var(X) \tag{2-25}$$

（3）随机变量 X 与常数之和的方差，就等于 X 的方差：

$$Var(X + C) = Var(X) \tag{2-26}$$

（4）若 X 和 Y 是两个随机变量，则有：

$$Var(X \pm Y) = Var(X) + Var(Y) \pm 2E\{[X - E(X)][Y - E(Y)]\}$$
$$= Var(X) + Var(Y) \pm 2[E(XY) - E(X)E(Y)] \qquad (2-27)$$

特别地，若 X 和 Y 相互独立，则有

$$Var(X \pm Y) = Var(X) + Var(Y) \qquad (2-28)$$

但反之不成立。

（5）X 的方差等于 0 的充要条件是 X 为常数：

$$Var(X) = 0 \Leftrightarrow P\{X = C\} = 1 \qquad (2-29)$$

2.4　常见概率分布与其数字特征

虽然不同变量的概率分布各异，但通常都遵循几种常见的分布类型。不同的分布类型在某种程度上决定了统计模型的不同。因此，了解与掌握这些常见的分布，大有裨益。

一旦讨论概率分布，必然要涉及繁杂的数学公式推导。虽然出于实用的目的，数学推导不必掌握，但了解背后的数学证明将有助于我们理解各种概率分布，并在应用时更加得心应手。因此，本书在附录 3 中提供了重要公式的证明，附录 1 则总结了各常见分布和数字特征。

2.4.1　离散型随机变量的分布和数字特征

本节讨论几种常见的离散型随机变量的分布：离散均匀分布、两点分布、二项分布、超几何分布、泊松分布、几何分布和负二项分布。不同的分布分别对应不同测量层次的变量。例如，二项分布和超几何分布对应 0-1 变量，泊松分布和负二项分布对应计数变量，其他分布则可能适用于其他离散型变量。

2.4.1.1　离散均匀分布

若离散型随机变量 X 各事件发生的可能性相等，即有分布律：

$$P\{X = k\} = \frac{1}{n}, \ k = 1, \ 2, \ \cdots, \ n \qquad (2-30)$$

则称 X 服从**离散均匀分布**（discrete uniform distribution）。在实际研究中，当无法确定某离散型变量各事件发生的概率，并认为各事件发生的可能性相等时，可以暂时假定该变量服从离散均匀分布。X 的期望和方差分别为（证明见附录3）：

$$E(X) = \frac{n+1}{2} \qquad (2-31)$$

$$Var(X) = \frac{(n+1)(n-1)}{12} \qquad (2-32)$$

2.4.1.2　两点分布

两点分布又名**伯努利分布**（Bernoulli distribution）或 **0 - 1 分布**，是为纪念瑞士科学家雅各布·伯努利（Jakob Bernoulli）而命名的一个离散型概率分布，用以描述仅有两种可能试验结果的单次随机试验。[①] 若试验成功，则随机变量取值为1；若试验失败，则随机变量取值为0。此类分布比较常用，例如，某次飞行是否成功、毕业后是否出国、性别是否为女性、户口是否为城镇等。这种只有两种可能结果的单次试验称作**伯努利试验**（Bernoulli trial）。

两点分布的定义为：若随机变量 X 的分布律如表 2 - 5 所示。

表 2 - 5　随机变量 X 的分布律

X	0	1
P	$1-p$	p

或

$$P\{X=k\} = p^k q^{1-k}, \ k=0, \ 1 \qquad (2-33)$$

其中，$0<p<1$，$q=1-p$，则称 X 服从参数为 p 的两点分布，记作 $X \sim (0-1)$ 或 $X \sim B(1, p)$。我们常把 $X=1$ 说成"成功"，表示关心的事件发生，而把 $X=0$ 说成"失败"，表示该事件未发生。在统计学话语体系中，两

---

① 贾俊平. 统计学 [M]. 北京：清华大学出版社，2006：117.

点分布描述的是：已知总体中成功的比例为 p，则从总体中随机抽出的一个个体为成功和失败的概率分布服从参数为 p 的两点分布。

X 的累积分布函数为：

$$F(x) = \begin{cases} 0, & x < 0 \\ 1-p, & 0 \leqslant x < 1 \\ 1, & x \geqslant 1 \end{cases} \qquad (2-34)$$

两点分布的期望等于试验成功的概率，即：

$$E(X) = 0 \times (1-p) + (1 \times p) = p \qquad (2-35)$$

方差等于成功和失败概率的乘积，即：

$$Var(X) = E(X^2) - [E(X)]^2 = p - p^2 = p(1-p) \qquad (2-36)$$

例如，对于之前摸球试验 1 次的例子，也可以将 $p=0.5$ 代入式（2-35）和式（2-36），来直接求出 X 的期望与方差：

$$E(X) = p = 0.5, \quad Var(X) = p(1-p) = 0.5 \times 0.5 = 0.25$$

两点分布在实际研究中较为重要，它是分类数据统计或微观计量经济学的基础分布之一。若已知某事件发生的概率为 p 时，则可以直接利用式（2-35）和式（2-36）求出该事件发生的期望和方差。

2.4.1.3　二项分布

将伯努利试验独立地重复 n 次，则称这一串试验为 **n 重伯努利试验**，n 次试验中成功次数的概率分布为**二项分布**（binomial distribution）。n 重伯努利试验具有以下特点。

（1）试验的次数固定（n）。

（2）试验相互独立，且在相同的条件下重复进行。

（3）既然是伯努利试验的重复，则每次试验只有两种可能的结果，且两种可能的结果互斥。

（4）每一次成功的概率都相等，记作 p。失败的概率则为 $q=1-p$。

例 2.2　二项分布：摸黑白球试验　现有一不透明口袋中有 1 只黑球及 1 只白球。除颜色不同外，其他方面均相同。假定连续摸 3 次（有放回试验），一次只能摸 1 只，记摸出黑球的次数为 X。试计算 X 的概率分布。

由题意可知，X 的可能取值为 0、1、2、3，每次试验中摸出黑球的概率为 $p = 1/2$。于是 X 各可能取值的概率分别为：

$$P(X=0) = C_3^0 \left(\frac{1}{2}\right)^0 \left(\frac{1}{2}\right)^3 = \frac{1}{8} \qquad P\{X=2\} = C_3^2 \left(\frac{1}{2}\right)^2 \left(\frac{1}{2}\right)^1 = \frac{3}{8}$$

$$P\{X=1\} = C_3^1 \left(\frac{1}{2}\right)^1 \left(\frac{1}{2}\right)^2 = \frac{3}{8} \qquad P\{X=3\} = C_3^3 \left(\frac{1}{2}\right)^3 \left(\frac{1}{2}\right)^0 = \frac{1}{8}$$

随着试验次数的增加，将所有取值的概率一一列出将愈加繁琐。因此，我们可以把 X 的概率分布精简为：

$$P\{X=k\} = C_n^k \left(\frac{1}{2}\right)^k \left(\frac{1}{2}\right)^{3-k}, \quad k = 0, 1, 2, 3 \qquad (2-37)$$

此例实际上是一个 3 重伯努利试验（$n=3$，$p=1/2$）。对于更一般的 n 重伯努利试验（重复独立试验），我们也通常以类似上式的形式来表示 n 次试验中成功 k 次的概率分布，即二项分布。

二项分布

若随机变量 X 的分布律为：

$$P\{X=k\} = C_n^k p^k q^{n-k}, \quad k = 0, 1, 2, \cdots, n \qquad (2-38)$$

其中，$0 < p < 1$，$q = 1 - p$，则称 X 服从参数为 n，p 的**二项分布**，[①] 记为 $X \sim B(n, p)$。特别地，当 $n=1$ 时，二项分布就是两点分布。

换言之，二项分布描述的是：已知总体中成功的比例为 p，从中（有放回或无放回）随机抽出容量为 n 的样本，则其中成功的数量服从 $B(n, p)$ 的二项分布。对于有放回随机抽样，这一关系严格成立，但对于无放回抽样，这一关系在总体相对于样本很大时"近似"成立。这是因为有放回的各次抽取相互独立，而在无放回抽样中，每次抽取都会影响总体中剩余元素被抽中的概率，从而违背 n 重伯努利试验的独立性要求。但当无放回样本的容量相对于总体来说很小时，每次试验几乎都是独立的（一个元素的抽取几乎不影响其他元素的抽取），最终样本将十分近似 n 重伯努利试验，其中成功的数

---

① 注意到 $C_n^k p^k q^{n-k}$ 正是二项式 $(p+q)^n$ 的展开式中出现 p^k 的那项，因此该分布被称为"二项分布"。

量也就可以用二项分布来近似。总体相对于样本越大，该近似的程度越高。[①]

例如，假设已知全中国有 40% 的人口为农村户口，从中无放回地随机抽取 1000 人，则 1000 人的户口情况可近似视为一个 1000 重伯努利试验，且其中农村的数量近似服从 $p = 0.4$，$n = 1000$ 的二项分布。

二项分布在实际研究中相当常见，其对应于二分类变量以及多分类变量与定序变量离散成的虚拟变量。例如，农村户口的人数、性别为女性的人数、婚姻状态为已婚的人数等都可以用二项分布作为概率分布。该分布针对的是 n 次试验中成功的次数（count），但统计方法（如假设检验）更常使用的是将成功次数除以 n 得到的成功次数的比例（proportion），如农村户口的比例、女性的比例、已婚人士的比例等。比例的分布将在本书第 4 章"抽样分布"进行讨论。

事实上，由于 n 重伯努利试验是 n 次独立的伯努利试验，所以其成功次数实际上是每次伯努利试验的成功次数之和，即 X 可写成 n 个独立的两点分布随机变量相加：

$$X = X_1 + X_2 + \cdots + X_n \tag{2-39}$$

其中，$X_i \sim B(1, p)$，$i = 1, 2, \cdots, n$。

利用式（2-38），易求出 X 的期望和方差分别为（证明见附录3）：

$$E(X) = np \tag{2-40}$$

$$Var(X) = npq \tag{2-41}$$

例如，对于例2.2 的 3 次摸球试验中，摸出黑球的次数 $X \sim B(3, 1/2)$。因此，

$$E(X) = 3 \times \frac{1}{2} = \frac{3}{2}, \quad Var(X) = 3 \times \frac{1}{2} \times \frac{1}{2} = \frac{3}{4}$$

二项分布的图形具有以下特征，具体如图 2-4 所示。

（1）概率 $P\{X = k\}$ 先随 X 的增大而增大，达到最大值后逐渐减小。

（2）当 $p < 0.5$ 时，图形向右偏（数据集中在左侧、尾部向右延长）[②]；

---

① 我们即将在下文讨论到：当 N 相对于 n 很大时，超几何分布近似二项分布，即无放回样本中成功数目的概率分布也可用二项分布来近似；但当 N 相对于 n 较小时，就需要使用超几何分布。由于实际研究的总体通常都很大，我们一般可以直接采用二项分布，而不必区分抽样是否放回。

② 偏态的概念参见本书第3章"描述性统计"。

当 $p > 0.5$ 时，图形左偏；只有 $p = 0.5$ 时，图形才对称。

（3）随着 n 的增大，二项分布的中心逐渐向右移，并越来越接近正态分布。[①] 此时即使 $p \neq 0.5$，二项分布也接近对称。

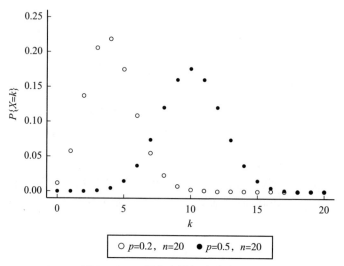

图 2-4 二项分布的概率分布图形

2.4.1.4 超几何分布

设 N 个元素包含两类，第一类和第二类分别有 M 和 $N-M$ 个元素。从 N 中不放回地抽出 n 个元素，记其中属于第一类元素的个数为 X，则 X 服从参数为 n，M，N 的超几何分布（hypergeometric distribution），记为 $X \sim H(n, M, N)$，其分布律为：

$$P\{X = k\} = \frac{C_M^k C_{N-M}^{n-k}}{C_N^n}, \quad k = 0, 1, 2, \cdots, \min\{M, n\} \quad (2-42)$$

其中，N、M、n 均为正整数，$M \leqslant N$，$n \leqslant N$。

例如，在产品的不放回抽样检查中，假设 N 件产品中有 M 件次品，则抽检 n 次所发现的次品数的概率就符合超几何分布。

---

① 根据中心极限定理，二项分布的极限分布就是正态分布。该定理的具体内容参见本书第 4 章"抽样分布"。

这里可以思考一下超几何分布和二项分布的关系。若将第一类（M）视作"成功"，第二类（$N-M$）视作"失败"，则超几何分布描述的是从容量为 N 的总体中，无放回地抽出 n 个元素，其中有 k 个成功的概率。与此相反，二项分布描述的是有放回抽样样本中有 k 个成功的概率。当 N 相对于 n 很大时，超几何分布近似二项分布，即无放回样本中成功数目的概率分布也可用二项分布来近似；但当 N 相对于 n 较小时，就需要使用超几何分布。由于实际研究的总体通常都很大，我们一般可以直接采用二项分布，而不必区分抽样是否放回。

超几何分布随机变量的期望和方差分别为：

$$E(X) = \frac{nM}{N} \tag{2-43}$$

$$Var(X) = n\frac{M}{N}\left(1 - \frac{M}{N}\right)\frac{N-n}{N-1} \tag{2-44}$$

2.4.1.5　泊松分布

泊松分布（Poisson distribution）描述了在指定的单位时间或空间（如一小时、一天、一年等）内随机事件发生次数的概率分布，并假定这些事件的发生相互独立且速率固定。

对任意 $t>0$，设 X_t 是时点 0 到时点 t 之间事件发生的次数，则当下列假定成立时，离散型随机变量 X_t 服从泊松分布：[①]

（1）$X_0 = 0$ —— 时点 0 无事件发生，即 X_t 的可能值为非负整数，且取 0 是可能的。

（2）$0 \leq t_1 < t_2 \leq t_3 < t_4 \Rightarrow X_{t2} - X_{t1}$ 与 $X_{t4} - X_{t3}$ 相互独立 —— 两个互斥时段内事件的发生数相互独立，即各事件的发生相互独立。但存在一个反例是流行病，一个人得了流行病后会传染给他人，从而影响其他流行病病例的发生。

（3）X_s 与 $X_{t+s} - X_t$ 的分布律相同 $P\{X_s = k\} = P\{X_{t+s} - X_t = k\}$ —— 事件发生数只与时段长度 s 有关，而与起点 t 无关，即事件发生的速率（单位时间内的事件数）固定。需要注意的是，时段不应选择得过长，否则该假定可

---

① 乔治·卡塞拉，罗杰·L. 伯杰. 统计推断［M］. 北京：机械工业出版社，2009：124－125.

能难以成立。

(4) $\lim\limits_{t \to 0} \dfrac{P(X_t = 1)}{t} = r$ —— 当时间间隔很小时，事件发生一次的概率与时段长度成正比。

(5) $\lim\limits_{t \to 0} \dfrac{P(X_t > 1)}{t} = 0$ —— 两个事件不可能同时发生，或 X 服从二项分布，且试验次数 n 很大，p 很小（此时泊松分布就是二项分布的近似）。

泊松分布

　　若假定（1）~（5）成立，则在时点 0 到 t 间事件发生的次数 X 服从**泊松分布**，记作 $X \sim P(\lambda)$，其分布律为

$$P\{X = k\} = \frac{\lambda^k}{k!} e^{-\lambda}, \ k = 0, \ 1, \ 2\cdots \qquad (2-45)$$

　　其中，$\lambda = rt$；r 是事件在时段 t 内的平均发生速率（单位时间内事件发生数的期望），称为"**泊松到达率**"（poisson arrival rate）；λ 是整个时段 t 内事件发生数的期望。

　　由式（2-45）可知，λ 是决定泊松分布的唯一参数。

　　一般而言，假定（4）~（5）较容易满足，而（1）~（3）可能会被违背。服从或近似服从泊松分布的例子有稀有事件（如各种事故、机械故障、自然灾害等）在一段时间内发生的次数、单位时间内到达某服务台寻求服务的顾客人数，等等。在实际研究中，泊松分布常代表计数变量的概率分布。例如，第二次世界大战时期德国对英国伦敦投下了数千枚炸弹，一个普遍的观点是"这些空袭是定点轰炸"。然而真是如此吗？英国统计学家罗伯特·克拉克（Robert Clarke）将选定的区域分成若干正方子区，统计包含 0，1，2……枚炸弹的子区数，并用泊松分布来预测每个炸弹数量对应的子区数后发现，预测结果与实际数量非常接近，说明德国的轰炸其实是随机的、无目标的袭击。[①]

---

① Clarke, R. D. An application of the Poisson distribution [J]. Journal of the Institute of Actuaries, 1946, 72 (3): 481.

例 2.3 泊松分布：新生婴儿数 记某地区上午 10 点到 12 点自然分娩的新生儿数为 Y，且已知这段时间内该地区新生婴儿数的期望为 5。试问 Y 是否服从泊松分布？若服从，试预测明天上午 10 点到 12 点正好有 2 个婴儿出生的概率？这 2 小时内有多于 2 个婴儿出生的概率又是多少？

为判断某随机变量是否服从泊松分布，我们一般可以基于理论、文献综述或实践认知等先检查上述假定是否成立：第一，每分钟新生婴儿数的可能值是包括 0 的非负整数，故满足假定（1）。第二，由于我们的考察对象是自然分娩的新生儿，而婴儿的出生几乎完全由自然决定，故事件间彼此独立。第三，从时间点来说，孕妇一般不会对 10 点到 12 点间的某个时间点存在共同的偏好，故可以认为上午 10 点到 12 点婴儿出生的速率大致固定。第四，时间段划分得越细（如 0.01 秒），有婴儿出生的概率就越低，反之则相反。第五，两个婴儿一般不太可能恰好同时出生。一是因为当我们不断细分时间段时，总有一个婴儿先露出头来。二是即使有完全同时出生的，数量也相当少；若样本量足够大，这种情况可以忽略不计。由以上分析可知，10 点到 12 点的新生儿数 Y 能大致满足全部假定，可以认为其服从泊松分布。[①]

已知 $\lambda = 5$，因此可以预测[②]：

$$P\{Y = 2\} = \frac{5^2}{2!}e^{-5} = 0.0842$$

$$P\{Y > 2\} = 1 - P\{Y \leqslant 2\} = 1 - \left(\frac{5^0}{0!}e^{-5} + \frac{5^1}{1!}e^{-5} + \frac{5^2}{2!}e^{-5}\right)$$

$$= 1 - (0.0067 + 0.0337 + 0.0842) = 0.8754$$

泊松分布亦为二项分布的极限分布。当二项分布的 n 很大而 p 很小时，泊松分布可作为二项分布的近似。通常当 $n \geqslant 10$，$p \leqslant 0.1$ 时，有如下关系式

---

① 值得注意的是，我们在该案例中指定了时段，即上午 10 点到 12 点。若考察的时间为早上 6 点至晚上 8 点呢？则新生儿数 Y 不一定能满足全部假定。这是因为若时间跨度过大，进入医院自然分娩的孕产妇可能并不恒定，容易出现自然分娩的新生婴儿数在某个时间段内扎堆，如集中于深夜或凌晨等。此外，当产妇聚集时，也可能出现"同伴效应"（peer effects）或"同伴压力"（peer pressure）的现象，即同一产房内一个孕妇要生产了，另一个孕妇可能也会出现肚子疼或相继见红。这种情况就违背了新生儿出生事件的独立性假定。

② 这两个概率可在 Stata 中计算，命令分别为：

$P\{Y = 2\}$：`.display 5^2 * exp(-5)/2` 或 `.display poissonp(5,2)`

$P\{Y > 2\}$：`.display 1 - (exp(-5) + 5 * exp(-5) + 25 * exp(-5)/2)` 或 `.display 1 - poisson(5,2)`

近似成立：

$$C_n^k p^k (1-p)^{n-k} \approx \frac{\lambda^k}{k!} e^{-\lambda}, \ k = 0, \ 1, \ 2, \ \cdots, \ n \qquad (2-46)$$

其中，$\lambda = np$。事实上，泊松分布是由二项分布推导而来的。

泊松分布有如下特征，其分布示意图如图 2-5 所示。

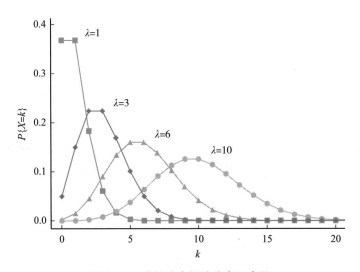

图 2-5 泊松分布概论分布示意图

注：事实上，泊松分布均由离散点组成，图中的连线仅为视觉观察方便。

（1）$E(X) = \lambda$。λ 越大，X 等于 0 的可能性越低，泊松分布的中心越向右移，并逐渐逼近正态分布。

（2）尤为特殊的是，X 的期望和方差相等（证明见附录 3）：

$$E(X) = Var(X) = \lambda \qquad (2-47)$$

因此，期望越大，X 的分布就越分散。这种期望与方差相等的性质被称为等分散（equidispersion）。[①]

（3）若 λ 为小数，则泊松分布的概率分布在 $k = [\lambda]$（[ ] 符号表示向下

---

① Long, J. S. Regression models for categorical and limited dependent variables [M]. Thousand Oaks, California: Sage, 1997: 218-219.

取整）处取得最大值；若 λ 为整数，则概率分布在 $k = \lambda$ 和 $k = \lambda - 1$ 处达到最大值。[1]

现实生活中，许多计数变量无法严格满足泊松分布的所有假定，但泊松分布仍不失为一个较好的近似，常用于对计数因变量建模。例如，假定因变量服从泊松分布时，可采用泊松回归模型（Poisson regression model），若计数因变量不服从泊松分布，则需针对具体的情况进行修正。如当方差大于期望，出现过度分散（over-dispersion）时，可采用负二项回归模型（Negative Binomial Regression Model）；当事件发生数 k 不包含 0 值时[2]，需要用零截除模型（Zero-truncated Models）；当 0 值过多，超出泊松分布的预测能力时，需要用零膨胀模型（Zero-inflated Models），等等。这些内容我们在高级统计学阶段再一一讨论。[3]

2.4.1.6 几何分布

类似二项分布，几何分布（geometric distribution）也建立在重复的伯努利试验之上。但不同的是，二项分布关注在 n 次独立的伯努利试验中，成功次数为 k 的概率是多少，而几何分布关注重复进行伯努利试验的过程中，首次成功发生在第 k 次的概率。前者的试验总次数固定（n），而后者的试验需要一直进行直到成功首次发生为止，因而试验总次数（X）为一随机变量。

具体而言，若以下假定成立：

（1）试验彼此独立且在相同条件下进行；

（2）每次试验都有两种结果；

（3）每次成功的概率都相等（p）。

则成功首次发生时试验进行的次数 X 是一个随机变量，服从参数为 p 的几何分布，记作 $X \sim G(p)$，其分布律为：

$$P\{X = k\} = (1 - p)^{k-1} p = q^{k-1} p, \ k = 1, 2, \cdots \qquad (2-48)$$

---

[1] 可由比较 $P\{X = k\}/P\{X = k-1\}$（$k \geqslant 1$）与 1 的大小来证明。

[2] 如"住院天数"至少为 1，而不可能取 0，因为若未住院或住院不满一天，医院将不予记录。因此，以"住院天数"为因变量时，建议考虑零截除模型。

[3] 参见本书姊妹篇《从线性回归到因果推断》《进阶社会统计学及 Stata 应用》（出版中）。

几何分布在实际生活中较为常见。例如，若我们要计算一位女性在第 2 胎才怀上女儿的概率、摸球试验在第 3 次时才出现黑球的概率、射击选手在第 3 次才首次射中十环的概率、赌徒在第 5 局游戏才胜利的概率等，都可以用到几何分布。

几何分布随机变量的期望和方差分别为（证明见附录 3）：

$$E(X) = \frac{1}{p} \tag{2-49}$$

$$Var(X) = \frac{1-p}{p^2} \tag{2-50}$$

2.4.1.7 负二项分布

几何分布讨论的是重复的伯努利试验中首次成功所需要的试验次数，而若将成功次数扩展到 r 次，计算第 r 次成功所需的试验次数的概率就需要引入**负二项分布**（negative binomial distribution）。负二项分布的定义有许多种，这里仅介绍两种。

定义 1 设独立重复的伯努利试验中每次成功的概率为 p，失败的概率为 $q = 1 - p$，$0 < p < 1$，则将试验进行至成功 r 次为止（r 是预先指定的整数），试验的总次数 X 为一随机变量，其分布律为：

$$P\{X = n\} = C_{n-1}^{r-1} p^r q^{n-r}, \ n = r, \ r+1, \ \cdots \tag{2-51}$$

且称 X 服从参数为 r，p 的**负二项分布**，记为 $X \sim NB(r, p)$。其中 $n \geq r$ 是因为负二项分布要求多重试验中恰好有 r 次成功，所以试验总次数必须至少为 r。特别地，当 $r = 1$ 时，即只要求成功 1 次时，负二项分布就是几何分布。

除正面思考外，式（2-51）也可以通过二项分布来理解：$P\{X = n\}$ 即"最后一次试验成功，且前 $n-1$ 次试验中恰有 $r-1$ 次成功发生"的概率，前者的概率为 p，后者服从二项分布，概率为 $C_{n-1}^{r-1} p^{r-1} q^{n-r}$，两者相乘便得式（2-51）。

随机变量 X 的期望和方差分别为：

$$E(X) = \frac{r}{p} \tag{2-52}$$

$$Var(X) = \frac{r(1-p)}{p^2} \tag{2-53}$$

定义 2　负二项分布也可以从试验失败次数（Y）的角度来定义：设独立重复的伯努利试验中每次成功的概率为 p，失败的概率为 $q = 1-p$，$0 < p < 1$，则将试验进行至成功 r 次为止，试验失败次数 Y 为一随机变量，其分布律为：

$$P\{Y=y\} = C_{r+y-1}^{y} p^r q^y, \quad y = 0, 1, 2, \cdots \tag{2-54}$$

且称 Y 服从参数为 r，p 的负二项分布。

式（2-54）也可以用二项分布来理解：$P\{Y=y\}$ 是"最后一次试验成功，且前 $r+y-1$ 次试验中恰有 y 次失败"的概率，即等于 p 乘以 $C_{r+y-1}^{y} p^{r-1} q^y$。由于 $Y = X - r$（r 为给定的常数），因此这两种定义本质上是等价的。

Y 的期望和方差分别为：

$$E(Y) = \frac{r(1-p)}{p} \tag{2-55}$$

$$Var(Y) = \frac{r(1-p)}{p^2} \tag{2-56}$$

附录 3 提供了 $E(Y)$ 和 $Var(Y)$ 的公式证明，而 $E(X)$ 和 $Var(X)$ 可直接利用关系式 $X = Y + r$ 由 Y 的期望和方差得到。[①]

值得一提的是，在实际研究中，负二项分布还有另外一种重要定义。我们曾介绍泊松分布的一个重要特征是期望等于方差，但当方差大于期望时，基于泊松分布的泊松回归模型不再适用，而应考虑采用负二项回归模型（Negative Binomial Regression Model）。该模型的基础即为负二项分布，但这里的负二项分布比较特殊，它是由泊松分布和伽马分布相乘形成的一种混合分布。待讲解高级统计学中的计数变量回归时，我们再讨论这一混合分布。

2.4.2　连续型随机变量的分布和数字特征

本节将讨论几种常见的连续型分布：均匀分布、指数分布、正态分布、

[①]　负二项分布还有其他的等价定义。例如，本书中负二项分布的前提为"给定成功 r 次"，其他一些读本则以"给定失败 r 次"为条件，再以"试验总次数"或"试验成功次数"为随机变量来定义负二项分布。虽然表达形式有所不同，但这些定义基本上等价，仅是将"成功"换成"失败"而已。

对数正态分布、逻辑斯谛分布和伽马分布。t 分布、F 分布和卡方分布将在本书第 4 章 "抽样分布" 中讨论。其中，正态分布为统计学中最基础、最重要的概率分布之一。

2.4.2.1 均匀分布

若连续型随机变量 X 具有概率密度

$$f(x) = \begin{cases} \dfrac{1}{b-a}, & a \leqslant x \leqslant b \\ 0, & \text{其他} \end{cases} \tag{2-57}$$

则称 X 在 $[a, b]$ 上服从**均匀分布**（uniform distribution），如图 2-6 所示，记为 $X \sim U[a, b]$。

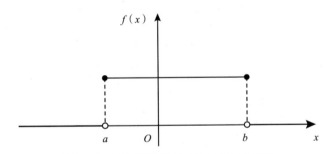

图 2-6　连续型随机变量均匀分布示意图

由 X 的概率密度函数可知 X 的分布函数为：

$$F(x) = \begin{cases} 0, & x < a \\ \dfrac{x-a}{b-a}, & a \leqslant x < b \\ 1, & x \geqslant b \end{cases} \tag{2-58}$$

若 $[x_1, x_2]$ 是 $[a, b]$ 的一个子区间，则有：

$$P\{x_1 < X < x_2\} = \int_{x_1}^{x_2} \frac{1}{b-a} \mathrm{d}x = \frac{x_2 - x_1}{b-a} \tag{2-59}$$

式（2-59）说明 X 在 $[a, b]$ 任意子区间上取值的概率只与子区间的长度有关（正比），而与子区间的位置无关。因此，X 落在 $[a, b]$ 上所有长度相等的子区间内的可能性都相等（这就是"均匀"的含义）。在实际研究中，当我们无法确定某随机变量取各值的概率，且认为可能性相等时，可以暂时假定 X 服从均匀分布。

X 的期望和方差分别为（证明见附录 3）：

$$E(X) = \frac{a+b}{2} \tag{2-60}$$

$$Var(X) = \frac{(b-a)^2}{12} \tag{2-61}$$

2.4.2.2　指数分布

若随机变量 X 的概率密度为：

$$f(x) = \begin{cases} \lambda e^{-\lambda x}, & x > 0 \\ 0, & x \leqslant 0 \end{cases} \tag{2-62}$$

其中 $\lambda > 0$ 为常数，则称 X 服从参数为 λ 的指数分布（exponential distribution），记为 $X \sim Exp(\lambda)$。其分布函数为：

$$F(X) = \begin{cases} 1 - e^{-\lambda x}, & x \geqslant 0 \\ 0, & x < 0 \end{cases} \tag{2-63}$$

X 的期望和方差分别为（证明见附录 3）：

$$E(X) = \frac{1}{\lambda} \tag{2-64}$$

$$Var(X) = \frac{1}{\lambda^2} \tag{2-65}$$

指数分布在生存分析（survival analysis）中有重要作用，常用于对风险函数（hazard function）建模。

2.4.2.3　正态分布

正态分布（normal distribution）是统计学中最重要的概率分布之一，也是参数统计的基础与核心。该分布最早由法裔英籍数学家阿布拉罕·德·棣莫弗（Abraham De Moivre，1667~1754）在求二项分布的渐近公式中得到。德国数学家卡尔·弗里·德里希·高斯（Carl Friedrich Gauss，1777~1855）

在研究测量误差时从另一个角度导出了它，并率先将其用于天文学家研究。为纪念高斯的重大贡献，正态分布又常被称作**高斯分布**（Gauss distribution）。

（1）正态分布的定义、图形特点及数学性质。

正态分布

若随机变量 X 的密度函数为：

$$f(x) = \frac{1}{\sqrt{2\pi}\sigma} e^{-\frac{(x-\mu)^2}{2\sigma^2}}, \quad -\infty < x < +\infty \qquad (2-66)$$

其中 μ，σ（$\sigma > 0$）为两个常数，则称 X 服从正态分布，记作 $X \sim N(\mu, \sigma^2)$。

正态分布的期望和方差分别为：

$$E(X) = \mu \qquad (2-67)$$

$$Var(X) = \sigma^2 \qquad (2-68)$$

由式（2-66）可知，正态分布完全由其期望 μ 和方差 σ^2 决定。

正态分布的概率密度曲线如图 2-7 所示，其具有以下特点。

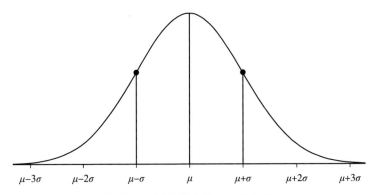

图 2-7 正态分布概率密度曲线

第一，正态分布关于 $x = \mu$ 对称。

第二，正态分布的概率密度在均值 μ 处取得最大值 $f(\mu) = \frac{1}{\sqrt{2\pi}\sigma}$，随着 x 远离中心而下降，并逐渐逼近 x 轴（但与 x 轴永不会相交）。由上述两个性

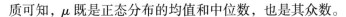

质可知，μ 既是正态分布的均值和中位数，也是其众数。

第三，正态分布的密度曲线在 $x = \mu \pm \sigma$ 处存在拐点。在 $(\mu - \sigma, \mu + \sigma)$ 之内曲线上凸，在拐点之外曲线下凹。

第四，μ 为位置参数（location parameter），决定正态曲线的位置。若固定 σ 改变 μ，则正态曲线只是沿 x 轴平移，而形状不变。

σ 为尺度参数（scale parameter），决定正态曲线的形状。若固定 μ 改变 σ，则正态曲线将以 μ 为中心，向两侧变换离散程度：σ 越大，曲线越扁平，σ 越小，曲线越陡峭，具体如图 2 - 8 所示。

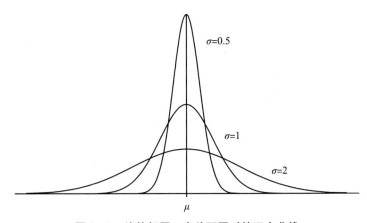

图 2 - 8 均值相同、方差不同时的正态曲线

除以上形状特点外，正态分布还有如下数学性质。

第一，若 $X \sim N(\mu, \sigma^2)$，$Y = aX + b$（a，b 为常数，且 $a \neq 0$），则 $Y \sim N(a\mu + b, a^2\sigma^2)$，即正态变量的线性函数仍服从正态分布。

第二，若 X，Y 相互独立，且都服从正态分布，$X \sim N(\mu_1, \sigma_1^2)$，$Y \sim N(\mu_2, \sigma_2^2)$，则 $X \pm Y \sim N(\mu_1 \pm \mu_2, \sigma_1^2 + \sigma_2^2)$。

（2）标准正态分布。

若 $\mu = 0$，$\sigma = 1$，则称 X 服从**标准正态分布**（standard normal distribution），记为 $N(0, 1)$。标准正态分布的概率密度一般用 $\varphi(x)$ 表示，分布函数一般用 $\Phi(x)$ 表示，即：

$$\varphi(x) = \frac{1}{\sqrt{2\pi}} e^{-\frac{x^2}{2}}, \quad -\infty < x < +\infty \tag{2-69}$$

$$\Phi(x) = \frac{1}{\sqrt{2\pi}} \int_{-\infty}^{x} e^{-\frac{t^2}{2}} dt \tag{2-70}$$

标准正态分布的密度函数 $\varphi(x)$ 关于 $x=0$ 对称。由此可知，其分布函数关于点 $\left(0, \frac{1}{2}\right)$ 对称，即有：

$$\Phi(-x) = 1 - \Phi(x) \tag{2-71}$$

我们经常利用式（2-71），在易知 $\Phi(x)$ 时，得到 $\Phi(-x)$。

正态分布和标准正态分布可以相互转换。若 $X \sim N(\mu, \sigma^2)$，则 X 可以通过以下公式：

$$Z = \frac{X - \mu}{\sigma} \sim N(0, 1) \tag{2-72}$$

转化成标准正态随机变量 Z。当然，标准正态变量 Z 也可以通过以下公式：

$$X = \sigma Z + \mu \tag{2-73}$$

转化成一般正态变量 X。

式（2-72）所表达的减去均值再除以标准差的过程，被称为标准化（standardization）。将具体的观测值代入式（2-72），则

$$z = \frac{x - \mu}{\sigma} \tag{2-74}$$

被称为 **z 值**（z value）、**z 得分**（z score）或**标准分**（standard score），x 则为**原始值**或**原始得分**（raw score）。由式（2-74）可知，z 值表示某随机变量的取值 x 距 μ 的标准差大小。若 x 在 μ 左侧，则 z 为负；若 x 在 μ 右侧，则 z 为正。该标准化过程消除了 x 的量纲，使 z 代表 x 在整份数据中的相对位置而非绝对大小，同时也使原始值转换成标准正态分布的取值，方便了后续的统计分析（如方便使用 $N(0, 1)$ 进行统计检验）。在使用术语时需要注意，计算 z 值需要知道总体均值和总体标准差，其并不指样本均值或样本标准差的运算结果（后者称为 t 值）。

标准正态分布的另一应用是为所有正态变量提供统一的概率查询表：任一正态变量 X 在某区间取值的概率，就等于其标准正态变量 Z 在对应标准化

区间的概率。这是因为：

$$F(x) = P\{X \leqslant x\} = \int_{-\infty}^{x} \frac{1}{\sqrt{2\pi}\sigma} e^{-\frac{(t-\mu)^2}{2\sigma^2}} \mathrm{d}t = \int_{-\infty}^{\frac{x-\mu}{\sigma}} \frac{1}{\sqrt{2\pi}} e^{-\frac{z^2}{2}} \mathrm{d}z = \Phi\left(\frac{x-\mu}{\sigma}\right)$$

$$(2-75)$$

即

$$F(x) = \Phi\left(\frac{x-\mu}{\sigma}\right) = \Phi(z) \qquad (2-76)$$

标准正态分布的概率表可在 Stata 中键入命令 `ztable` 轻松获得，[①] 读者朋友可以自行操作获取。需要提醒的是，在 Stata 展示的概率表中，行是 z 值（$z>0$）的个位和十分位，列是 z 值的百分位，表中的数值是标准正态变量位于 $0 \sim z$（$z>0$）间的概率 $P\{0<Z<z\}$。

根据式（2-76）和概率表，我们可获得正态变量在均值左右主要标准差区间内的大致概率或称"经验法则"（empirical rule），具体如图 2-9 所示。

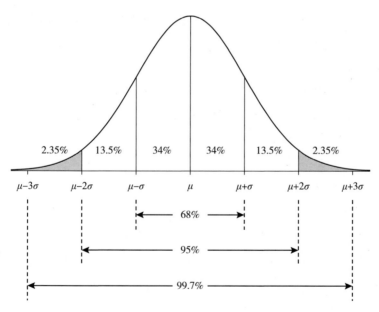

图 2-9　正态分布在不同标准差区间内的概率（经验法则）

---

① 当然，我们也可以直接在 Stata 中键入命令 `ttable`、`ftable`、`chitable` 等获得 t 分布、F 分布及卡方分布等的概率表。

由图 2-9 可知，正态随机变量 X 落在 μ 左右三个标准差内几乎是肯定的，而 X 在 $\mu \pm 2\sigma$ 或 $\mu \pm 3\sigma$ 外取值则是小概率事件。此小概率事件发生的区域（图 2-9 中的阴影区域）称为"拒绝域"（rejection region），在假设检验中发挥着关键作用，是假设检验决策的依据：假设总体均值等于 μ_0 为真，则观测到的样本均值位于拒绝域应是个小概率事件；而一旦该小概率事件出现，则认为原来的假设有误，即总体均值并不等于 μ_0。此内容我们将在本书姊妹篇《进阶社会统计学及 Stata 应用》有关"假设检验"的章节中进行具体讨论。

例 2.4　Stata 操作：正态分布的计算　假设一个年级里 200 名学生的 IQ 服从均值为 100、标准差为 10 的正态分布。下面我们用 Stata 来完成计算，使用到的命令参见表 2-6 及附录 2。

（1）求学生 IQ 在 100~130 分的百分比。

```
.dis(130 -100)/10   /*首先将 130 分 IQ 转换成其标准值*/
3
.dis normal(3) -0.5/*直接减去 0.5 是因为 100 是均值,故 100 分
处的累计分布概率为 0.5*/
.4986501
```

因此，此年级有 49.87% 的学生的 IQ 在 100~130 分。

（2）求学生 IQ 在 70 分以下及 130 分以上的百分比之和。

```
.dis(70 -100)/10
-3
.dis normal( -3) +(1 -normal(3))
.0026998
```

根据正态分布的对称性，该百分比也可以直接用命令".dis 2 * normal (-3)"求出。上述结果说明，此年级有 0.27% 的学生的 IQ 在 70 分以下或 130 分以上。

（3）IQ 前 10 名学生的 IQ 至少为多少？

前面我们已知原始值，想求出百分比或概率。这里正好相反，我们已知百分比，想求出原始值。IQ 前 10 对应于前 5% 的学生，因此题目是让我们求出位于第 95 百分位（即累积分布概率等于 0.95）的学生的 IQ。

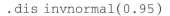

.dis invnormal(0.95)

1.6448536

这是累积分布概率等于 0.95 所对应的 z 值，将其转换成原始值得

.dis invnormal(0.95)*10 +100

116.44854

故 IQ 前 10 名学生的 IQ 至少有 116.45 分。

需要说明的是，正态分布在统计学中占有极为重要的地位，主要是因为：

第一，正态分布在实际中有广泛的应用。社会和自然界中许多现象的分布都近似正态分布（当然也有许多不是），如心理学测试分数（如抑郁得分）、身高、体重、TOEFL 考试成绩及光子计数等。它们的分布接近对称的钟形，即取值位于中间水平的可能性最大，而当取值向高值和低值扩散时，概率逐渐减小。例如，中等身高的人最多，而高个子和矮个子相对较少。部分变量还可以通过一定的函数转换而近似正态分布，如对收入、GDP 等变量取对数等（参见 2.4.2.4 小节"对数正态分布"）。许多现象呈正态分布的一个常规解释是：若一个随机变量 Y 是由大量独立（或至少不是强相关）因素的影响相加所形成，而其中每个因素的作用是微小的，则根据中心极限定理（central limit theorem）（参见第 4 章），该变量服从或近似服从正态分布。[①]例如，身高基本服从正态分布可能是因为身高受遗传、营养、种族、性别、运动量等许多因素的影响，而这些影响叠加使人们的身高近似呈现正态分布。

第二，根据中心极限定理，不管总体分布如何，随着样本容量 n 的增大，样本均值的分布都会趋于正态分布。

第三，正态分布拥有诸多良好的性质，易于处理。例如，正态分布是呈钟形的对称分布，其均值、中位数和众数重合；两个独立的正态变量之和仍是正态变量等。

第四，正态分布是参数统计的基础之一。许多统计手段都基于正态分布，也常常要求变量的分布近似正态。例如，本书后续章节即将讨论的 z 检验、t 检验和方差分析等，都建立在总体服从正态分布的假定之上，虽然在一定情

---

① 当然，这一解释对于很多现象可能并不一定适用。例如，各因素可能并不是以线性相加的形式来影响 Y，而是以相乘或其他函数形式。

况下该假定可以稍微放松；线性回归也假定误差项的分布为正态分布。

2.4.2.4　对数正态分布

若一随机变量 X 为正数，且其自然对数 $\ln(X)$ 服从正态分布，则称 X 服从**对数正态分布**（log-normal distribution）。同理，若变量 Y 服从正态分布，则 e^Y 服从对数正态分布，两者的关系如表 2 – 6 所示。

表 2 – 6　　　　　　　　　　对数正态分布和正态分布的关系

对数正态分布		正态分布
X	$\longrightarrow$	$\ln(X)$
e^Y	$\longleftarrow$	Y

对数正态分布的概率密度函数为：

$$f(x) = \frac{1}{x\sigma\sqrt{2\pi}}\, e^{-\frac{(\ln x - \mu)^2}{2\sigma^2}}, \ x > 0 \qquad (2-77)$$

其中，x 须是正数。注意到式（2 – 77）和正态分布概率密度函数式（2 – 66）十分相似，只是将式（2 – 66）中的 x 换成 $\ln x$，并将系数乘以 $\frac{1}{x}$ 而已（从正态分布到对数正态分布的推导参见附录 3）。

对数正态分布的期望和方差分别为：

$$E(X) = e^{\mu + \frac{\sigma^2}{2}} \qquad (2-78)$$

$$Var(X) = (e^{\sigma^2} - 1)\, e^{2\mu + \sigma^2} \qquad (2-79)$$

其概率密度曲线如图 2 – 10 所示。

从图 2 – 10 可以明显看出，与正态曲线的钟形分布（见图 2 – 7）相比，对数正态分布一般存在右偏态，即峰向左偏，尾线向右拉长，取值更集中于左侧。

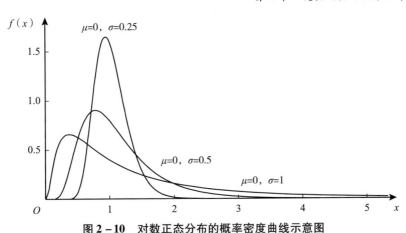

图 2 – 10 对数正态分布的概率密度曲线示意图

由于其特殊形状以及与正态分布的特殊关系，对数正态分布常用于描述某些右偏态的变量。例如，收入、国内生产总值（GDP）、储蓄存款等变量都存在较严重的右偏态：其取值集中在分布左侧，而由于极高值的存在，右侧的尾线又被拉得很长，从而使整个分布的形状近似对数正态分布。对于这些变量，我们通常需要将其转换成对数，以使分布接近正态并可以按正态分布理论处理，从而得到更好的统计结果。

例 2.5　Stata 操作：比较收入和收入对数　试在 Stata 中使用命令 histogram 绘出 CHIP 2013 城镇居民年收入和年收入对数的直方图，并比较两变量的概率分布：

.use ch2.dta,clear

. generate *urbinc* = *income* if urban = =1 　/* 生成变量城镇居民收入 urbinc */

. histogram *urbinc*,normal　　　　　　　　/* 绘制直方图,并添加一条正态曲线 */

.gen *lurbinc* = ln(*urbinc*)　　　　　　　/* 生成城镇居民收入的对数 */

.hist lurbinc,norm

城镇居民收入及收入对数直方图如图 2 – 11 和图 2 – 12 所示。

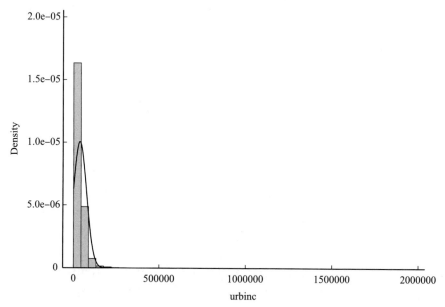

图 2 –11　城镇居民收入的直方图

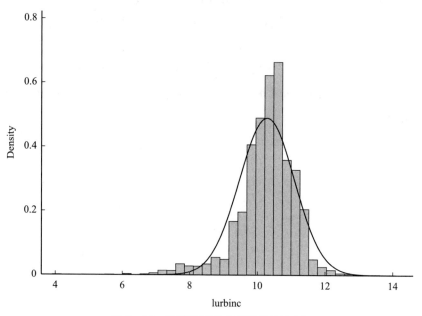

图 2 –12　城镇居民收入对数的直方图

根据图 2 – 11 与图 2 – 12 可以明显看出，对数变换前后变量的分布有很大不同，其中图 2 – 11 和图 2 – 10 中的对数正态曲线十分相似，收入对数的分布（参见图 2 – 12）则更接近正态分布。

2.4.2.5　逻辑斯谛分布

逻辑斯谛分布（logistic distribution）常出现在分类数据分析和微观计量经济学知识体系中，用以对分类因变量（定类或定序）建模。例如，针对二分类因变量的**逻辑斯谛回归**（logistic regression）或称 **logit 模型**（logit model）便是以标准逻辑斯蒂分布的累积分布函数为基础构建的。下面让我们先讨论逻辑斯蒂分布，logit 模型则留待日后讨论。

若随机变量 X 的概率密度为：

$$f(x) = \frac{e^{-\frac{x-\mu}{s}}}{s(1 + e^{-\frac{x-\mu}{s}})^2}, \quad -\infty < x < +\infty \qquad (2-80)$$

则称 X 服从逻辑斯谛分布，记为 $X \sim Logistic(\mu, s)$。其中，μ 为位置参数（location parameter），决定分布的位置；s 为尺度参数（scale parameter），决定分布的离散程度，但须注意这里的 s 并不是标准差。

逻辑斯谛分布的累积分布函数为：

$$F(x) = \frac{1}{1 + e^{-\frac{x-\mu}{s}}}, \quad -\infty < x < +\infty \qquad (2-81)$$

期望和方差为：

$$E(X) = \mu \qquad (2-82)$$

$$Var(X) = \frac{s^2 \pi^2}{3} \qquad (2-83)$$

特别地，若 $\mu = 0$，$s = 1$，则称 X 服从标准逻辑斯谛分布，概率密度为

$$f(x) = \frac{e^{-x}}{(1 + e^{-x})^2}, \quad -\infty < x < +\infty \qquad (2-84)$$

分布函数为：

$$F(x) = \frac{1}{1 + e^{-x}}, \quad -\infty < x < +\infty \qquad (2-85)$$

该分布函数便是 logit 模型的基础。

标准逻辑斯谛分布的期望和方差为：

$$E(X) = 0 \tag{2-86}$$

$$Var(X) = \frac{\pi^2}{3} \tag{2-87}$$

逻辑斯谛分布示意图如图 2 – 13 所示。就图形而言，逻辑斯谛分布的密度曲线有以下特征。

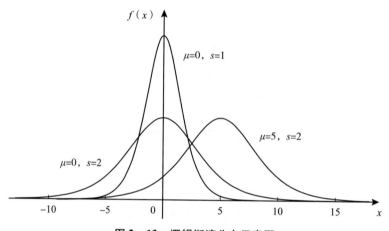

图 2 – 13 逻辑斯谛分布示意图

（1）密度曲线关于 $x = \mu$ 对称（分布函数也就相应地关于点（μ，1/2）中心对称）。

（2）无形状参数。这意味着逻辑斯蒂分布始终呈对称的钟形，与正态分布曲线的形状相似。

（3）位置参数 μ 决定分布的位置，尺度参数 s 决定分布的离散程度。若固定 s，则随着 μ 的增大或减小，曲线会向右或向左平移；若固定 μ，则随着 s 的增大或减小，曲线会更分散或更集中，即更扁平或更陡峭。

（4）标准逻辑斯谛分布与方差相同的正态分布的密度曲线如图 2 – 14 所示，标准逻辑斯谛分布的密度曲线与方差相同的正态分布 $N(0，\pi^2/3)$ 的密度曲线十分相似，但它比正态分布的峰态更高（higher kurtosis）且呈现重尾（heavier tails）特征。

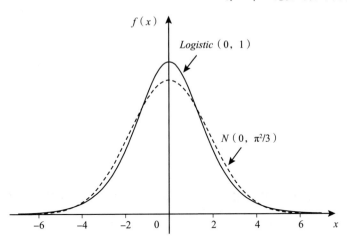

图 2 – 14　标准逻辑斯谛分布 vs 方差相同的正态分布

2.4.2.6　伽马分布

若随机变量 X 的概率密度为：

$$f(x) = \frac{\beta^{\alpha}}{\Gamma(\alpha)} x^{\alpha-1} e^{-\beta x}, \ x > 0, \ \alpha, \ \beta > 0 \qquad (2-88)$$

则称 X 服从参数为 α, β 的**伽马分布**（gamma distribution），记作 $X \sim \Gamma(\alpha, \beta)$（$\Gamma$ 读作"伽马"，是希腊字母伽马 γ 的大写）。其中 $\Gamma(\alpha)$ 为伽马函数（gamma function），等于：

$$\Gamma(\alpha) = \int_{0}^{+\infty} t^{\alpha-1} e^{-t} dt \qquad (2-89)$$

参数 α 为形状参数（shape parameter），主要影响分布的偏态程度和峰部的尖度[1]；β 为速率参数或率参数（rate parameter），主要影响分布的离散程度。当 $\alpha = 1$ 时，$\Gamma(\alpha) = 1$，此时伽马分布就是参数为 β 的指数分布。由于伽马分布的密度函数较为复杂，初阶统计学读本一般不作具体介绍。但我们需要先了解一个常识：伽马分布与泊松分布可以形成一种混合概率分布——负二项分布。

---

[1]　即偏度（skewness）和峰度（kurtosis），这两个概念的介绍参见本书第 3 章"描述性统计"。

伽马分布的期望和方差分别为：

$$E(X) = \frac{\alpha}{\beta} \tag{2-90}$$

$$Var(X) = \frac{\alpha}{\beta^2} \tag{2-91}$$

2.4.3 常见概率分布的 Stata 命令

在 Stata 中，我们可以用 display 加如下命令来计算某分布在某取值或某区间上的概率，具体如表 2-7 所示，如：. display normal(2)。

表 2-7   **Stata 概率分布函数**

分布	命令	描述
二项分布	binomialp(n,k,p)	$P\{X=k\}$
	binomial(n,k,p)	$P\{X \leqslant k\}$
	binomialtail(n,k,p)	$P\{X \geqslant k\}$
泊松分布	poissonp(λ,k)	$P\{X=k\}$
	poisson(λ,k)	$P\{X \leqslant k\}$
	poissontail(λ,k)	$P\{X \geqslant k\}$
超几何分布	hypergeometricp(N,M,n,k)	$P\{X=k\}$ （参数指代见前面正文部分）
	hypergeometric(N,M,n,k)	$P\{X \leqslant k\}$
负二项分布	nbinomialp(n,k,p)	Stata 采用本书中负二项分布的第二种定义，即设每次成功的概率为 p，求将试验进行至 n 次为止，试验失败 k 次的概率，表示为 $P\{Y=k\}$。
	nbinomial(n,k,p)	$P\{Y \leqslant k\}$
	nbinomialtail(n,k,p)	$P\{Y \geqslant k\}$
正态分布	normal(z)	标准正态分布的累积分布函数 $\Phi(z)$
	normalden(z)	标准正态分布的概率密度函数 $\varphi(z)$
	normalden(x,μ,σ)	均值为 μ，标准差为 σ 的正态分布的概率密度函数
	invnormal(p)	已知 $\Phi(z)=p$，求 z

2.5　本　章　小　结

　　本章主要讲解了与变量有关的内容，包括变量的测量层次、概率、随机变量的含义、分布和数字特征等。**随机变量**是用来表示各种随机试验结果的变量，它将各种可能的试验结果按照一定的映射关系与特定的数值对应起来。社会科学中的"变量"就是统计学语言中的随机变量。按照不同的测量层次，变量可以分为**离散变量**和**连续变量**，前者包括**定类**、**定序**和**计数变量**，而后者包括**定距**和**定比变量**。其中定类和定序变量的取值仅是人为赋值，无法进行数量计算；定距和定比变量的取值则是有实际意义的数值。我们之所以不厌其烦地讨论变量的测量层次，主要是因为：变量测量层次的不同，不仅暗含着概率分布的不同，且由此引发的统计检验量、相关系数、回归模型、变量纳入等统计手段及技术都截然不同。只有对变量的测量层次胸有成竹，我们才能量体裁衣地进行统计分析，使统计估计及推断方有用武之地。

　　随机变量的概率分布往往难以具体求出，此时我们可以通过其数字特征来了解，或用一些常见的随机变量的分布来近似其概率分布。最常见的两个数字特征为**期望**和**方差**，分别用于衡量随机变量的集中和离散趋势。在社会科学研究中，常见的离散型随机变量的分布类型有：离散均匀分布、两点分布、二项分布、超几何分布、泊松分布、几何分布和负二项分布等；连续型随机变量的常见分布有：均匀分布、指数分布、正态分布、对数正态分布、逻辑斯谛分布和伽马分布等。这些不同的概率分布，决定了统计方法的选择。

第 3 章

描述性统计[*]

不明于数欲举大事，如舟之无楫而欲行于大海也。

——管子

当我们熟悉了数据收集、变量测量及概率分布等基础统计学知识后，就进入数据统计分析部分。我们通常把数据统计分析的流程及步骤分为：明确与分解研究问题、针对性收集数据、熟悉与了解数据、数据清洗或处理、数据评估、数据建模与决策。其中，研究问题为数据分析的"立政之基"，就像我们在茫茫大海航行中的罗盘或指南针一样重要。同时，还要将研究问题及数据分解或形成更具体的模块（子问题及变量），即将略抽象的问题转化为变量关系的问句描述，并将问题分解成可以用数据统计分析来回答的有机组成的子问题。针对性的数据是统计分析的来源，正所谓"巧妇难为无米之炊"，我们对数据要进一步了解与熟悉，即需要掌握数据的属性、特征、分布及变量的分布、取值、编码、异常值、缺失值、趋势、局部变化、相关关系等。在熟悉数据的过程中，就会发现许多数据都是杂乱无章且错误百出的，此时便需要利用统计软件对数据作进一步的清洗或处理，不仅要解决数据输入错误、案例重复等问题，还要进行数据分组、数据加权、数据排序、数据

---

* 此章体例安排参见 Blalock, H. M. Social Statistics [M]. New York：McGraw - Hill, 1972.

挖掘[①]、异常值处理、缺失值插值、变量再加工或生成新变量等处理，为下一步的统计分析做准备。除此之外，我们还要对清洗或处理过的数据进行质量评估，只有这样才能基于理论有效地进行统计模型的建构，以描述、解释、预测变量之间的相关关系或进行因果推断。最终，基于统计结果进行合理的决策。

　　上述统计分析的步骤及过程相对复杂，但以研究问题为导向的我们应"万里赴戎机，关山度若飞"。毛泽东在《解放战争第二年的战略方针》中说"不打无准备之仗，不打无把握之仗，每战都应力求有准备，力求在敌我条件对比上有胜利的把握。"因此，在统计分析这场战役中，我们首先要对数据知己知彼，才能百战不殆。对数据能胸有成竹、了如指掌，实为上佳之境。其中，熟悉数据的基础是先行把握与总结数据的基本特征与分布，如计算样本的算术均值、方差等统计量（statistic）等。所谓**统计量**，是指概括样本数据特征的函数，是对样本属性的测量。其中，我们把刻画变量某方面特征的统计量称为**描述性统计量**（descriptive statistic），用这些统计量对变量进行描述或总结的过程称为**描述性统计**（descriptive statistics）或统计描述。例如，足球比赛中的破门率就是一个描述性统计量，代表了一个球员或一支球队的进球能力这一特征。描述性统计是数据分析中最基础的统计方法，也是统计结果汇报中必不可少的内容，它与统计推断并称基本统计学的两大支柱。

　　描述性统计通常包括两类方法：数值法与图表法。数值法，即对数据进行整理分析，并用特征数值来描述与概括各变量的集中、离散与分布形状的情况。例如，测量集中趋势的常见描述性统计量有众数、中位数、均值及四分位数等，测量离散程度的常见描述性统计量有方差、标准差、极差、四分位距和变异系数等。图表法，即对数据资料进行图像化处理，把资料变为图表，以便直观了解数据分布的情况。图表法主要包括频数分布表及直方图、饼图、散点图等。

---

　　①　数据挖掘（data mining）是基于机器学习、统计软件、统计技术、人工智能和数据库的交叉方法在大型数据集中寻找或发现数据规律或模式的一种计算过程。其流程通常可分为问题理解（question understanding）、数据准备（data preparation）、数据理解（data understanding）、模型建构（modeling construction）、模型评估（modeling evaluation）、结果开发（results deployment）、决策制定（decition making）等。

描述性统计，看似仅为简单的数值和图表，但其作用绝不仅限于形式——一份好的描述性统计能帮助我们有效地分析数据和展示结果。通过计算关键的统计量或将数据可视化，我们不仅能迅速地熟悉数据，还能有效地对数据进行检查（如是否存在异常值、偏态等）。合理的图表（如散点图和列联表等）还能展现数据的规律，如变量间的关系和关系的方向等，并为我们带来研究灵感。总之，对样本数据的概括和提炼，能让我们了解哪些信息可用于推断总体[1]，而不至于在庞大繁杂的个体数据中迷失，失去对整体情况的把握。

除数据分析外，描述性统计也是统计结果汇报中的关键部分。例如，描述性图表通过总结变量的样本特征，既为统计推断提供了信息依据，也便于读者观察变量间的关系。因此，虽然多数学术作品旨在统计推断，并不太关心样本特征，但规范研究通常先汇报描述性统计（如数据表格、统计图及文字说明等），再报告回归分析等其他统计推断结果。简而言之，以简洁高效的方式描述与总结数据的特征，是研究者从事统计分析的基本功。

我们在第 2 章曾强调，统计手段的选择需要考虑变量的测量层次。本章也将按照这一原则，按测量层次来讨论描述性统计的数字指标（包括集中趋势、离散趋势和分布形状的测量）、描述性统计表、统计图等内容（总结参见表 3 – 12）。[2]

3.1　集中趋势的测量

若想完整地刻画或描述一个变量的分布特征，通常需要将集中趋势、离散趋势和分布形状等描述性统计量有机结合起来。其中，集中趋势（central tendency）是指数据向某一中心值的聚拢程度。在使用描述性统计量测量集中趋势时，我们实际上是试图找到一个最能代表数据中心（center）的典型数值（集中值）。常用的统计量包括：众数（mode），即出现频次最多的变量

---

[1]　统计推断的具体讨论参见本书第 4 章 "抽样分布" 及第 5 章 "参数估计"。
[2]　表 3 – 12 总结了各测量层次适用的描述性统计手段，供读者参考。

值；中位数（median），即位置居中的变量值；均值（mean）。测量集中趋势
的选项繁多，具体的选择和其最佳的使用方式需要根据研究目的和对数据的
理解来决定。

3.1.1 众数

众数（mode）是一组数据中出现次数最多的数值。一般来说，频数最高
的变量值的代表性最好，因此可以用来描述所有层次变量的集中趋势。[①] 众
数可以有 0 个（所有数值的频数一样多）、1 个或多个（多个数值的频数并列
最高）。

只有一个众数的分布称为**单峰分布**（unimodal distribution）。有两个及以
上众数的分布称为**多峰分布**（multimodal distribution），其中有两个众数的分
布一般称为**双峰分布**（bimodal distribution）。严格来说，只有当多个取值的
频数一样最高时，分布才可能有多个众数。但在使用双峰或多峰分布的概念
时，我们通常不像众数的定义那样要求众数的频数相等，而是将密度分布中
任何一个峰所对应的取值，即密度大于附近点密度的局部最大值点视为众数。
分布出现双峰或多峰可能是因为数据包含了两个差异很大的组，如体重呈双
峰分布可能是因为数据同时包含了男性和女性的体重。不同众数数目的分布
示意图如图 3-1 所示。

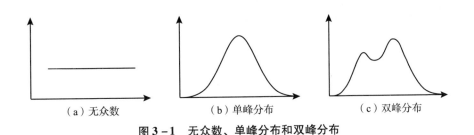

（a）无众数　　　　　　（b）单峰分布　　　　　　（c）双峰分布

图 3-1　无众数、单峰分布和双峰分布

① 卢淑华. 社会统计学（第 3 版）［M］. 北京：北京大学出版社，2009：40.

众数可用于所有测量层次的变量。但在实际研究中，众数的应用相对较少。但若我们想了解哪一取值的频数最高时，众数则十分有用，如文本或词频分析、对选举的预测、消费者对品牌的选择，等等。众数的优点是不受极端值的影响，但其缺点是：部分数据可能没有众数，或有众数但众数并不唯一；当数据量较少时众数缺乏稳定性，若一个值改变或有新数值加入，则众数可能完全改变；当变量有很多不同的取值时，每个值出现的次数都很少，此时众数可能离分布的中心很远，或甚至根本不存在，从而难以反映数据的集中趋势。因此，众数对于不同取值较少的数据更为适用。

【Stata 操作：众数】

求得众数的 Stata 命令有：

（1）. $\underline{t}$abulate X

此命令可以帮助我们获得频数分布表。其中，频数或百分比最高的类别即众数。该命令适用于所有测量层次的变量，尤其适用于离散变量。

（2）. egen[①] new$X$ = mode[②](X)

生成一个新变量使之等于 X 的众数。

例 3.1 Stata 操作：众数 试求定序变量"自评健康状况"（*health*）的众数。

```
.tabulate health
```

健康状况	Freq.	Percent	Cum.
1	17908	30.50	30.50
2	26544	45.21	75.70
3	10657	18.15	93.85
4	2946	5.02	98.87
5	663	1.13	100.00
Total	58718	100.00	

---

① 命令 egen 为"extensions to generate"的简写，是获得变量特征或按较复杂需求生成新变量的一个强大命令。其基本语句为 egen new$X$ = fcn(X)[,by(Z)...]，即（按 Z 分组），对 X 根据函数 fcn() 生成 new$X$。其中，函数 fcn() 有非常多种，如 count()，mean()，median() 等，读者可键入 help egen 查看详细清单。

② Stata 中的方程 mode() 只能计算一个众数。若有两个及以上的众数，则会生成缺失值。此时需要加上选项 minmode，maxmode 或 nummode(#)，这些选项会分别要求 Stata 只显示最小的众数、最大的众数或第#个众数。

从上表中发现第二个类别的频数最高，故 *health* 的众数为"好"。

3.1.2　中位数

中位数是将变量的取值按大小顺序排列后，位于中间位置的取值。[①] 我们经常以中位数来代表连续变量与定序变量（仅适用于 5 分或 7 分李克特量表的测量）分布的中心，但不能用于定类变量，因为定类变量无高低次序之分。

中位数

设一组数据有 n 个观察值。将该数据从小到大排列为 x_1，x_2，…，x_n，则中位数（M）是第 $\frac{n+1}{2}$ 位上的数值。具体而言：

（1）n 为奇数：按观察值的高低排序，找出正中间的观察值作为**中位数**，即：

$$M = x_{\frac{n+1}{2}} \qquad (3-1)$$

（2）n 为偶数：中位数并不唯一，通常取最中间的两个数值的算术均值作为中位数，即：

$$M = \frac{x_{\frac{n}{2}} + x_{\frac{n}{2}+1}}{2} \qquad (3-2)$$

需要注意的是，中位数是测量"位置"（location）的统计量。"排排坐、分果果"，我们理应找出排位在最中间的观察值作为中位数，即中位数应位于第 $\frac{n+1}{2}$ 位。当 n 是奇数时，第 $\frac{n+1}{2}$ 位上有值，故该位的观察值就是中位数；但当 n 是偶数时，第 $\frac{n+1}{2}$ 位没有值，就需要用两侧相邻观察值的均值来替代。

例如，假设 7 名社会学本科学生的《社会统计学及 Stata 应用》的期末考试成绩分别为 60、65、70、80、85、90、95。这里个案数为奇数，所以中位

---

① 卢淑华. 社会统计学（第 3 版）［M］. 北京：北京大学出版社，2009：40.

数为中间第 4 位的 80。若成绩为 60、65、70、80、85、90、95、100，则因为个案数为偶数，中位数为中间两个值的平均，即 $82.5 = (80 + 85)/2$。

若案例数不多，我们可以较为容易地找到中位数或计算中位数，但若案例数或样本量较大，则通常要利用统计软件来助我们一臂之力。让我们试用一个定序变量"健康状况"（*health*）进行实例操作。

例 3.2 Stata 操作：中位数 试利用 Stata 的频数分布表获取定序变量"健康状况"（*health*）的中位数。

```
.tabulate health,nolabel
```

健康状况	Freq.	Percent	Cum.
1	17908	30.50	30.50
2	26544	45.21	75.70
3	10657	18.15	93.85
4	2946	5.02	98.87
5	663	1.13	100.00
Total	58718	100.00	

对定序变量而言，如何找出其中位数存在一定争议。但我们通常会选择累积百分比第一次超过 50% 的对应编码或类别作为中位数。在此案例中，由于健康状况 = 2 的累积百分比超过 50%，因此最中间的两个数值一定等于 2，故 *health* 的中位数是 2 或"好"。

中位数的主要优势是只与中间位置的值有关，不受极端值的影响，稳健性强，当数据存在极端值时，比我们马上要讨论的均值指标能更好地代表整个数据和刻画分布的集中趋势。但与此对应的缺陷是中位数只利用了中间位置的数值，而未利用整个数据的信息，对其他取值的大小并无充分反映。

3.1.3 均值

算术平均值（arithmetic mean）简称**均值**（mean），常用于代表分布的中心。某变量样本观测值的均值被称为**样本均值**（sample mean），记作 $\bar{x}$；若在极罕见的情况下获得了总体数据，则可以计算**总体均值**（population mean），记为 μ。这两者都可以简称"均值"。因此，我们需要根据具体情况来判断其指代。

其实，均值的使用有很长的历史。17 ~ 18 世纪的科学家在处理大量天文学数据时，便（习惯性地）通过将数据取算术平均值来消除误差。背后的原理与抛硬币试验中用正面朝上的频率（频数的算术平均值①）近似概率类似，即对同一对象重复测量多次，并将大量观测值取平均后，观测值与真实值间的随机误差将相互抵消，使真实的规律显现出来。

> **均值**
>
> 　　一组数据的均值等于所有数值之和除以数据总量。
>
> 　　**样本均值**：设某变量在样本中有 n 个观测值 x_1，x_2，$\cdots$，x_n，则样本均值 $\bar{x}$ 等于：
>
> $$\bar{x} = \frac{x_1 + x_2 + \cdots + x_n}{n} = \frac{\sum\limits_{i=1}^{n} x_i}{n} \tag{3-3}$$
>
> 　　**总体均值**：设某变量在总体中有 N 个取值 x_1，x_2，$\cdots$，x_N，则总体均值 μ 等于：
>
> $$\mu = \frac{x_1 + x_2 + \cdots + x_N}{N} = \frac{\sum\limits_{i=1}^{N} x_i}{N} \tag{3-4}$$

在实际应用中，样本均值由收集到的样本数据求得，因而是已知的，用于描述样本特征。总体均值则往往是未知的、理论上的值，常需要用样本均值来估计。我们在上一章讨论的期望实际上可视为总体均值，因为期望是对所有可能取值以概率加权后算出的，故描述的是样本的源头，即总体的情况。

均值有以下性质：设 x_1，x_2，$\cdots$，x_n 是一组观测值，若对于每个观测值 x_i（$i = 1$，2，$\cdots$，n）都有：

（1）（改变截距）$y_i = a + x_i$，则 $\bar{y} = a + \bar{x}$；

---

①　正面朝上的频率等于令正面朝上 = 1、背面朝上 = 0 后两种事件频数的算术平均值。概括而言，即 0 - 1 变量中"1"出现的频率，就等于该变量取值的均值。此为伯努利分布（Bernoulli distribution）的性质。

（2）（改变斜率/量纲）$y_i = bx_i$，则 $\bar{y} = b\bar{x}$；

（3）（线性变换）$y_i = a + bx_i$，则 $\bar{y} = a + b\bar{x}$。

均值仅适用于连续变量和 0 - 1 变量（或虚拟变量）。其中，0 - 1 变量的均值就是编码为 1 的类别的比例或频率：设某 0 - 1 变量的数据中有 k 个 1，$(n-k)$ 个 0，其中 1 的比例为 p，则：

$$\bar{x} = \frac{\sum_{i=1}^{n} x_i}{n} = \frac{k}{n} = p \tag{3-5}$$

即样本均值就等于 1 所占的比例，这也是虚拟变量能进入统计模型的主要原因。需要注意的是，0 - 1 变量的 0 和 1 依旧是类别标识，只不过由于其取值的特殊性，在上述运算中我们将 0 视作 0 次成功，1 视作 1 次成功，并按均值公式进行计算，计算结果正是成功的比例，因此对 0 - 1 变量计算均值是有实际意义的。

但若一个二分类变量未按 0 和 1 编码，则按其编码计算的均值就没有实际意义。例如，假设某样本有 40 位女性和 60 位男性，且变量"性别"的编码为：1 = "女性"，2 = "男性"，则按编码求出的均值 $(40 \times 1 + 60 \times 2)/100 = 1.6$ 无任何实在意义。对于这种非 0 - 1 编码的二分类变量，以及其他多分类和定序变量，其取值都只能表示类别，而不能参与均值等运算。若要计算均值，则应将一般二分变量编码成 0 - 1，从而得到 1 对应类别的比例；将多分类变量和定序变量（k 类）分散成 k 个 0 - 1 编码的虚拟变量，并对每一个虚拟变量计算均值，从而得到各类所占的比例。换句话说，多分类变量或定序变量含有几个类别，就相应有几个均值（各编码对应的比例），而绝不能将其编码简单加总再算平均分。

等我们将来讨论回归分析时就会发现，回归的含义即是向均值回归（regression to mean）：估计线性回归模型利用的就是各变量的均值，而分类变量（二分类变量、多分类变量和定序变量）之所以能进入回归方程，正是因为它们可以编码或分散成存在均值的虚拟变量。

【**Stata 操作：均值**】

. summarize *X*

该命令会对变量进行基本的描述性统计，除均值外，还会输出观测值数、标准差、最小值和最大值。

例 3.3 Stata 操作：均值 利用 CHIP 2013，试计算受教育年限（*eduyr*）和性别（*male*）的均值，及自评健康状况（*health*）各类的均值，并对后两个变量的均值做出解读。其中，变量 *male* 的编码为：1 = "男性"，0 = "女性"；*health* 的编码为：1 = "非常好"，2 = "好"，3 = "一般"，4 = "不好"，5 = "非常不好"。[①]

（1）受教育年限 *eduyr* 的均值为：

. summarize *eduyr*

Variable	Obs	Mean	Std. Dev.	Min	Max
eduyr	54480	8.392997	3.911133	0	26

（2）性别 *male* 的均值为：

. summarize *male*

Variable	Obs	Mean	Std. Dev.	Min	Max
male	58948	.5130454	.499834	0	1

male 的均值为 0.513，说明男性（编码为 1）的比例为 0.513。与 *male* 的频数分布表相比，可以发现该均值确实是男性的占比：

. tabulate *male*

是否男性	Freq.	Percent	Cum.
女	28705	48.70	48.70
男	30243	51.30	100.00
Total	58948	100.00	

---

① 此处为健康变量的原始编码。但考虑到受访者的心理期望，此编码方式有待改进，应为"非常不好" = 1，2 = "不好"，3 = "一般"，4 = "好"，"非常好" = 5。

（3）由于 *health* 为定序变量，所以需要先将其离散成 5 个虚拟变量，再计算各虚拟变量的均值，即各类别的比例：

. <u>ta</u>bulate *health*,generate(*H*)

健康状况	Freq.	Percent	Cum.
非常好	17908	30.50	30.50
好	26544	45.21	75.70
一般	10657	18.15	93.85
不好	2946	5.02	98.87
非常不好	663	1.13	100.00
Total	58718	100.00	

. <u>su</u>mmarize *H*1 *H*2 *H*3 *H*4 *H*5

Variable	Obs	Mean	Std. Dev.	Min	Max
H1	58718	.3049831	.4604042	0	1
H2	58718	.452059	.4977006	0	1
H3	58718	.1814946	.3854307	0	1
H4	58718	.050172	.2183016	0	1
H5	58718	.0112913	.1056596	0	1

结合上面两张表可知，各健康水平的均值其实就是该类在样本中的比例。例如，"非常好"（*H*1）的均值为 0.305（见第二张表），而该类在样本中也正占 30.5%（第一张表）。

均值在描述性统计和统计推断中有重要作用。我们常选择均值来代表分布的中心，并作为从样本到总体所推断的关键特征；均值也是线性回归等回归方法的基础。但由于均值缺乏稳健性，因此在使用与之相关的统计手段前，需要检查数据是否存在异常值在内的极端值，并考虑是否需要转换变量等以减轻极端值的影响，在问题难以解决时也要考虑是否需要更换统计方法等。

毋庸置疑，均值的优点是利用了变量的所有数据。但也正因如此，导致均值易受极端值的影响，缺乏**稳健性**（robustness）。也就是说，当存在极端值时（如收入、房价等变量中的极高值），均值不能较好地代表分布的中心，难以反映绝大多数数据的集中趋势。此时，换用中位数会更合适。

若希望集中趋势的测量既保留均值特点又具有稳健性，我们可采用**缩尾均值**（winsorized mean）或**截尾均值**（truncated mean or trimmed mean）。其中，"尾"（tail）是指一个分布中密度相对较低的取值的集合，一般位于分布某侧或两侧的末尾。这两种方法对于极端值的处理有所不同。缩尾均值是将最高和/或最低特定百分比（两个百分比通常相等）或特定数量的值用除它们以外的最高和/或最低值替代，并不会减少观测值的总数量。截尾均值则是将这些最高和/或最低特定百分比或特定数量的数据直接去除，再计算剩余数据的均值。[①] 例如，常见的 5% 截尾均值，表示将数据最高和最低的 5% 部分除去后，中间剩余 90% 数据的均值。再如，在体育竞赛评分时，为使得分不受个别极端评判的影响，常要求去掉一个最高分、去掉一个最低分后，再计算剩余分数的平均值作为最终得分，这也是用到了截尾均值。

3.1.4 中位数与均值

尽管中位数和均值都能代表变量分布的中心，都是描述变量集中趋势的常用指标，但两者还是有明显差异，在实际应用中要加以区分。我们现将中位数与均值比较如下。[②]

第一，信息量。中位数只由中间的取值决定，均值则使用了所有数据，利用了更多的信息。

第二，稳健性。中位数不受极端值的影响，稳健性强；均值则易受极端值的影响，缺乏稳健性。

第三，数学特性。中位数较难进行数学处理，如无法通过对各组的中位数加权来计算整个样本的中位数等；均值则更易进行数学处理，如可以将分组资料中各组均值按各组容量加权后，计算整个样本的均值，样本均值的抽样分布也比中位数的抽样分布在数学上更加简单明确（参见本书第 4 章 "抽

---

① 对应的 Stata 命令：winsor（缩尾均值）或 winsor2（缩尾均值和截尾均值都可实现）。首次使用，请键入 ssc install winsor（或 winsor2）下载。这里对第一个命令简单介绍如下：命令 winsor 是 winsorization（缩尾）的简写，会计算变量的缩尾均值。命令语法为 winsor var,generate(newvar){p(#)|h(#)}[{highonly|lowonly}]。其中，var 是待缩尾的变量名；generate(newvar)：生成缩尾后的新变量；p(#)：在每一尾端需要被更改的观测值的比例；h(#)：在每一尾端需要被更改的观测值的数量；两者只能设其一；highonly 和 lowonly：缩尾只对最高值和最低值进行，两者不能同时出现。

② Blalock Jr, H. M. Social Statistics [M]. New York：McGraw - Hill, 1972：57 - 60.

样分布")。并且，统计学许多重要定理（如大数定律和中心极限定理）都与均值有关，大多数回归分析技术的实质也是向均值回归。

第四，变量的测量层次。中位数的前提是变量的取值能进行排序，故适用于定序和连续变量。其中，定序变量的中位数仅表示类别，连续变量的中位数才具有实际的数量意义。而均值则要求变量的取值能够做加减，因此适用于连续变量或虚拟变量（0－1 变量）。

第五，分布形状视角。[①] 当分布偏态较轻甚至接近对称时，用均值来代表分布的中心位置更好。均值不仅能利用更多信息和易于数学处理，而且研究者在选择均值时还出于以下考虑：我们使用代表集中趋势的统计量，不但要描述样本特征，还希望由此估计和推断总体的集中趋势，而均值相对于中位数的一个优势是均值更加稳定，在不同样本间的变化不大，能更好地估计总体的中心值和集中趋势。这涉及本书第 4 章"抽样分布"的知识，简单来说，我们知道从同一总体中抽出不同样本并分别计算均值，则样本均值之间会有所不同。如果能抽出足够多的样本并得到足够多的样本均值，那么就可以计算出均值在不同样本间的变异程度，均值与中位数相比的优势就在于均值的这一变异程度更小。由于实际中我们往往只能获得一个样本，在估计总体的集中趋势特征时，我们就需要这样一个在样本间不会有大变化的统计量。[②]

当分布偏态严重时，因中位数不受极端值的影响，因而能更好地代表分布的中心位置。在选择集中趋势的统计量时，我们实际上是选择分布的中心值，或一个能代表整组数据的典型数值。由于均值易受极端值影响，当偏态严重时，分布的某侧将存在较多极端值，并将均值拉向该侧，使均值难以代表分布中心及反映数据的集中趋势，如房价、死亡率等数据的分布常偏向极高值一侧（即数据多集中在左侧，而尾线向右侧延伸），此时报告中位数更

---

① 偏态程度是指数据分布非对称的程度。一个偏态分布的形状表现为，峰位于分布的一侧（即多数数据集中在分布的一侧），而尾线向另一侧拉长（该侧存在极端值，且远多于相反的一侧），如对数正态分布就是典型的偏态分布。非对称性越高，偏态越严重。对偏态的具体介绍参见本章 3.5 "分布形状的测量"。

② 因知识点的需要，此处提前借用了本书第 4 章"抽样分布"和第 5 章"参数估计"的概念来说明，即样本均值的标准误小于样本中位数的标准误，因而均值比中位数更有效（efficient）。

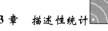

能反映样本的中心水平。

3.1.5　集中趋势统计量述评

根据变量的测量尺度及数据分布，我们将上述统计量的适用范围小结如下（同时参见表 3 – 12）。

（1）连续变量：均值、中位数、众数和四分位数；

（2）定序变量：中位数、四分位数（仅适用于 5 分或 7 分李克特量表的测量）及众数；

（3）定类变量：众数；特殊地，对 0 – 1 变量还可以计算均值。若对一般二分类变量求均值，则应先将其重新编码为 0 – 1 变量，编码为 1 的比例即为均值；若对多分类变量或定序变量（k 类）求均值，则应将其离散成 k 个虚拟变量，再计算各虚拟变量的均值，即虚拟变量对应类别在样本中的比例。

其中，对集中趋势的测量需要考虑数据的具体情况。

（1）均值的优点在于利用了数据的所有信息，且容易进行数学处理和推断总体均值，应用最广。但缺点是易受极端值的影响，不宜在分布偏态较严重时使用。

（2）中位数不像均值那样容易受极端值的影响，即使在严重偏态时也能代表变量分布的中心。但中位数的缺点是它并未完全利用数据的所有信息，较难进行数学处理，且在样本间的变异比均值更大，不易进行统计推断。

（3）众数也不易受极端值影响，但具有一定缺陷，相比于均值和中位数，众数的应用较少。

例如，在某些地区，家庭的住房面积可能存在严重的差异。一部分家庭居住在相当宽敞的别墅或公寓，人均住房 200 平方米，但另一部分家庭却蜗居在小平房里，人均不到 2 平方米。若使用平均住房面积来代表这个地区的住房状况，可能会错误地认为整个地区家庭的住房面积都很大，但实际情况并非如此。在这种情况下，更合适的做法是采用较为稳健的中位数指标，来避免极端值对统计结果的影响，从而更准确地描述变量分布的中心趋势，并更真实地反映大多数家庭的住房面积情况。换句话说，平均值会受到极端值的拉扯，从而无法准确地代表该地区家庭的整体住房面积情况；中位数则将住房面积按照数值大小排列后，利用位于中间位置的数值来体现数据的中心趋势，从而避免了极端值的影响。因此，中位数更能够反映出该地区家庭的真实住房面积情况，而不会被极少数人的高住房面积所左右。

当然，当变量中出现异常值等极端数据时，我们也不一定要用中位数来测量集中趋势。若能证明这些异常值并非来自总体，且并不反映总体的水平，则可将该异常值果断删除，再计算其均值（如计算截尾均值），就能较好地代表变量分布的中心。这也是世界体操锦标赛的评分的规则中，需去掉一个最高分、去掉一个最低分再计算最后得分的考虑之一。

3.2   离散程度的测量

众值、中位值和均值等集中值都反映了资料的集中特征，但仅用集中趋势来比较资料是不够的，还需要考虑资料与集中值的分散特征，即**离散程度**（dispersion）。在分布的形状上，离散程度反映为概率密度曲线的"胖瘦"，即越"胖"，离散程度就越大，反之则相反。相同均值、不同离散程度的分布比较如图 3 - 2 所示。

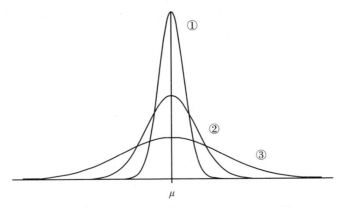

图 3 - 2   相同均值、不同离散程度的分布比较

3.2.1 方差与标准差

当我们选择了以均值为分布的中心值，就需要一个反映各取值整体上偏离均值程度的统计量作为离散程度的测量。对单个取值来说，一般可以用**离差**来测量其与均值的偏离程度，即 $x_i - \bar{x}$ （$i = 1, 2, \cdots, n$）。在此基础上，我们可以构造一系列测量离散趋势的统计量。

一个直观的构造是对离差程度的测量，顾名思义，我们可以直接计算离差的算术平均值。即：

$$d = \frac{(x_1 - \bar{x}) + (x_2 - \bar{x}) + \cdots (x_n - \bar{x})}{n}$$

$$= \frac{\sum_{i=1}^{n} (x_i - \bar{x})}{n} \tag{3-6}$$

但显然，离差间会互相抵消，使离差之和为 0，即：

$$\sum_{i=1}^{n} (x_i - \bar{x}) = 0 \tag{3-7}$$

此时，d 也就恒为 0。这提示我们应对离差进行一定处理，保证其为正数后再进行求和运算。

另一个直观的构造是由于测量离散程度实质是在计算距离，因此我们可以计算离差的绝对值并取平均，即：

$$MD = \frac{\sum_{i=1}^{n} |x_i - \bar{x}|}{n} \tag{3-8}$$

式（3-8）被称为**平均差**（mean deviation）或**平均绝对离差**（mean absolute deviation），衡量的是观测值与均值之间的平均距离。虽然该统计量意义清楚，避免了离差和为 0，但绝对值不便从数学上进行处理，较难发展出相应的统计理论，也不能较好地描述统计学中十分重要且应用广泛的正态分布的离散程度，因此使用较少。[①]

在此基础上，我们试行第三种构造对离差进行平方，即使用离差平方的均值：

$$\frac{\sum_{i=1}^{n} (x_i - \bar{x})^2}{n} \qquad (3-9)$$

虽然除以 n 是十分自然的做法，但该公式只能测量总体的离散程度，而在测量样本的离散程度时，需要将分母变成 $n-1$，以使该测量能最好地估计总体离散程度。这种构造称为**方差**（variance），其算术平方根称为**标准差**（standard deviation）。其中，总体标准差通常无法直接得到，一般需要用样本标准差来估计。方差和标准差是我们最常用的对离散程度的测量，适用于 $0-1$ 变量和连续变量。

方差和标准差

一组数据的**方差**（variance）是各取值与均值间离差平方的平均值。

（1）样本方差（sample variance）：

$$S^2 = \frac{\sum_{i=1}^{n} (x_i - \bar{x})^2}{n-1} \qquad (3-10)$$

其中，$n-1$ 称为样本方差的自由度（degree of freedom，df）。

[①] 当然，数学处理的灵活性和简便性虽然是统计量选择的考虑因素之一，但不应是首要因素。除数学性质较复杂外，平均差（基于离差的绝对值）相对于标准差（基于离差的平方）应用较少的主要原因其实与统计学的历史有关。在本书第 5 章"参数估计"中，我们会学到："有效性"（efficiency）是优良估计量的标准之一。统计学家罗纳德·费希尔（Ronald Fisher，1920）指出，当样本数据来自正态总体时，样本标准差比平均差更有效（efficient），即标准差这一统计量在不同样本间的波动更小，由不同样本计算出的标准差会更相近。自此，标准差便更受统计学界青睐。同时，因为离差平方更便于数学处理（如进行微分等），诸多统计学理论都以它为基础发展起来，使用标准差也逐渐成为统计学的一个传统。但 Fisher 的论据其实是基于理想化的假定，而现实中很少有数据来自完全正态的总体，对于后一情况平均差反而会更有效，因此对标准差的使用偏好也受到了质疑。参见 Fisher, R. A. A mathematical examination of the methods of determining the accuracy of an observation etc monthly notices roy [J]. Monthly Notices of the Royal Astronomical Society, 1920, 80：758 – 770. 对两个统计量的比较参见 Gorard, S. Revisiting a 90 – year – old Debate：The Advantages of The Mean Deviation [J]. British Journal of Educational Studies, 2005, 53（4）：417 – 430.

（2）总体方差（population variance）：

$$\sigma^2 = \frac{\sum_{i=1}^{N}(x_i - \mu)^2}{N} \tag{3-11}$$

标准差（standard deviation）等于方差的算术平方根。

（1）样本标准差（sample standard deviation）：

$$S = \sqrt{\frac{\sum_{i=1}^{n}(x_i - \bar{x})^2}{n-1}} \tag{3-12}$$

（2）总体标准差（population standard deviation）：

$$\sigma = \sqrt{\frac{\sum_{i=1}^{N}(x_i - \mu)^2}{N}} \tag{3-13}$$

方差公式还可以转换为以下形式，常在推导和手算时使用。

样本方差：

$$S^2 = \frac{\sum_{i=1}^{n}x_i^2 - n\bar{x}^2}{n-1} \tag{3-14}$$

总体方差：

$$\sigma^2 = \frac{1}{N}\sum_{i=1}^{N}x_i^2 - \bar{x}^2 \tag{3-15}$$

与均值一样，我们也可以用 Stata 命令"summarize X"获得标准差。

对比第一、第二种构造可知，方差/标准差既能避免离差间相互抵消，又因为分子是平方和而具有较好的数学性质，便于数学处理（如微分）和统计分析，同时也是对正态分布的离散程度十分自然的测量，能很好地描述其离散趋势，因正态分布的重要性而广泛使用。此外，该构造的优点还在于，在观测值关于所有数值的离差平方和中，关于均值的离差平方和最小，因此方差/标准差凸显了以均值为中心来测量数据的变异程度。

对于方差/标准差的构造和使用，还有几点需要阐明。

（1）既然方差/标准差是离差平方的均值，为何总体方差的分母是 N，而样本方差的分母是 $n-1$？

若已知总体数据，则说明已知所有可能的数据，很自然地可以直接对离差平方取算术平均，得到总体方差。计算样本方差时除以 $n-1$，则与统计推断有关：样本方差的作用除测量样本离散程度外，还在于估计总体方差，而只有除以 $n-1$ 而非 n 才能最好地估计总体方差。我们通常可以从以下三种视角来理解。

第一，一般而言，一个随机样本包含的极端值较少，因此我们对离差平方和除以 $n-1$，以使 S^2 比除以 n 时稍大。但因为总体数据包含了所有极端值，所以无须调整总体方差的分母，直接将离差平方和除以 N 取算术平均即可。

第二，除以 $n-1$ 还因为 $n-1$ 而非 n 才是样本方差的**自由度**（degree of freedom）。自由度可以理解为方程组中能自由取值的未知量的个数，一般等于未知变量的个数减去方程数。我们知道，求解 n 个未知量需要 n 个方程，但若 n 个未知量只有 1 个方程，则需要令其中 $n-1$ 个未知量任意取值，剩下那 1 个未知量的值也就相应决定了，故自由度为 $n-1$。

例如，若用一个方程去解三个未知量 x，y，z，如：

$$x + y + z = 5 \qquad (3-16)$$

则无法得到 x，y，z 的唯一解；只能让其中两个（比如 x 和 y）取任意值，并由它们来确定剩下那个未知量（z）的值，等于 $z = 5 - x - y$。此时能自由变动的变量只有两个，因此自由度为 2（$= 3 - 1$）。

同理，离差 $x_i - \bar{x}$ 也必须满足线性约束条件：

$$\sum_{i=1}^{n} (x_i - \bar{x}) = (x_1 - \bar{x}) + (x_2 - \bar{x}) + \cdots + (x_n - \bar{x}) = 0 \qquad (3-17)$$

记 $z_i = x_i - \bar{x}$，则：

$$z_1 + z_2 + \cdots + z_n = 0 \qquad (3-18)$$

此时，我们有 n 个未知量和 1 个方程。与式（3-16）类似，我们不可能解出所有 z_i，而只能将其中一个 z_i 用其他未知量表示，如 $z_n = -(z_1 + z_2 + \cdots + z_{n-1})$。那么一旦我们知道前 $n-1$ 个 z_i，z_n 的值就由它们确定了。因为只有 $n-1$ 个离差可以自由变化，所以自由度为 $n-1$，在对离差平方和做平均时也

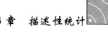

就需要除以 $n-1$。这一样本方差可以理解为每个独立信息对样本数据所含总信息——离差平方和的平均贡献。[①]

第三，从统计量优良性来讲，选用式（3-14）是因为分母为 $n-1$ 的样本方差才是总体方差的无偏估计量（unbiased estimator）（具体讨论和证明参见本书第 5 章 "参数估计"），能够更好地估计总体方差。除以 n 则会使总体方差的估计存在一定偏差。

（2）在实际应用中，方差与标准差哪一个更常用？

一般来说，标准差在实际应用中更为常用。这是因为标准差的单位与数据的单位相同（如 "元"），而方差的单位是变量单位的平方（如 "元平方"），显然标准差更有实际意义。此外，标准差也与均值的单位相同，能更好地与均值相结合来描述分布的特征。例如，标准差常用来度量变量测量的不确定性或精确度，还可以度量投资回报的风险。

简单来说，标准差 S 具有以下性质。

第一，标准差 S 为非负数（是方差的正平方根）。S 越小，说明观察值整体上越集中于均值，离散程度越小，反之就越分散。

第二，标准差 S 与测量变量具有相同的单位。

第三，若对于任意 $i=1$，2，$\cdots$，n，$y_i = a + bx_i$，则 $S_y = bS_x$。其中，若 $y_i = a + x_i$，则 $S_y = S_x$；若 $y_i = bx_i$，则 $S_y = bS_x$。事实上，均值也有相同的性质。

第四，标准差虽然有许多优点和良好性质，但它与均值一样，容易受到极端值的影响，缺乏一定的稳健性。

我们知道，标准差常与均值一起来共同刻画变量的分布，因为若选择均值来度量变量取值的 "中心"，则标准差是关于均值的离散程度的最佳测量（关于均值的标准差小于到其他任何一个点的标准差）。除描述集中和离散趋势外，将这两者组合还能判断多数观测值所在的范围。例如，我们曾在本书第 2 章 "变量测量与概率分布" 中讨论过，一个正态变量在均值左右特定标准差内有如图 3-3 所示的概率分布。此外，根据切比雪夫定理（Chebyshev's Theo-

---

① 林泽民. 统计课从没搞清楚的事：自由度为什么是 N-1？[EB/OL]. https：//mp. weixin. qq. com/s/fuD1rIOzEFS63sxgokTs7g. 检索日期：2018-12-25.

rem）还可以得到关于更一般分布的结论。①

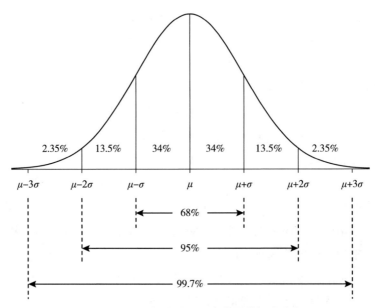

图 3 − 3   不同标准差下正态变量的概率分布

由图 3 − 3 可知，对于正态或接近正态的变量，几乎所有数据都位于均值
左右 3 个标准差内。因此，在分布正态或接近正态的前提下，落在均值左右
3 个标准差外的数值可以定义为异常值。但由于实际数据常常偏离正态分
布，且均值和标准差都易受极端值的影响，这一判断标准的适用性有限。
在此后的内容中，我们还会讨论另一种更为稳健的用箱丝图识别异常值的
方法。

---

① 根据切比雪夫定理（Chebyshev's Theorem），若一个变量 X 的期望 $E(X) = \mu$ 和方差 $Var(X) =$
σ^2 存在，则对于任意常数 k，至少有 $1 - \dfrac{1}{k^2}$ 的数据落于 μ 左右 k 个标准差内。据此，至少有 75% 的数
据落于 $(\mu - 2\sigma, \ \mu + 2\sigma)$，至少有 88.89% 的数据落于 $(\mu - 3\sigma, \ \mu + 3\sigma)$，至少 93.75% 的数据落于
$(\mu - 4\sigma, \ \mu + 4\sigma)$。对切比雪夫定理的讨论参见本书第 4 章"抽样分布"。

3.2.2 极差、四分位距和箱丝图

3.2.2.1 极差

极差（range），又称**游程**，测量的是变量最大取值与最小取值间的距离，即 $X_{max} - X_{min}$，反映的是变量取值分布的变异（variation）范围和离散幅度。极差通常仅适用于连续变量（和计数变量），有时也可用于定序变量[①]，但不能用于分类变量。

用极差测量离散程度的优点是含义直观、计算简单、运用方便。但缺点也十分明显，即极差是两个极值之差，极容易受极端值影响，非常不稳定；极差通常随样本量的增大而增大，因而难以比较不同容量的样本的极差；极差仅利用了两个极值的信息，而未描述最小值和最大值之间的数据是如何分布的，无法反映其间数据的离散程度。

3.2.2.2 四分位距

与极差相比，同样表示距离但更稳健的测量是四分位距。但在具体讨论四分位距之前，我们必须要先熟悉两个基础概念：百分位数与四分位数。

（1）百分位数。一个分布的**第 p 百分位数**（percentile）是指累积百分比为 $p\%$ 的数值，即有 $p\%$ 的数据小于或等于它，百分位数有时也叫**分位数**（quantile）。例如，百分位数常用于分数的汇报，若一学生的分数为第 90 百分数，则意味着其分数大于或等于90%考生的成绩。百分位数（包括下面介绍的四分位数）适用于连续变量，偶尔也用于定序变量。

显然，中位数就是第 50 百分位数。正如在计算对数据两等分的中位数时需要考虑观测值总数 n 的奇偶性，在计算百分位数时是将数据 100 等分，因

---

① 虽然我们之前强调定序变量的取值不能进行加减运算，但这只是就相邻取值间的间隔在实际意义上并不相等，因而并不能用取值进行运算而言。若用极差来测量定序变量的离散程度，则我们并不用此最大值和最小值之差进行运算，而只是用极差表示最高次序和最低次序之间相隔的等级数量，并不具有严格的数学意义。只有能完全证明相邻取值间的间隔时，定序变量才能进行数学意义上的加减运算。

而需要考虑 $n \cdot \dfrac{p}{100}$ 是否为整数，即所有 n 个观测值中是否正好有 $p\%$ 小于或等于某观测值。若没有，则应取最近似满足这一条件的值作为分位数。基于这种考虑，统计学上发展出了多种百分位数的计算方法，结果都较相近，下面仅讨论其中一种。

百分位数

（1）将数列按升序排列，记各取值为 x_j $(j = 1, 2, \cdots, n)$；

（2）算出 $n \cdot \dfrac{p}{100}$，记 k 为大于 $np/100$ 的最小整数；

（3）若 $np/100$ 为整数，则第 p 百分位数 $x_{[p]}$ 等于第 $np/100$ 位和第 $(np/100 + 1)$ 位观测值的平均值；若 $np/100$ 不是整数，则 $x_{[p]}$ 是第 k 位观测值。即：

$$x_{[p]} = \begin{cases} \dfrac{x_{np/100} + x_{np/100+1}}{2}, & np/100 \text{ 为整数} \\ x_k, & \text{其他} \end{cases} \qquad (3-19)$$

上述计算方法可简单图示如图 3-4 所示。

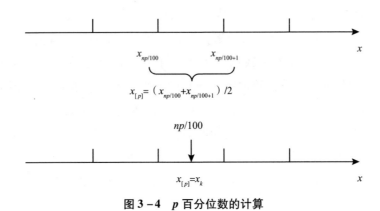

图 3-4　p 百分位数的计算

该百分位数计算方法与中位数的计算方法类似，两者都在 $np/100$（或 $n/2$）为整数时取相邻观测值的平均值，而在不是整数时取更高整数位的观测值。例如，当 $np/100$ 为整数时，$\dfrac{x_{np/100}+x_{np/100+1}}{2}$ 刚好使 $p\%$ 的观测值（x_1，x_2，$\cdots$，$x_{np/100}$）小于它，而 $(100-p)\%$ 的观测值（$x_{np/100+1}$，$x_{np/100+2}$，$\cdots$，x_n）大于它，因而是第 p 百分位数。实际上，用式（3-19）求中位数的方法与 3.1.2 节"中位数"的计算方法一致。Stata 即采用这种方法计算百分位数（包括我们将要讨论的四分位数）。[①]

（2）四分位数。百分位数中，最常用的是将数据四等分的**四分位数**（quartile，Q），即 Q_1（第 25 百分数）、Q_2（第 50 百分数）与 Q_3（第 75 百分数）。

对百分位数的计算可同样参照式（3-19）进行。当然也可采用其他计算方法，其中下述步骤更简单也较常用，只需我们找到 3 个中位数即可。

第一，将数据从小到大排列，并按此章 3.1.2 节"中位数"中的方法找到中位数，即第二个四分位数 Q_2；

第二，Q_2 位置以左的观测值（不含 Q_2）的中位数为第一个四分位数 Q_1；

第三，Q_2 位置以右的观测值（不含 Q_2）的中位数为第三个四分位数 Q_3。

例 3.4 四分位数计算 分别用上述两种方法计算以下数列（如表 3-1 所示）的四分位数：（1）1，3，4，6，7；（2）1，3，4，6，7，10；（3）1，3，4，6，7，10，12。

表 3-1 两种方法的四分位数计算结果

四分位数	方法一（根据式（3-19））		方法二
	$np/100$	计算结果	
（1）数列 1，3，4，6，7（$n=5$）			
Q_1	$5\times0.25=1.25$	$Q_1=x_2=3$	2
Q_2	$5\times0.5=2.5$	$Q_2=x_3=4$	4
Q_3	$5\times0.75=3.75$	$Q_3=x_4=6$	6.5

---

① 参见 Stata 手册［D］中命令 `pctile` 的"Methods and formulas"部分。可键入 `help pc-tile`，在 `pctile` 的帮助文档里点击 Title 处的 Stata 手册链接进入。

续表

四分位数	方法一（根据式（3-19））		方法二
	$np/100$	计算结果	
（2）数列 1，3，4，6，7，10（$n=6$）			
Q_1	$6 \times 0.25 = 1.5$	$Q_1 = x_2 = 3$	3
Q_2	$6 \times 0.5 = 3$	$Q_2 = (x_3 + x_4)/2 = 5$	$(4+6)/2 = 5$
Q_3	$6 \times 0.75 = 4.5$	$Q_3 = x_5 = 7$	7
（3）数列 1，3，4，6，7，10，12（$n=7$）			
Q_1	$7 \times 0.25 = 1.75$	$Q_1 = x_2 = 3$	3
Q_2	$7 \times 0.5 = 3.5$	$Q_2 = x_4 = 6$	6
Q_3	$7 \times 0.75 = 5.25$	$Q_3 = x_6 = 10$	10

这两种方法的中位数结果都相同，第一和第三四分位数结果则在 n 为偶数和 $n = 4k+3$（k 为非负整数）时相同，而仅在 $n = 4k+1$ 时不同。

【**Stata 操作：四分位数**】

Stata 采用式（3-19）计算四分位数在内的百分位数。求得四分位数的命令有：

（1）.summarize *var list*,detail

该命令会对变量进行详细的描述性统计，输出主要百分位数、最小值、最大值、观测值数、均值、标准差、偏度和峰度等。

（2）.univar *var list*[1]

该命令更为简洁，仅输出基本的统计量，包括观测值数、均值、标准差、四分位数、最小值和最大值。

例 3.5 Stata 操作：四分位数 试用 Stata 求全国考生高考分数（*gkscore*）的四分位数。

.summarize *gkscore*,detail

---

[1] univar 为"univariate"的缩写。首次使用该命令时，需先输入 .findit univar 来搜索并安装该命令。

高考分数

	Percentiles	Smallest		
1%	132	0		
5%	240	0		
10%	299	1	Obs	6182
25%	370	1	Sum of Wgt.	6182
50%	450		Mean	434.578
		Largest	Std. Dev.	108.1178
75%	510	712		
90%	562	730	Variance	11689.45
95%	587	750	Skewness	-.6507012
99%	636	750	Kurtosis	3.736782

或键入：

```
.findit univar    /*搜索并安装命令 univar;若已安装,请忽略*/
.univar gkscore
```

				-------------- Quantiles --------------				
Variable	n	Mean	S.D.	Min	.25	Mdn	.75	Max
gkscore	6182	434.58	108.12	0.00	370.00	450.00	510.00	750.00

由上面两表可知，全国考生高考分数的下四分位数为 370 分，中位数为 450 分，上四分位数为 510 分，说明分别有 25%、50% 和 75% 的考生高考分数不超过 370 分、450 分和 510 分，且 50% 考生的高考分数都集中在 370～510 分。

在数据分析的实践中，我们有时会用单个四分位数来测量集中趋势，其优点在于它仅与变量在 1/4、1/2 和 3/4 位置的取值有关，不受极端值的影响，稳健性较强。尤其在数据包含极端值时，适合于刻画分布的集中趋势。

此外，四分位数最常见的应用是两两或多个组合起来以描述数据的离散趋势。例如，我们通常用 Q_3 减去 Q_1 得到**四分位距**（Inter Quartile Range，IQR）来反映分布中间 50% 的离散程度。四分位距的定义如下。

四分位距

　　四分位距（interquartile range，IQR）等于上四分位数与下四分位数之差，即

$$IQR = Q_3 - Q_1 \tag{3-20}$$

四分位距反映的是中间 50% 数据的离散程度，不会受极端值的影响，比方差、标准差和极差等统计量更为稳健。四分位距适用于连续变量；对于定序变量，一般也可以用四分位距来测量离散程度。四分位距的一半称为**四分位差**（quartile deviation，QD），即 $QD = (Q_3 - Q_1)/2$。

更一般地，我们还常将感兴趣的百分位数组合起来观察，以反映分布的离散程度。例如，除四分位距外，还常结合第 10 和第 90 百分数等来描述分布的离散趋势，且此方式同样不易受极端值影响。具体选择哪些分位数需要我们根据数据和研究目的等自主决定。

例 3.6 极差和四分位距 假设 21 名学生的托福（TOEFL）成绩如表 3-2 所示，试计算该组成绩的极差、四分位数、四分位距和四分位差。

表 3-2   **21 名学生的托福成绩**

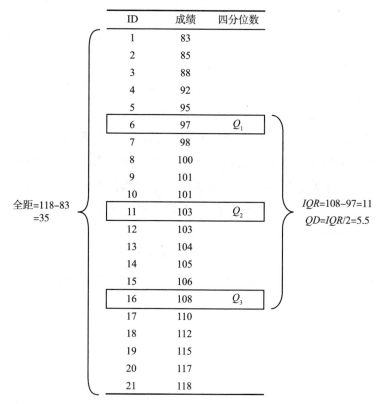

通过简单计算可得，极差等于 $118 - 83 = 35$。根据式（3 – 19）可以求出四分位数分别为 $Q_1 = 97$，$Q_2 = 103$，$Q_3 = 108$，因此，四分位距 $IQR = 108 - 97 = 11$，四分位差 $QD = 11/2 = 5.5$。

3.2.2.3　五数概括和箱丝图（box plot）

极差和四分位距固然有其优势，但单个统计量所反映的信息总是有限的，无法描述整个分布的离散程度。为此，我们可以使用**五数概括**（the five-number summary），将最小值、四分位数和最大值结合起来呈现整个数据的分布。

五数概括

　　五数概括（five-number summary）由以下统计量按从小到大顺序排列组成，即：

　　最小值，Q_1，中位数，Q_3，最大值

在这 5 个统计量中，Q_1、中位数和 Q_3 都可以测量集中趋势，其中，中位数代表分布的中心。同时还可以用 $(Q_3 - Q_1)$、（最大值 – 最小值）求出四分位距和极差来测量分布的离散程度，其中四分位距反映数据中间 50% 的离散程度，极差反映数据的变异范围。此外，通过比较 $|$最小值 $- M|$ 与 $|$最大值 $- M|$、$|Q_1 - M|$ 与 $|Q_3 - M|$、$|$最小值 $- Q_1|$ 与 $|$最大值 $- Q_3|$ 还可以初步判断分布的形状是对称还是偏态。若这三组中每组的第一项都大于第二项，说明分布向左偏；若第二项大于第一项，则说明分布向右偏；若两项几乎相等，则说明分布对称。

基于五数概括，我们就可以直接绘制一个重要的统计图——**箱丝图**或称**箱线图**（box plot），具体如图 3 – 5 所示。此图综合了最小值、最大值、四分位数、四分位距、极差和异常值等指标，能直观形象地展示连续变量的分布，包括离散程度、集中趋势和偏态等。

箱丝图有多种形式，但都大同小异。共同点在于：箱体部分都由 Q_1、中位数和 Q_3 组成，箱体长度都等于四分位距 IQR，从 Q_1 和 Q_3 分别向外延伸一条线段，称为**箱须**（whisker），部分图也会标出均值的位置。不同点在于两条箱须最外端代表的值，两种常见的定义如下：

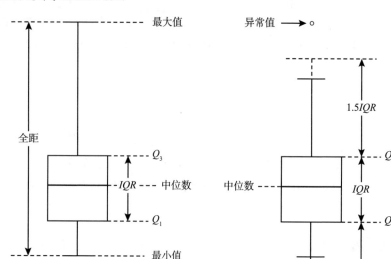

（a）定义一　　　　　　　　　　（b）定义二

图 3 – 5　箱丝图示意图

（1）下端为最小值，上端为最大值，其间的距离为极差，如图 3 – 5（a）所示；

（2）以（$Q_1 - 1.5IQR$）和（$Q_3 + 1.5IQR$）为限，在限制线内且最接近界限的观测值分别为下端和上端，在这两条界限外的为**异常值**（outlier），即与分布的整体趋势不符的观测值，如图 3 – 5（b）所示。Stata 便采用这种定义。

具体而言，异常值在箱丝图中定义如下：

（1）若 $x < Q_1 - 1.5IQR$ 或 $x > Q_3 + 1.5IQR$，称 x 为异常值；

（2）若 $x < Q_1 - 3IQR$ 或 $x > Q_3 + 3IQR$，则称 x 为**极端异常值**（extreme outlier）。

　　由大量经验而得的标准是在上、下四分位数 1.5 倍 *IQR* 之外来定义异常值,[①] 一般不调整成其他倍数。这种判断方法的优点在于利用了四分位距,稳健性较强,不易受极端值的影响。但该定义只是一个在大致经验上的定义,且对样本量较敏感,即异常值倾向于随样本量的增大而变多。在高级统计学中,我们还会学到异常值更严格的测量、判断和处理方法。

　　箱丝图的主要作用是:(1)展示数据的分布和离散程度,且基于四分位数的箱体部分不易受异常值影响,通过四分位数,箱丝图也一定程度上可以反映集中趋势;(2)通过比较箱丝图各部分的距离,可以初步判断数据的分布是对称或偏态;(3)第二种定义下的箱丝图还有助于发现异常值;(4)除展示单变量的分布外,箱丝图对比较不同数据的分布也十分有用。

　　在实际研究中,我们经常在描述性统计分析中用到箱丝图,主要来回答如下问题:某一变量的数据分布如何?变量取值的集中趋势与离散趋势是什么?离散程度的变异范围有多大?变量取值是否存在异常值?变量分组的差异(如收入的性别差异)是什么?现在让我们举例说明如下。

　　例 3.7　箱丝图　假设某箱丝图如图 3-6 所示。

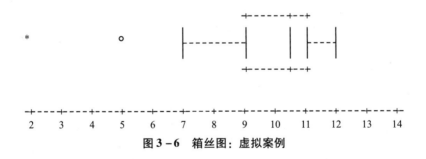

图 3-6　箱丝图:虚拟案例

由该图可知:

(1)最小值为 2,最大值为 12,极差为 $12 - 2 = 10$;

(2)该数据的四分位数分别为:$Q_1 = 9$,中位数或 $Q_2 = 10.5$,$Q_3 = 11$;

　　① Tukey, J. W. Exploratory Data Analysis. Reading [M]. MA:Addison - Wesley, 1977;Frigge, M., Hoaglin, D. C. & Iglewicz, B. Some implementations of the boxplot [J]. American Statistician, 1989, 43 (1):50 - 54.

（3）四分位距 $IQR = 11 - 9 = 2$，四分位差 $QD = (11 - 9)/2 = 1$；

（4）限制线分别为：$9 - 1.5 \times 2 = 6$，$11 + 1.5 \times 2 = 14$。大于且最接近左限制线的观测值为 7，小于且最接近右限制线的观测值为 12，分别是箱须的下端和上端。超出这两条限制线的两个观测值 2 和 5，为异常值。其中，因为 $2 < (9 - 3 \times 2) = 3$，所以 2 是极端异常值。

【Stata 操作：五数概括、四分位距和极差】

（1）五数概括：`.univar` *varlist*

（2）五数概括、四分位距和极差：`.tabstat` *varlist*,`statistics(min p25 median p75 max iqr range)`。`tabstat` 命令还提供了很多其他统计量，读者可灵活使用。

【Stata 操作：箱丝图】

（纵向）箱丝图对应的 Stata 命令如表 3-3 所示。

表 3-3   Stata 命令：箱丝图 graph box

命令	描述
graph box *varlist*	绘制 *varlist*（一个或更多变量）的箱丝图
graph box *varlist*, over (*X1*)[over(*X2*)over(*X3*)]	按 *X1* 分组，绘制 *varlist* 的箱丝图。当 *varlist* 只有一个变量时，分组可以多达三次，加上选项 over(*X2*)over(*X3*) 即可；但当 *varlist* 有多个变量时，最多只能分组两次

若想绘制横向箱丝图，将 graph box 改成 graph hbox 即可。

例 3.8   Stata 操作：箱丝图   绘制 CHIP 2013 中全国考生高考分数（*gkscore*）的箱丝图，并进行城乡之间的比较，试作初步解读。

对高考分数绘制箱丝图，键入：[①]

---

① 若变量存在极高的异常值，则箱丝图会较为扁平，建议先利用 Stata 命令 winsor 来处理异常值。我们可以键入：

`.winsor` *gkscore*,gen(*Wgkscore*)p(0.01)/* 对高考分数的上 1% 进行缩尾,并生成新变量 Wgkscore */

`.graph box` *Wgkscore*/* 对此缩尾后的高考分数变量作箱丝图 */

`.graph box `*`gkscore`*

高考分数的箱丝图如图3-7所示。从图中可以发现，高考分数的分布较为离散，且局部的离散程度不一：箱丝图从最小值 0 到最大值 750 的极差很大，说明数据的变异范围很大。尤其是箱体的高度（四分位距）很短，说明中间 50% 的数据十分集中；但 Q_3 之上的箱须较短，顶部的异常点也不多，说明在最高 25% 的高考分数内，分数相对集中，且异常值较少。

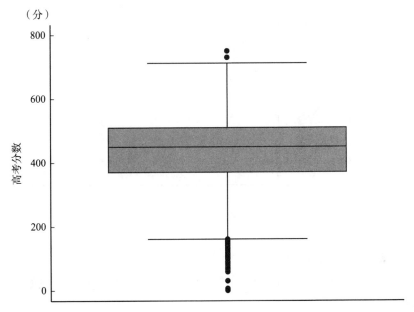

图3-7　箱丝图：高考分数

就分布形状而言，因为中位数之上每一段的间距都小于中位数之下对应的间距，即 |最大值-M| < |最小值-M|、|Q_3-M| < |Q_1-M|、|最大值-Q_3| < |最小值-Q_1|，所以高考分数相对集中在中高水平，而尾线向低分数段拉长，即分布形状呈负偏态（左偏态）。

箱丝图除用于展现变量的分布、集中与离散程度、分布形状外，还可以进行连续变量的组间比较，以观察和探索连续因变量与分类自变量之间的关系。例如，我们可用箱丝图比较高考分数的城乡差异：

.graph box *gkscore*,over(*urban*,sort(1))/*用箱丝图比较高考分数的城乡差异 * /

高考分数的城乡差异箱丝图如图 3 - 8 所示。

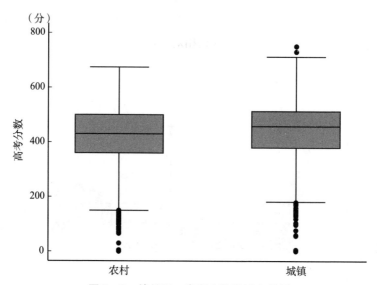

图 3 - 8   箱丝图：高考分数的城乡差异

根据图 3 - 8，我们可以初步得到以下结论。

（1）高考分数存在一定的城乡差异，且城镇考生的平均高考分数高于农村考生。

（2）农村考生高考分数箱丝图的箱体和箱须上端比城镇考生低，且最上方的异常值只出现在城镇考生中，说明农村考生高考分数的四分位数低于城镇考生，且顶尖考分明显比城镇考生少。因此，农村考生的高考分数在整体上比城镇考生低。

（3）从最大值到最小值，农村高考分数的箱丝图更短，且农村考生高考分数的下方异常点更为密集。因此，农村考生的高考分数在整体上比城镇考生更为集中。

（4）城镇考生高考分数的箱丝图上方异常点明显高于农村考生，说明在城镇考生中有远超他人的超高分数者。农村考生箱丝图中位数以上的部分略短于中位数以下的部分，说明农村考生的高考分数为轻微负偏态（左偏态）；城镇考生箱丝图中位数以上的部分明显短于中位数以下的部分，说明城镇考生的高考分数分布呈明显负偏态（左偏态）。

与其他描述性统计图相比，箱丝图进行组间比较的优势十分明显。例如，尽管我们也能从下文图 3－12 的直方图中大致看出两组的差异，即城镇考生高考分数的分布比农村考生更向左偏（城镇考生中高分数的比例更大），但凭肉眼难以比较两个分布的中位数、上下四分位数、离散程度和异常值等关键特征。箱丝图则对数据进行了初步加工，为我们提供了更为详细直观的信息，是进行组间比较的一个有效工具。

当我们利用箱丝图发现了异常值，通常会采用两种处理策略，即保留或剔除。若样本量较大，且数据基本符合正态分布或对称分布时，异常值的影响不大，可以予以保留。若在回归分析中，则可以采用稳健标准误的算法。若样本量较小且数据呈现非正态分布时，更不建议直接删除异常值，而是建议进行变量的适当转换，如取对数等，并建议采用 Fisher 精确估计法进行相应的处理。当然，我们通常不建议直接剔除异常值，而是建议检查异常值出现的原因。若发现错误的数据（如输入错误等），则可以进行修正；若无修正的必要，才可以予以剔除。事实上，若一个离群点是真实存在的，它可以帮助我们更加了解数据的异常所在。简单来说，当我们准确了解数据分布及测量误差的分布，并发现部分异常值没有修正的必要，才可以考虑剔除它们。常用剔除异常值的方法为截除/修剪（truncation/trimming）或缩尾（winsorizing/winsorization）。[1] 当然，在回归分析中还有其他更为复杂的方法，我们到时再具体讨论（参见本书姊妹篇《从线性回归到因果推断》及《进阶回归及 Stata 应用》）。

3.2.3　变异系数

比较两个变量的离散程度或某变量在两个样本（或总体）中的离散程度

① Fox, J. Applied Regression Analysis, Linear Models, and Related Methods [M]. Thousand Oaks, California: Sage, 1997: 285－286.

时，一般不能通过直接比较两组数据标准差的大小来判断。这是因为：第一，同一个标准差对于不同的均值来说（如 $S=1$ 相对于 $\bar{x}=10$ 和 $\bar{y}=1000$）有完全不同的含义，故比较两组数据的离散程度时，需要对标准差以均值为基础进行标准化。第二，均值较大的数据，标准差通常也较大，故在用标准差比较离散程度时需要以各自的均值为基准。第三，标准差有单位，且与变量的单位相同。因此，对于两组单位不同的数据（如"角"和"元"，或"年"和"元"），其标准差的量纲也不同，从而无法比较数据的离散程度。基于上述考虑，在用标准差比较数据的离散程度时，需要将标准差除以均值，即使用**变异系数**（coefficient of variation，CV）来比较。这是一种把不同数据平均水平的差异考虑进来并消除标准差量纲的统计指标。

变异系数

　　变异系数（coefficient of variation，CV）等于标准差除以均值再乘以 100%。

　　样本变异系数：

$$CV = \frac{S}{\bar{X}} \cdot 100\%　　　　　　(3-21)$$

　　总体变异系数：

$$CV = \frac{\sigma}{\mu} \cdot 100\%　　　　　　(3-22)$$

　　变异系数将标准差表示为占均值的百分比，测量的是数据相对于均值的离散程度。它的优点是没有量纲，在满足一定前提的基础上，适合比较不同变量或同一变量在不同样本（或总体）间的离散程度，尤其在两组数据的均值差异很大或数据单位不同时更为有用；变异系数越高，则数据越离散。在实际应用中，变异系数经常被用于比较不同行业或群体的收入、不同地区的（人均）GDP、投资项目的风险等。

　　例3.9　变异系数　假设两组地区人均 GDP 数据的均值和标准差如表 3-4 所示，试问哪组地区人均 GDP 的离散程度更高？

表 3 - 4   两组地区人均 GDP 的特征

组别	均值（元）	标准差（元）	变异系数（%）
第一组	59772.33	30440.57	50.93
第二组	14452.42	9339.67	64.62

从表 3 - 4 中可以看出，第一组人均 GDP 的标准差与均值都大于第二组，说明第一组可能由经济发达地区组成，第二组则可能由经济欠发达地区组区。若两组均值单位相同且大小接近，则可以直接比较标准差；但由于两组均值十分不同，因此离散程度的比较需要借助变异系数：

第一组 $CV_1 = 100\% \cdot 30440.57/59772.33 = 50.93\%$；

第二组 $CV_2 = 100\% \cdot 9339.67/14452.42 = 64.62\%$。

上述计算结果显示，第二组的标准差高达均值的 64.62%，而第一组只有 50.93%，故第二组的人均 GDP 更离散。

【Stata 操作：变异系数】

（1）.tabstat X, statistics(cv)[by(Z)]

（2）除上一种方法外，还可以在 summarize 后，用 r(sd) 和 r(mean) 分别提取标准差和均值来计算变异系数，即：

. summarize X

. display 100 * r(sd)/r(mean)

需要注意的是，我们要十分清楚使用变异系数的前提，即变量的取值需全为正数，且为定比变量。第一，计算变异系数要求分母的均值不能等于 0，且最好不接近 0，否则变异系数将很大，而且任一观测值的微小变化都会使变异系数发生巨大变化。由于当数据有正有负时，均值很可能接近 0，因此只有数据都大于 0 时，变异系数才是合理的测量。第二，涉及两数相除的变异系数只能用于定比变量，因为只有定比变量才有真正的零点，才可以进行乘除运算，而定距变量无绝对零点，只是一个相对值。例如，变异系数只能描述拥有绝对零点的开尔文温度（定比变量），而不能描述摄氏温度（［℃］=

［K］-273.15）（定距变量）。试想，摄氏度只是开尔文温度减去一个常数，故以"K"为单位的数据应与换算成"℃"后的数据同样离散，但实际上由于两组数据标准差相同而均值不同，其变异系数并不相等，这就产生了矛盾。为避免该矛盾，最好仅对定比变量计算变异系数。

3.2.4 离散趋势统计量述评

测量数据离散程度的常用统计量或统计图有方差、标准差、极差、四分位距、变异系数及箱丝图等。方差与标准差利用了变量的所有信息，是比较可靠、理想的变异测量指标，使用最多，但缺点是易受极端值影响，稳健性不足。极差是最简单的变异指标，反映了数据的变异范围，仅用于一般的预备性检查。四分位距反映了中间 50% 数据的离散程度，较为稳健。箱丝图结合了最小值、最大值、四分位数、四分位距和极差等，能够直观展示数据的分布和离散程度。若想比较两组数据的离散程度，选用变异系数。

不同层次的变量适用于不同的统计量。例如，对 0 - 1 变量可以使用方差/标准差，对其他分类变量则不行，除非将普通二分类变量编码为 0 - 1，或将多分类或定序变量离散成若干虚拟变量；针对定序变量，一般采用极差或四分位距来测量离散程度；针对定距变量，则可以采用上述除变异系数外的所有指标；若要比较若干定比数据的离散程度，可以使用变异系数。

一组数据的分布特征主要是通过集中趋势和离散程度来刻画。只有将两者有机地结合，并根据变量层次、研究目的和展示效果选择合适的统计量，才能较全面地描述数据的分布。例如，两组数据可能均值相同，但离散程度十分不同，若其中一组数据的分布集中、变异较小，则均值的代表性较好；若另一组数据较为离散、变异较大，则均值的代表性较差，可以考虑换用其他的统计量。

3.3 描述性统计表

在呈现数据特征或分布时，除了上述描述性统计指标外，我们还会经常用到描述性统计表，如频数分布表和列联表等。

3.3.1 频数分布表

频数（frequency）指一组数据中某个取值出现的次数。将频数除以样本量 n 即可得到**频率**（relative frequency）。频率可以表示成比例（proportion or fraction）（如 0.5），也可以将比例乘以 100%，表示为**百分比**（percentage）[①]（如 50%）。变量的每个取值及其频数就构成了频数分布表。

> **频数分布表**
>
> **频数分布表**（frequency distribution）是将某变量的所有取值及其频数，按取值大小等一定顺序排列形成的表格，通常也包含每个取值的频率。

一般来说，百分比要比频数更为适合比较各类别间的容量大小。但值得注意的是，当样本量较小时百分比易产生误导。例如，假设一个 25 名本科生的样本中社会学专业有 7 人，经济学专业有 10 人，各专业的百分比分别为 28% 和 40%。只看百分比，我们的第一印象可能是经济学专业的学生远多于社会学专业的学生，但事实上前者只比后者多 3 人，并没有太大的差别。百分比差异过大主要是因为分母的样本量较小所致。若单凭此百分比差异就推

---

* 对集中趋势、离散趋势及描述性统计表的讨论体例，参见 Blalock，H. M. Social Statistics［M］. New York：McGraw – Hill，1972.

① "比例""百分比"易与"比率"（ratio）混淆。比例是整体内某部分的容量与整体容量之比（如女性人数与总人口之比）；比例乘以 100% 便是百分比，因此比例和百分比几乎等价。比率则是整体内某部分与整体内或整体外的另一个部分之比（如女性人数与男性人数之比）。因此，比例和百分比体现的是部分与整体的关系，比率则表示两个不同类别间的关系。

断"总体中经济学专业的本科生远多于社会学专业"的结论，显然不太可信。这是因为由于抽样具有随机性，在不同的抽样中（给定样本量相等）社会学学生和经济学学生的数量会有所不同；尽管在当前样本中经济学学生多了 3 人，但若抽取另一个样本，则新样本中的经济学学生可能就会少于社会学学生。因此，汇报百分比时一般也要同时标明样本量。若样本量小于 50 时，最好采用频数而非百分比。[①] 此外，对总体中二者容量是否有差异的推断应依据严格的统计检验，避免从样本（尤其小样本）中进行直观推测。

除频数和百分比外，部分频数分布表还会汇报**累积频数**（cumulative frequency），即变量的取值或数字编码小于等于某给定数值的总频数；或汇报对应的**累积百分比**（cumulative percent），即累积频数占样本量的百分比等于前几项及自身的百分比自上而下依次累加（加到最后一项为 100%）。例如，我们熟悉的帕累托图（Pareto chart）及洛伦兹曲线（Lorenz Curve）便是累计百分比的典型应用。其中，在项目管理中，帕累托图是将质量问题和质量改进项目按重要程度把各自百分比降序排列画图，并同时绘出累积百分比，以分析质量原因；在经济学中，洛伦兹曲线是将人口从最贫困到最富裕进行排序，找到最贫困的特定百分比人口（人口累积百分比）所拥有的收入的比例（收入累积百分比），并将所有点相连，展现收入不平等的程度。例如，图 3 - 9 中的实心点表示收入最低的 50% 的人口仅拥有 18% 的国民收入。

需要注意的是，频数或百分比通常适用于描述分类变量（定类/定序变量）、取值较单一的连续变量或分组后的连续变量。[②] 累计频数或累积百分比主要用于定序和连续变量，也可用于定类变量，但由于定类变量的类别间无高低顺序之分，对其计算累积百分比并无太大的实际意义。

[①] Blalock, H. M. Social statistics [M]. New York：McGraw - Hill, 1960.

[②] 一般来说，连续变量不适用于频数表。除非将连续变量划分为若干类别，转化为分类变量，再对此分类变量制表。

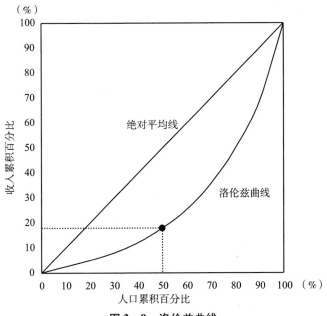

图 3 - 9　洛伦兹曲线

【**Stata 操作：频数分布表**】

可用 Stata 命令<u>tabu</u>late 输出频数分布表，该表包括变量的所有取值，以及各取值的频数、百分比和累积百分比，语句为：

（1）输出一个变量 *X* 的频数分布表：. <u>ta</u>bulate *X*

（2）输出两个或更多变量的频数分布表：.tab1 *varlist*。其中 *varlist* 为变量列表，意为此处可填入一个或更多变量。

两条命令都有以下常用选项，如表 3 - 5 所示。

表 3 - 5　　　　　　　　　频数分布表 tabulate 命令的选项

选项	描述
<u>m</u>issing	将缺失值也视为一类，同非缺失值一样处理
<u>no</u>label	不显示标签，直接显示各取值的数值

续表

选项	描述
plot	绘出以频率为长度的横向条形图
sort	将表格按频数的大小顺序降序排列（若频数相等，则在其中按升序排列）

注：Stata、SAS、R 等软件均将缺失值视为最大值，以表达对未知的敬畏，但 SPSS 软件则将缺失值视为最小值处理。

若某分类变量包含的类别或序次较多（如 ≥6），则可以进行合并归类（合并后类别一般不超过 6 个）。合并归类的主要依据是研究目的以及理论或常识，即前人文献或约定俗成的分类规则。若无习惯性规定，则可以以最大化组间差异、最凸显变量的分布特征为出发点，来确定组距，且每个组的区间通常都定为左闭右开（即 $a_k \leq x < a_{k+1}$）以避免遗漏和重复。例如，我国目前有 34 个省级行政区，包括 23 个省、5 个自治区、4 个直辖市、2 个特别行政区，在制作频数表时我们通常会根据不同区域的社会经济发展状况将地域规划划分为东部、中部、西部及东北部。其中，东部包括：北京、天津、河北、上海、江苏、浙江、福建、山东、广东和海南；中部包括：山西、安徽、江西、河南、湖北和湖南；西部包括：内蒙古、广西、重庆、四川、贵州、云南、西藏、陕西、甘肃、青海、宁夏和新疆；东北包括：辽宁、吉林和黑龙江。[①]

上述规则也同样适用于连续变量。此外，考虑到间距或变异的增大会使变量与其他变量间的关系更明显，我们偶尔也会根据研究需要刻意将连续变量分组并转换成较低层次的定序变量，再制作频数分布表。例如，在 CHIP2013 中，年收入的取值有上万种，我们可以按一定标准将城镇居民年收入划分为高、中、低等类别。再如，我们可以将连续变量"受教育年限"按一定标准降为定序变量"受教育程度"（如小学及以下、初中、高中……）等。但这种降维处理会造成信息损耗，且过程不可逆。因此，在考虑降维时需谨慎权衡其收益和风险。

---

① 国家统计局：东西中部和东北地区划分方法 ［EB/OL］. http：//www. stats. gov. cn/ztjc/zthd/sjtjr/dejtjkfr/tjkp/201106/t20110613_71947. htm. 检索日期：2018 - 12 - 25.

例 3.10　Stata 操作：频数分布表（分类变量）　2013 年中国家庭收入调查数据（以下简称 CHIP2013）（*ch*3.dta）询问了受访者的最高受教育程度（*edulevel*），从"未上过学"到"研究生"共九类①。考虑到受教育程度的初始类别较多及制表的简洁性需要，我们可以在 Stata 中先将其合并成四类：1 = "小学及以下"，2 = "初中"，3 = "高中/职高/技校/中专"，4 = "大专/本科及以上"；再生成受教育程度的频数分布表。

.use *ch*3.dta,clear

.preserve/* 预先保存数据 * /②

.recode *edulevel* 1/2 = 1 3 = 2 4/6 = 3 7/9 = 4 -2/-1 = .12 = .19 = .,generate(*newedulevel*)/* 生成对 *edulevel* 重新编码后的新变量 *newedulevel*,注意 *edulevel* 中有 4 个取值(-2、-1、12、19)有误，需记为缺失 * /

.label define *edu* 1"小学及以下"2"初中"3"高中"4"大学及以上"/ * 定义标签 edu * /

.label values *newedulevel* *edu*　/* 将标签 *edu* 赋给变量 *newedulevel* * /

.tabulate *newedulevel*

RECODE of edulevel	Freq.	Percent	Cum.
小学及以下	18931	33.29	33.29
初中	20737	36.46	69.75
高中	10051	17.67	87.43
大学及以上	7151	12.57	100.00
Total	56870	100.00	

---

① 问卷中受教育程度的选项为："1. 未上过学（包括识字班等非正规的教育）""2. 小学""3. 初中""4. 高中""5. 职高/技校""6. 中专""7. 大专""8. 大学本科""9. 研究生"。

② 使用 Stata 命令中特有的 preserve 与 restore 成对命令，可以让数据复原为原始状态，从而减少数据误处理带来的损失。建议初学 Stata 软件的朋友养成使用该组命令的习惯。需要注意的是，若使用 do file 运行命令，则 preserve 和 restore 必须被同时选中；若在窗口中输入命令，则两个命令可以分开输入。当然，避免误处理数据的另一保险措施是将命令都写于 do file 中，以便于检查错误，也能使失误可逆。

.restore　/*回到原来数据*/

在上述操作中，为防止记忆混淆，我们对数值编码1、2、3、4都贴上了文字标签。输出频数表中的行分别表示编码从低到高的4种受教育程度，列分别为频数、百分比和累积百分比。由于样本量很大，我们可以直接用百分比来比较样本中各受教育程度的人数。从表中可以看出，初中受教育水平的受访者占比最大（36.46%），大学及以上的受访者最少（12.57%），而由累积百分比还可知大部分受访者的受教育程度都在高中及以下（87.43%）。

本例演示了对多分类变量的降维，同样的降维过程也适用于连续变量。

需要提醒的是，频数表最后一行最后一列的累积百分比应为100%，以体现变量取值的完备性。若在实际操作中不足100%，我们应检查错误，并重新制表。否则，会影响最终的估计结果，尤其对回归分析结果的稳定性影响巨大。

3.3.2　列联表

我们此前讨论的频数分布表是一维频数表，呈现的是单个分类变量（如罹患肺癌与否）的分布情况。若将此变量又按另一分类变量（如抽烟与否）进行分组，则可以用**二维频数表**或称**列联表**（contingency table）来查看该变量在另一变量条件下的分布情况。除显示交叉频数外，列联表还常用于分析两个分类变量间的相关关系（详见本书姊妹篇《进阶社会统计学及 Stata 应用》有关"列联分析与卡方检验"的章节）。虽然列联表并不能用于探讨因果关系，但为了方便观察，我们通常将预期的因变量 Y 置于行（作用类似于 y 轴），自变量 X 置于列（作用类似于 x 轴），并通过比较列百分比来观察变量的关系。当然，列联表也可用于连续变量，但通常需对连续变量进行降维后使用。

> **【Stata 操作：列联表】**
>
> 列联表的 Stata 命令为
>
> .tabulate Y X
>
> 常用选项如表3-6所示。

表3-6   列联表命令 tabulate 的选项

选项	描述
column	显示单元格占本列的百分比（列百分比）
row	显示单元格占本行的百分比（行百分比）
cell	显示单元格占全体的百分比（单元格百分比）
nolabel	显示各类的数值而非标签
missing	将缺失值也视为一类，同非缺失值一样处理

该命令还有其他与卡方检验相关的选项，我们将在本书姊妹篇《进阶社会统计学及 Stata 应用》有关"列联分析与卡方检验"的章节中进行讨论。

例3.11 Stata 操作：列联表 试用列联表观察 CHIP 2013 中自评健康（*health*）与婚姻状态（*newmarry*）之间的关系。

.recode *marry* 1/3 = 1 4/6 = 0 -2 = . ,generate(*newmarry*) //把初婚、再婚、同居归类为1(在婚)，把离异、丧偶、未婚归类为0(非在婚)，并生成对 *marry* 重新编码后的新变量 *newmarry*

.label define *newmarry* 1 "在婚" 0 "非在婚" //定义标签 newmarry

.label value *newmarry* *newmarry*

.drop if *health* = .

.tab *health* *newmarry*,column //制作健康自评与婚姻状态的列联表

在表中，每格的第一行是频数，第二行是对应的婚姻状况占本列（不在婚 vs 在婚）的百分比。根据百分比可以大致看出，非在婚者（=0）的自评健康整体上比在婚者（=1）略高，表现为非在婚者自评健康为一般及以上的就有95.68%（=10.35%+46.73%+38.60%），而在婚者此百分比仅为92.91%（=22.17%+44.46%+26.28%）。同时，非在婚者自评健康等级为"不好"及"非常不好"的比例在整体上比在婚者低，表现为非在婚者自评

健康为"不好"及"非常不好"的就有 4.32% (=3.25%+1.07%),而在婚者此百分比却为 7.1% (=5.94%+1.16%)。根据列百分比数据的比较可以得出初步结论,即健康自评等级与婚姻状况存在一定的关系。

```
Key

frequency
column percentage
```

自评健康状况	RECODE of marry (婚姻状况)		
	不在婚	在婚	Total
非常好	7665	10177	17842
	38.60	26.28	30.45
好	9281	17218	26499
	46.73	44.46	45.23
一般	2056	8586	10642
	10.35	22.17	18.16
不好	645	2300	2945
	3.25	5.94	5.03
非常不好	213	449	662
	1.07	1.16	1.13
Total	19860	38730	58590
	100.00	100.00	100.00

基于此,我们可能会进一步提出问题,即非在婚者的整体健康自评等级是否在统计上"显著地"(significantly)优于在婚者呢?婚姻状态是否影响了健康自评等级呢?仅从此列联表的列百分比数据比较,我们暂时无法回答。若要回答这些问题则需要后续的检验,如 χ^2 检验(卡方检验)、排除其他变量影响的检验等。因此,我们说描述性统计是奠定研究者进一步研究志趣的基础,即尽管它无法给出确定的"显著差异"或"有无影响/影响大小"的回答,但它能帮助我们找到研究问题的端倪或为我们继续深入研究提供有益的线索。

3.3.3　关键统计量汇总表

若我们对统计分析所使用变量的关键描述性统计量进行汇总，就形成了关键统计量汇总表，通常包括变量名、均值、标准差和观测值数量等，有时也包括最小值、最大值、中位数等。[①] 在公开发表物中，这种汇总表比频数分布表更为常用。

制作这类表格时，可先在 Stata 中用命令 summarize，tabulate，table 或 tabstat 等（如表3-7所示）得到初步的描述性统计表格，再粘贴进文字处理软件，根据研究目的或发表的要求，具体调整内容和格式。

表 3-7　　　　　　　　**Stata 命令：关键统计量汇总表**

命令	描述
summarize *varlist*	列出 *varlist* 的观测值数量、均值、标准差、最小值和最大值
bysort *X*:summarize *varlist*	按 *X* 分组，列出以上统计量
tabstat *varlist*,statistics(*stat* [...])columns(statistics)	列出 *varlist* 的 statistics()中的统计量（*stat*），并以这些统计量为列变量；若未指定 statistics()，则默认为均值
tabstat *varlist*,statistics(*stat* [...])columns(statistics)by(*Z*)	按 *Z*（行）分组，列出 *varlist* 的 statistics()中的统计量（列）
table *X1*,contents(*stat Y1* [*stat Y2*...])	按 *X1*（行）分组，列出 *Y1*（和 *Y2* 等各自）的统计量（列），*stat* 意为在此处填入统计量。若未设定 contents()，则默认只显示频数
table *X1 X2*,contents(*stat Y1* [*stat Y2*...])	按 *X1*（行）和 *X2*（列）分组，在各单元格的第一和第二等行分别列出 *Y1* 和 *Y2* 等的统计量

---

① 有关均值、标准差等描述性统计量的概念参见本章此后各节。仅出于内容及知识点的编排需要，此类术语提前出现在这里。

续表

命令	描述
table X1 X2 , contents (stat Y1 [stat Y2...])by(X3)	在 X3（行）内按 X1（行）和 X2（列）分组，在各单元格的第一和第二等行分别列出 Y1 和 Y2 等的统计量的值
tabulate X,summarize(Y)	按 X（行）分组，列出 Y 的均值、标准差和观测值数量（行）；该命令不能选择其他统计量
tabulate X1 X2,summarize(Y)	按 X1（行）和 X2（列）分组，在各单元格的第一～第三行分别列出 Y 的均值、标准差和观测值数量

注：（1）*varlist* 意为变量列表（X1 X2 X3···），表示此处可以输入一个或更多变量。（2）*stat* 为 *statistic* 的简写，意为此处需要填入"统计量"。表 3 – 10 即条形图制作中除 percent 和后四项外的其他统计量都可以用于 table 和 tabstat 命令。完整的统计量清单及更多详细信息参见帮助文档，如键入 help tabstat。

若不进行分组统计，则可以直接使用命令 summarize *varlist*。该命令包含一般论文描述性统计表格所需的几乎所有统计量。

例 3.12 Stata 操作：描述性统计表 试对 CHIP 2013 中城镇居民的收入和受教育年限进行描述性分析。[①]

`.summarize urbinc eduyr if urbinc ! = . & eduyr ! = . /*`
仅选择 urbinc 和 eduyr 都未缺失的样本进行描述 ＊/

Variable	Obs	Mean	Std. Dev.	Min	Max
urbinc	10045	38542.67	39668.98	50	1800000
eduyr	10045	11.62444	3.345326	0	22

从上表中受教育年限及城镇收入最大值和最小值的差距可以预见基尼系数（Gini coefficient）较大，由此引发一系列社会公平方面的议题与思考。[②] 其实，每个统计学表格与其中的数据都不是冷冰冰的，背后都有值得关注的

---

① 由于收入变量（*income*）中农村农业收入有很多缺失值，本书主要使用城镇居民的收入（*urbinc*）。

② 基尼系数，是 20 世纪初意大利学者科拉多·基尼（Corrado Gini）根据洛伦兹曲线所定义的判断年收入分配公平程度的指标，是比例数值，在 0 和 1 之间。基尼系数越小，年收入分配越平均；基尼系数越大，年收入分配越不平均。

人群和社会议题。

若要进行分组汇总（不同性别、不同出生年代等），则建议使用后三种命令。若单独使用"summarize"，则会对分组变量的每一类都单独生成一张表格，输出结果较繁琐，分组变量的类别较多（如职业）时尤其如此，而后三种命令的结果输出更简洁美观。其中，"tabstat"命令既可以同时统计一个或多个变量，也可以自定义统计量；"table *X1* *X2*,contents()by()"不仅可以在contents()中自定义要统计的变量，还可以自定义每个变量各自的统计量，而且能进行共三次分组；"tabulate *X1* *X2*,summarize()"命令最多可以进行两次分组，但无法自行选择其他统计量。这些命令间的差异无须记忆。我们在操作时可以尝试多种命令，实际输出表格会告诉我们哪一组命令更简单、更符合我们对表格内容或格式的要求。

例 3.13 Stata 操作：描述性统计表（分组） 试输出不同性别的城镇居民收入的描述性统计表，统计量为均值、标准差和观测数。

.tabstat *urbinc*,statistics(mean sd count)by(*male*)

或 .table *male*,contents(mean *urbinc* sd *urbinc* count *urbinc*)

或 .tabulate *male*,summarize(*urbinc*)

```
Summary for variables: urbinc
     by categories of: male
```

male	mean	sd	N
女	32651.26	36759.41	4440
男	43045.52	41092.91	5677
Total	38483.84	39585.69	10117

上述三组命令输出表格的格式和内容都相同，这里仅展示 tabstat 命令的输出表格。仅看这个表格，是否能推导出"女性的工资与男性有显著差异""女性工资在劳动力市场中受到了压缩"等类似的结论？——在这里不能，因为男性女性样本量不同，分布不同（集中趋势、离散趋势）。若要比较，则需要进行标准化检验，如 *t* 检验、卡方检验等。

3.4　描述性统计图

　　除描述性统计分析指标和统计表外，我们还可以基于统计数据绘制几何图形、事物形象或地图等统计图，直观地描述或探索变量的特征和变量间的关系。统计图可以使复杂的统计数字简单化、通俗化、形象化，直观生动，便于读者理解和比较，在统计资料的整理与分析中有重要地位，得到广泛应用。

　　常见的统计图有直方图、散点图、线图、箱丝图、条形图和饼形图等。其中，由于散点图和线图与双变量的相关关系有关，我们将在本书姊妹篇《进阶社会统计学及 Stata 应用》有关"相关与相关系数"的章节中讨论。同时，对统计图的选择也需要考虑变量的测量层次。例如，针对连续变量，常用直方图、散点图、线图和箱丝图等；针对分类变量则常用条形图与饼图等。

3.4.1　直方图（连续变量）

　　直方图（histogram）是指在横轴上将某连续变量的取值分成若干相邻互斥的区间，并在每个区间用矩形高度来表示区间的密度（density；密度 = 频率/组距）、频数、频率或百分比的图形。它能较好地展示连续变量的分布，表现为直方图的外缘足够光滑时形成的曲线。由于密度、频数、频率和百分比都与频数成比例，相互等价，故以任一统计量为高的直方图的形状都相同，其外缘曲线都可以从图形上表示连续变量的"分布"。更具体而言，由于纵轴的差异，它们分别表示密度分布、频数分布、频率分布和百分比分布。

　　此外，我们还可以利用直方图来初步估计变量的概率密度函数。在上一章我们讨论过，连续型随机变量 X 的概率密度函数 $f(x)$ 表示 X 在点 x 处取值的密集程度；某区间上概率密度曲线下方的面积等于 X 在该区间取值的概率；曲线下方的总面积则为 1。而对于基于样本数据的直方图，当以密度为纵轴且矩形数量较多时，矩形高度正是变量在相应小区间取值的密度，矩形面积是在该区间取值的频率，且所有矩形的面积之和为 1。当样本量逐渐增

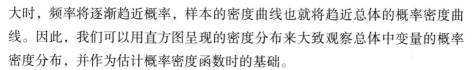

大时，频率将逐渐趋近概率，样本的密度曲线也就将趋近总体的概率密度曲线。因此，我们可以用直方图呈现的密度分布来大致观察总体中变量的概率密度分布，并作为估计概率密度函数时的基础。

一般来说，我们会借助统计软件直接输出直方图。我们这里仅简单介绍一下手工绘图的步骤：

首先，要对数据进行合理分组。分组可以通过确定区间数量或区间长度进行。此外，各区间通常等距，且一般定为左闭右开，以保证分组的完整性和互斥性。分组不同，直方图的形状就会不同。因此，即使统计软件会自动划分区间，也建议多次尝试不同的组数或组距以达到最佳的展示效果。

其次，选择直方图纵轴的统计量，如密度、频数、频率或百分比，并统计该统计量在格区间的值。

最后，以统计值为高，在各区间绘出矩形形成直方图。

按上述方法绘制的直方图，以矩形高度表示区间的密度、频数、频率等统计量的大小，我们的视觉能感知的对象为矩形高度，十分直观。传统的直方图则是以矩形的面积来表示统计量，即矩形的宽等于区间长度，高等于频数、频率或百分比除以区间长度，所有矩形面积之和分别等于总频数、1 和 100%。在该绘图方法下，矩形宽度可以不等，而观者视觉感知的对象是各矩形的面积，较不直观。因此，目前更常采用第一种方法，即令矩形宽度相等，并直接用高度代表频数等统计量，而仅用密度来实现矩形面积之和为 1。

【Stata 操作：直方图】

绘制直方图的 Stata 命令为：

. histogram X[,options]

常用的选项如表 3 - 8 所示。

表 3 - 8   直方图 histogram 命令选项

选项	描述
density	矩形高度为密度（＝频率/组距）（默认）。此时所有矩形的面积之和为 1
fraction	高度为比例

续表

选项	描述
frequency	高度为频数
Percent	高度为百分比
bin(#)	设置#个矩形。调整矩形宽度有以下两种方式：用 bin(#) 指定矩形个数，或指定起始值 start(#) 和宽度 width(#)。两组命令只能选其一，不能同时输入
start(#)	设定起始值
width(#)	设定矩形宽度
xlabel(0(10)60)	为 x 轴添加数值标签，如取值从 0 到 60，以 10 为单位（ylabel 同理）
xtick((0(10)60)	为 x 轴添加刻度条，如从 0 到 60，以 10 为单位（ytick 同理）。也可以在 Graph Editor 中手动调整刻度等图形元素，十分方便
addlabels	在矩形上方标注高度
normal	添加一条参数与样本的均值和标准差相同的正态曲线。将直方图与该曲线对比，可以大致判断数据是否正态分布
kdensity	添加一条核密度估计曲线。核密度曲线是基于样本分布对总体概率密度函数的一种估计，可视为将直方图不规则外缘光滑后的曲线，常叠加至直方图上
by(Z)	按某分类变量 Z 分组绘制直方图

注：核密度估计（kernal density estimation）是一类对概率密度函数的非参数估计方法。直方图是对概率密度函数最粗略的估计，而核密度估计的准确性会更高，估计出的核密度曲线会更光滑，常以曲线形式叠加在直方图上。

更多图形选项参见帮助文档。直方图的另一个命令为 twoway histogram，与上述 histogram 命令几乎相同，但 twoway histogram 命令还允许使用 twoway 族图形的其他选项，具体用法可键入 help twoway histogram 进行查询。

例 3.14　Stata 操作：直方图　（1）试绘出 CHIP 2013 高考分数（*gk-score*）的直方图，并观察其特征。（2）试比较城镇和农村考生高考分数的分布。

. histogram gkscore,normal /* 增加一条正态曲线来比较高考分数的分布与正态分布的差异。

高考分数直方图如图 3 – 10 所示。

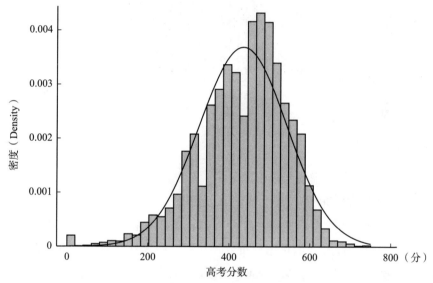

图 3 – 10　直方图：高考分数

下面我们再添加一条核密度估计曲线来比较高考分数的分布与正态分布的差异。

. histogram gkscore,kdensity normal kdenopts(clpattern(dash)) /* 在 kdenopts 中,用 clapattern() 设置核密度曲线的线条类型 */

添加核密度估计曲线后高考分数直方图如图 3 – 11 所示。

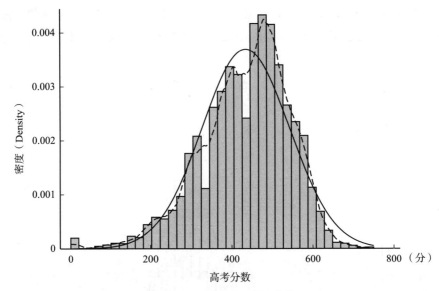

图 3 – 11　直方图：高考分数

在图 3 – 11 中，虚线为核密度曲线，实线为正态曲线。

对比图 3 – 11 和图 3 – 10，我们可以发现：

第一，将直方图外缘或核密度曲线与正态曲线相比较可知，高考分数的分布并不符合"钟形"的正态分布，其并不对称，呈现较明显的左偏态分布（即取值集中在分布的右侧，而部分低极端值将尾线[1]向左拉长）；

第二，高考分数存在极端的高值与低值，这些值与整体的分布趋势不符，为**异常值**（outlier）；[2]

第三，与直方图矩形外缘形成的曲线相比，作为总体概率密度函数估计的核密度曲线会更加平滑，其形状（如凸起和凹陷）与直方图大致相似，只是对部分由于样本与样本间差异性导致的极高和极低的矩形进行了平滑。

若比较高考分数的城乡差异，则键入：

---

[1]　一个分布的"尾"（tail）是指密度分布中密度相对较低的取值的集合，一般位于分布某侧或两侧的末尾。

[2]　我们常用散点图或箱丝图等图形来初步判断异常值。但异常值有相对严格的测量、判断和处理方法，这些内容属于进阶统计学的内容，本书暂不介绍。感兴趣的读者可参考谢宇．回归分析 [M]．北京：社会科学文献出版社，2010：324 – 330.

.histogram gkscore,kdensity by(urban,col(1))/*by()内的
选项 col(1)表示将分组绘制的直方图排成一列,更方便比较 */

高考分数的城乡分布如图 3 – 12 所示。

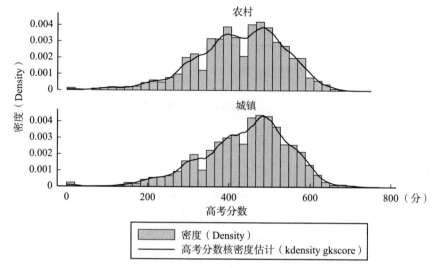

图 3 – 12　直方图：高考分数的城乡分布

　　通过比较分城乡的高考分数直方图，可以发现高考分数存在一定的城乡
差异。其中，城镇考生的高考分数整体上高于农村，体现为城镇考生的分布
比农村考生的分布更集中在右侧。此外，两组考生高考成绩高考分数的分布
都呈左偏态；其中，城镇考生高考分数的分布比农村考生更向左偏，表现为
其在高分水平处比农村考生更为密集而在低分水平处更稀疏，说明城镇考生
中高分数的比例更大而低分数的比例更小。

3.4.2　条形图（分类变量）

　　条形图（bar chart），又称柱状图，一般指用等宽矩形的高度（或长度）
来表示分类变量各类容量大小（频数或百分比等）的图形。其中，矩形高度
有时也可表示另一变量的统计量在该分类变量各类别的取值。条形图是对频
数分布表的可视化，与单纯的统计数字和频数表相比，条形图通过矩形高度

的差距能从视觉上更直观地展现组间差异。

【Stata 操作：条形图】

（垂直）条形图对应的 Stata 命令如表 3-9 所示。

表 3-9 Stata 命令：条形图 graph bar

命令	描述
(1) 统计分类变量（X1）自身	
graph bar, over（X1）[blabel (bar)]	百分比分布。选项 blabel(bar)：在矩形上方标注高度；该选项也适用于下面所有命令
graph bar(count),over(X1)	频数分布
(2) 统计其他变量（Yvars）	
graph bar [（stat）] Yvars, over (X1)	矩形高度代表 Yvars(一个或多个其他变量)在 X1 各类别上的统计量(stat)的值。[（stat）]意为在（）内键入一个统计量，当统计量为均值时可以不输入
graph bar [（stat）] Yvars, over (X1)stack	将 Yvars 中各变量从下到上层叠起来构成堆叠条形图
(3) 引入更多分组变量（X2, X3）	
...,over(X1) over(X2)	进行第二次分组，即显示 X1 在另一分类变量 X2 各组中的分布
...,over(X1) over(X2) over(X3)	进行第三次分组（最多三次）

若要绘制水平条形图，将 bar 改成 hbar 即可。

常用的统计量（stat）如表 3-10 所示。

表 3-10 条形图命令 graph bar 的常用统计量（stat）

统计量	描述
mean	均值（未设定 stat 时的默认设置）
median	中位数

续表

统计量	描述
p1	第一百分位数（p2，…，p99 同理，其中 p50 就是中位数）
sd	标准差
sum	合计数
count	未缺失的观测值数量
percent	未缺失的观测值的百分比
max	最大值
min	最小值
iqr	四分位距
first	第一个值
last	最后一个值
firstnm	第一个非缺失值
lastnm	最后一个非缺失值

该命令完整的统计量清单参见 collapse 命令的帮助文档；更多图形选项见 graph bar 的帮助文档。

例 3.15 Stata 操作：受教育程度的条形图 试用条形图绘出 CHIP 2013 中受教育程度（*newedulevel*）的百分比和频数分布。

.graph bar,over(*newedulevel*) /* 百分比 */

受教育程度的百分比分布如图 3 – 13 所示。

.graph bar(*count*),over(*newedulevel*) /* 频数 */

受教育程度的频数分布如图 3 – 14 所示。

由上述示例可见，以高表示频数和以高表示百分比的条形图形状相同，两者都可以表示分类变量的分布。

除考虑某分类变量自身的分布外，我们也常常关心该分类变量和某连续变量间的关系，甚至是两个分类变量和一个连续变量间的关系。此时就可以使用 Stata 命令中的"（2）统计其他变量（*Yvars*）"来显示某连续变量在该分类变量各类上的统计量，或在此基础上用"（3）引入更多分组变量（$X2$，$X3$）"进行更多分组。

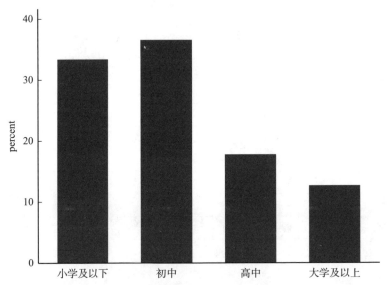

图 3-13　条形图：受教育程度的百分比分布

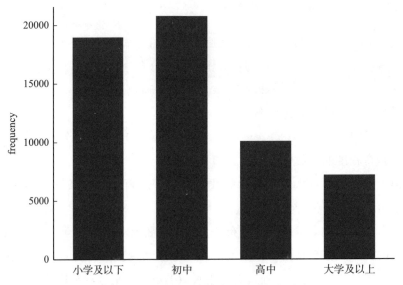

图 3-14　条形图：受教育程度的频数分布

例 3.16　Stata 操作：条形图　试比较 CHIP 2013 中不同受教育水平的城镇居民的平均收入及收入的中位数。

.graph bar *urbinc*,over(*newedulevel*)blabel(bar)　/* 平均收入；均值 mean 为默认设定，可以不输入 */

各受教育程度城镇居民平均收入的条形图如图 3 - 15 所示。

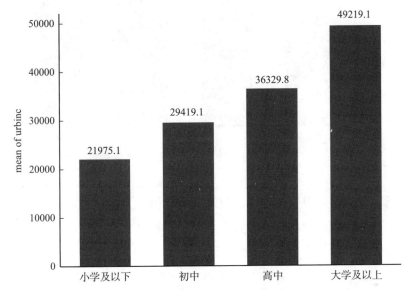

图 3 - 15　条形图：各受教育程度城镇居民的平均收入

.graph bar (median) *urbinc*, over (*newedulevel*) blabel (bar)/* 收入的中位数 */

各受教育程度城镇居民平均收入的中位数条形图如图 3 - 16 所示。

从图 3 - 15 和图 3 - 16 可以发现，在整体上，城镇居民的收入随受教育程度递增。还可以发现，各受教育程度收入的均值都大于中位数，这可能是因为各组都存在极高值将均值拉高于收入的中心，使均值过高代表各受教育程度人群的收入水平。一般来说，许多与经济相关的变量都存在这一问题，此时中位数更能代表整组数据的大小。

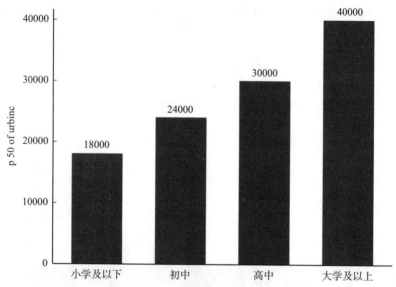

图 3 – 16   条形图：各受教育程度城镇居民收入的中位数

当然，我们还可以引入更多的分组变量。例如，在了解不同受教育程度的收入差异后，若还想比较同等教育水平下男性和女性平均收入的差异，则可以在各受教育程度中再按性别分组：

.graph bar *urbinc*,over(*male*)over(*newedulevel*)

城镇居民教育回报的性别差异如图 3 – 17 所示。

从图 3 – 17 可以看出，受教育程度越高，城镇居民的平均收入越高；在每个受教育程度上，男性的平均收入都高于女性。因此，根据该统计图我们可以初步建立收入和教育间存在正向关系，且收入具有性别差异的假设。当然，这些假设是否成立还需引入更多控制变量，并使用回归分析等统计方法来严格检验。有关方法我们将来会在回归分析中进行讨论①。

---

① 参见本书姊妹篇《从线性回归到因果推断》及《进阶回归及 Stata 应用》（出版中）。

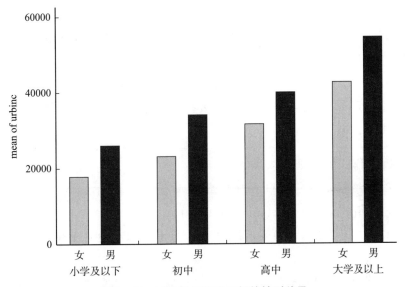

图 3 – 17　城镇居民教育回报的性别差异

3.4.3　直方图 vs 条形图

尽管直方图与条形图的外观较为相似，但两者却存在着本质的差异。

第一，条形图适用于分类变量，位于横轴的为各个类别；直方图则用于连续变量，横轴表示的是连续变量的取值。

第二，条形图的矩形间有间隔，用以区分不同类别，反映分类变量的离散特性；直方图的各矩形则紧密相连，反映连续变量取值的连续性。即使直方图部分区间为空，表示的也是该区间无取值，而非类别分隔。

第三，条形图的矩形宽度无任何实质意义，而直方图的矩形宽度却代表了区间的长度。条形图中矩形的高度，既可以是各类别自身的分布，也可以是对其他变量在该类别上的统计，但直方图的矩形高度仅表示该变量自身的分布。

3.4.4　饼形图（分类变量）

饼形图（pie chart），又称饼图，是将一个圆分成若干扇形，并用扇形面积表示分类变量各类别占整体的比例或百分比的图形。有时也可以用扇形来表示连续变量在分类变量各类别的取值情况，如不同受教育程度人群的收入占比、行业内不同企业的市场份额等。所有扇形合在一起为一完整的圆形，表示一个整体，所有的比例相加等于1。饼形图的优势在于能够突出分布的结构或表示部分与整体的关系。但需要提醒的是，只有变量的分类或类别较少时，此图才较为合适。

【Stata 操作：饼形图】

（1）绘制分类变量 X1 的饼形图：

. graph pie,over(X1)[by(X2)]

其中，选项 by(X2) 表示按 X2 分组。该选项也适用于许多其他作图命令。

（2）绘出在 X1 各类上连续变量 Y 的取值之和占取值总和的百分比：

. graph pie Y,over(X1)[by(X2)]

例3.17　Stata 操作：饼形图　试用饼形图展示全体受访者（包括农村和城镇居民）受教育程度（*newedulevel*）的分布，以及该变量在农村和城镇居民中的分布。此外，试用饼形图表示各受教育水平的城镇居民收入的占比。

.graph pie,over(*newedulevel*)[1]

全体受访者受教育程度的分布饼形图如图 3 - 18 所示。

从图 3 - 18 可以明显看出，多数受访者的受教育程度为初中和小学及以下。

若按城乡分组来展现样本的受教育程度分布，则可以键入：

.graph pie,over(*newedulevel*)by(*urban*)

城乡居民受教育程度的分布饼形图如图 3 - 19 所示。

---

① 还可以加入选项"plabel(_all percent, size (*1.5))"来标注各扇区的百分比。

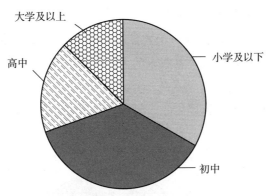

图 3 - 18　饼形图：全体受访者受教育程度的分布

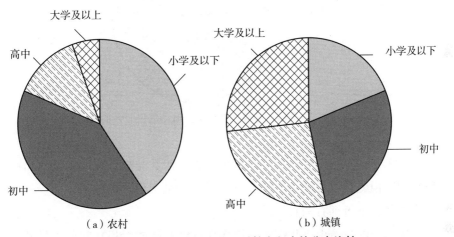

（a）农村　　　　　　　　　　（b）城镇

图 3 - 19　饼形图：城乡居民受教育程度的分布比较

　　通过上述饼形图可以发现，将样本按城乡分组后，样本的异质性更加凸显。通过观察图 3 - 19 可知，受教育程度的分布在城乡居民间有较大不同：农村居民的受教育程度集中于初中和小学及以下（图 3 - 19（a）），而城镇居民在四个受教育程度上的分布较为均匀（图 3 - 19（b））。当然，图 3 - 18 与图 3 - 19 也反映出了饼形图的缺点，即当各类差异不明显时，我们肉眼难以分辨扇形图中哪一类的百分比更大，以及具体的差异是多少。但在类别较少（一般不超过 6 类）且各类频数差异明显时，饼形图会是较好的选择，能直观地比较出各类频数的大小。

此外，饼形图也可以体现一个连续变量和一个分类变量的关系。例如，各类受教育程度的城镇居民，其收入的占比可呈现如下：

`.graph pie urbinc,over(newedulevel)`

各类受教育程度上城镇居民收入的占比饼形图如图 3 - 20 所示。

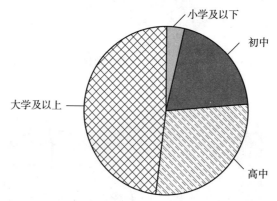

图 3 - 20　饼形图：各受教育程度上城镇居民收入的占比

结合图 3 - 18 和图 3 - 20 可以看出，虽然四类受教育程度的城镇居民人数较相近，但受教育程度为大学及以上者占有最大份额的收入，而受教育程度为小学及以下者拥有的收入最少。

需要说明的是，由于我们的视觉感官对角度（或面积）间的差异并不十分敏感，我们难以清晰地比较各扇形的大小，导致一些现象或规律无法被观察到。因此，扇形图多用于商业领域或大众媒体，而较少用于学术作品。因为一般而言，长度的差异比角度（或面积）更容易观察，所以我们可以用条形图替代饼形图。只有当需要比较部分和整体时，我们才用饼形图。此外，若变量的分类过多，尤其当多个类别的百分比都小于 5% 时，区分各个扇区将十分困难，建议采用条形图等其他图示，或用非图形的方式来传达数据信息。

3.5　分布形状的测量

就整体外观而言，分布的形状可分为对称（symmetrical）、右偏（skewed right）或左偏（skewed left）、均匀（uniform）（同均匀分布的形状）、单峰、双峰或多峰等类型。一般来说，除测量集中趋势和离散趋势外，我们还需要测量分布的**形状**（shape）才能较为完整地描述数据的分布。本节将讨论两种分布形状的数值型测量——**偏度**和**峰度**，分别表示分布的对称或偏斜程度、扁平或陡峭程度。

3.5.1　偏态

对于一个对称（symmetrical）的分布，其均值以左和以右数据的分布完全相同，如图 3 – 21（a）所示，且均值和中位数重合；否则，为非对称分布。**偏态**（skewness）是分布关于均值非对称程度的测量，以对称为基准，分为左偏态（或负偏态）、右偏态（或正偏态）和无法定义三种。

3.5.1.1　左（负）偏态（**right or negative skewness**）

数据中有极端值位于分布左侧，并将左侧尾线拉得比右侧长，同时数据集中在分布右侧，使峰向右倾，如图 3 – 21（b）所示。由于均值易受极端值的影响，这些左侧极端值常常将也会将均值拉向左侧，低于代表分布中心的典型值。

3.5.1.2　右（正）偏态（**right or positive skewness**）

数据中有极端值位于分布右侧，并将右侧尾线拉得比左侧更长，同时数据集中在分布左侧，使峰呈现左倾，如图 3 – 21（c）所示。在该分布形状下，均值常常高于代表分布中心的典型值。

需要提醒的是，偏态的"左""右"或"负""正"指示的是尾线被拉长的方向，而非峰倾斜的方向（往往与峰倾斜的方向相反）。例如，若某分布的尾线向 x 轴左侧延伸，而曲线向右侧倾斜，则称为左偏态。若我们无法定义一种非对称分布为左偏态或右偏态，则称其偏态无法定义。

由上述定义可知，偏态常常由极端值导致。偏态除会影响均值外，也会影响同样缺乏稳健性的标准差，如在实践中可知，左偏态往往使标准差低估了数据整体的离散程度，而右偏态则往往使标准差高估了整体的离散程度。那偏态的程度如何衡量呢？

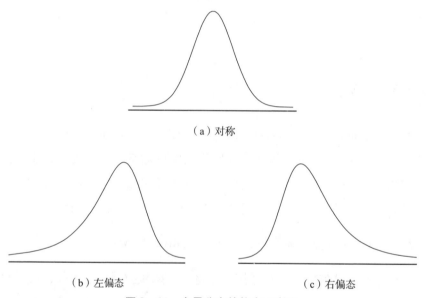

（a）对称

（b）左偏态　　　　　　　　（c）右偏态

图 3 - 21　变量分布的偏态示意图

样本偏度（sample skewness，SK）是对样本分布偏态程度的数值型测量。其计算方法有很多种，常用的是[1]：

$$SK = \frac{m_3}{m_2^{3/2}} = \frac{\frac{1}{n} \sum_{i=1}^{n} (x_i - \bar{x})^3}{\left[\frac{1}{n} \sum_{i=1}^{n} (x_i - \bar{x})^2 \right]^{3/2}} \tag{3-23}$$

---

[1]　Stata 软件即采用此公式进行计算。

其中，m_3 是样本三阶中心矩，m_2 是样本二阶中心矩，[①] n 为样本量，$\bar{x}$ 为样本均值。偏度的计算较复杂，一般可用统计软件直接求出。若 $SK > 0$，说明样本分布为正偏态，若 $SK < 0$，则说明为负偏态；偏度的绝对值越大，分布越偏斜。若样本分布对称，则偏度为 0；但偏度为 0 并不一定表示分布对称，因为如果一侧的尾线更长但更薄，而另一侧的尾线更短但更厚，[②] 偏度也可能等于 0。因此，除计算偏度外，还建议辅以直方图或核密度估计曲线等来帮助判断分布是否对称及偏态的方向。

判断偏态严重程度的一个经验标准是：若 $|SK| > 1$，则分布高度偏斜；若 $0.5 < |SK| < 1$，则中度偏斜；若 $|SK| < 0.5$，则分布接近对称。

偏度还可以理解如下：我们注意到，若令 $s = \dfrac{1}{n}\sum_{i=1}^{n}(x_i - \bar{x})^2$ 表示数据的标准差（这里不除以 $n-1$），则式（3-23）变为：

$$SK = \frac{\dfrac{1}{n}\sum_{i=1}^{n}(x_i - \bar{x})^3}{s^3} = \frac{1}{n}\sum_{i=1}^{n}\left(\frac{x_i - \bar{x}}{s}\right)^3 \qquad (3-24)$$

即偏度等于离差立方的平均值与标准差立方之比，或等于将观测值标准化后的三次方的平均值。因为 n 和 s 恒为正（假定数据存在变异，$s \neq 0$），所以 SK 的符号完全由 $\sum_{i=1}^{n}(x_i - \bar{x})^3$ 决定。若数据的分布对称，则 $(x_i - \bar{x})^3$ 会互相抵消，$SK = 0$；若分布为正偏态，则极高值与均值的极端正离差在三次方后，会更大程度地拉高三次方之和，使 $SK > 0$；若分布为负偏态，则极端负离差在三次方后，会极大程度地拉低 $\sum_{i=1}^{n}(x_i - \bar{x})^3$，使 $SK < 0$。

需要说明的是，我们并不建议以均值和中位数的大小顺序来判断分布是否有偏态及偏态的方向。例如，一种流行的说法是"当均值大于众数时称为

---

① 随机变量 X 的 k 阶中心矩为 $E[X - E(X)]^k$，$k = 1, 2, \cdots$。相应地，对于总体 X 的一个样本 $X_1, X_2, \cdots, X_n$，样本的 k 阶中心矩为 $\dfrac{1}{n}\sum_{i=1}^{n}(X_i - \bar{X})^k$，$k = 1, 2\cdots$。

② 一个分布的"尾"（tail）是指密度相对较低的取值的集合，一般位于分布某侧或两侧的末尾。长尾分布（long-tailed distribution）是指密度相对较低的取值向外延伸范围较长。厚尾分布（fat-tailed or heavy-tailed distribution）一般是与正态分布相比而言，指尾部的密度比正态分布尾部的密度更大。

正偏态；当均值小于众数时称为负偏态。"尽管这种说法对于大多单峰连续分布成立，但对于其他单峰连续分布（如一条尾线较长，而另一条尾线较短且更厚的分布），以及许多双峰和多峰分布并不成立。[1] 因此，这一判断标准更多是描述性和经验性的，至多用于粗略判断单峰连续分布的偏态情况，较为严谨的做法仍然是求出具体的偏度，并根据偏度的正负来正确判断。

3.5.2　峰度

峰度（kurtosis）是对分布尾部厚度的测量。尾部数据越密集，尾巴越厚（fat or heavy），峰度越大；尾部数据越稀疏，尾巴越薄，峰度越小。据此，峰度一定程度上反映了含异常值在内的极端值出现的概率（总体）或频率（样本），以及极端值的严重程度。

在峰度的概念中，分布尾部的厚薄是与正态分布相比而言的。尾部较厚是指该分布尾部上的密度比正态分布尾部上的密度更大，而肩部（即峰和尾部之间的区域）处的密度比正态分布的密度更小，从图形上看即该分布曲线的尾线比正态曲线更高，而曲线在中心附近比正态曲线更窄。例如，图 3-22 对正态分布和另外两种分布的峰度进行了比较。可以看出，尾部越厚、肩部越窄，峰度越大。

计算样本峰度的公式有多种，较常用的是：

$$Kurtosis = \frac{m_4}{m_2^2} - 3 = \frac{\dfrac{1}{n} \sum_{i=1}^{n} (x_i - \bar{x})^4}{\left[\dfrac{1}{n} \sum_{i=1}^{n} (x_i - \bar{x})^2 \right]^2} - 3 \qquad (3-25)$$

式（3-25）中减 3 是因为正态分布的 $\frac{m_4}{m_2^2} = 3$，故 "-3" 以令正态分布

---

① Von Hippel, P. T. Mean, Median, and Skew: Correcting a Textbook Rule [J]. Journal of Statistics Education, 2005, 13: 13.

的样本峰度为 0，便于作为其他所有分布的参照。① 若分布是正态分布，则峰度等于 0；峰度大于 0 说明相比于正态分布，该分布的尾更厚（极端值更密集）、峰更尖；峰度小于 0 则说明相比于正态分布，该分布尾更薄（极端值更稀疏）、峰更平。

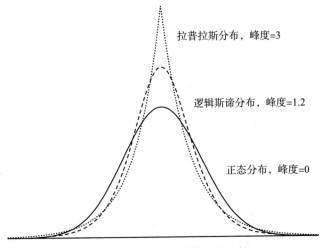

拉普拉斯分布，峰度=3

逻辑斯谛分布，峰度=1.2

正态分布，峰度=0

图 3－22 不同峰度时的分布比较

部分文献或软件（如 Stata）的样本峰度并没有"－3"，此时应以 3 为基准来判断分布的厚尾程度。总之，在解读或用软件计算峰度前，应先确认所使用的公式。

"峰度"这一名称有一定误导性，因为峰度实际上测量的是尾部厚度，而非像许多教材介绍的那样测量峰部尖度（peakedness）。诚然，厚尾常常伴以尖峰（一个分布的尾巴越厚，肩部的数据通常就更少，峰部也就更尖），故以峰部尖度来理解"峰度"有一定合理性。但根据峰度的公式，离差在峰度中被乘了四次，故极端值很大程度上决定了峰度的大小；相比之下，峰部

---

① 实际上，$Kurtosis = \dfrac{m_4}{m_2^2}$ 是样本峰度的传统公式。在该定义下，正态分布的峰度等于 3。因为式（3－25）减去了 3 从而使正态分布成为基准，所以式（3－25）的偏度也被称为"超额峰度"（excess kurtosis）。

附近的观测值的离差在除以标准差（假定 $\sqrt{\dfrac{1}{n}\sum\limits_{i=1}^{n}(x_i-\bar{x})^2}$ 为标准差）后将小于1，四次方后将十分接近0，对峰度大小的贡献微乎其微。由此可见，峰度值更多是对极端值大小及多少的反映，而非峰部的取值情况，即峰度更准确而言是对尾部厚度的测量。

偏态和峰态在金融市场中有较多应用。如果某股票收益呈较严重的负偏态分布，则标准差会被拉低，从而低估股票的风险；若分布呈正偏态，则标准差会高估该股票的风险。同时，若该分布存在严重的负偏态或峰态，这说明该股票有较多极端的负收益，投资者需要考虑极端风险，谨慎决策。[1]

3.5.3 偏态峰态的图形诊断、计算、检验和处理

3.5.3.1 偏态和峰态的图形诊断及计算

在计算偏度和峰度前，我们通常先用统计图对分布形状进行观察和诊断。例如，观察偏态和峰态可借助直方图，诊断偏态也可使用箱丝图、对称图和分位 – 正态图等。统计图的好处是直观清晰，在图形观察的基础上再计算和解读偏度和峰度能让我们更好地掌握数据分布的形状。

【**Stata** 操作：偏态诊断图】

　　偏态诊断图有：

（1）直方图：`.histogram X`。直方图也可用于观察峰态。

（2）箱丝图：`.graph box X`。

（3）对称图：`.symplot X`。

---

① Bodie, Z. , Kane, A. , & Marcus, A. J. Investments （10th ed. ）［M］. New York：McGraw – Hill Education，2014.

（4）分位 - 正态图：.qnorm X,[grid]。其中，grid 选项会在横纵轴 0.05、0.10、0.25、0.50、0.75、0.90 和 0.95 百分位上添加网线并标明刻度。[①]

【Stata 操作：计算偏度和峰度】

（1）.summarize *varlist*,detail

或（2）.tabstat X,statistics（skewness kurtosis）[by（Z）]

需要注意，Stata 峰度的计算公式为 $\dfrac{m_4}{m_2^2}$ 并没有减 3，因此与正态分布相比时需要以 3 为基准。

例 3.18　**Stata 操作：偏态与峰态诊断图**　试用图形观察 CHIP 2013 中城镇居民收入（*urbinc*）的分布是否存在偏态和峰态。

（1）直方图。

.histogram *urbinc*,normal kdensity kdenopts（clpattern（dash））

变量 *urbinc* 的偏态诊断直方图如图 3 - 23 所示。

出于教学的需要，这里我们没有控制 *urbinc* 的上限。若将拟合 *urbinc* 样本分布的核密度曲线与对称的正态曲线相比，我们就可以明显看出 *urbinc* 的数据集中在分布左侧，且有极端值将右尾拉得很长，使分布呈现出严重的右偏态，形状与对数正态分布十分相似。此外，该分布右尾的密度比正态分布高（尾更厚），峰更加高耸，呈现出严重的峰态。

（2）箱丝图。

.graph box *urbinc*

变量 *urbinc* 的偏态诊断箱丝图如图 3 - 24 所示。

---

① 对称图和分位 - 正态图的具体介绍参见汉密尔顿．应用 Stata 做统计分析［M］．郭志刚等，译，重庆：重庆大学出版社，2008：93 - 95，及 Stata 手册 diagnostic plots 部分（在 symplot 或 qnorm 的帮助文档中，点击 Title 处的链接即可进入手册）。

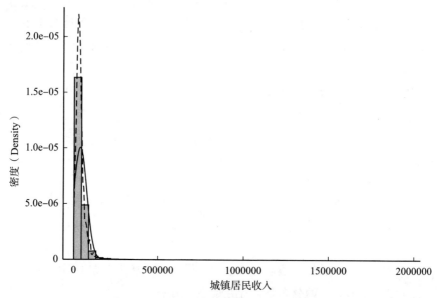

图 3 – 23　直方图：变量 *urbinc* 的偏态诊断

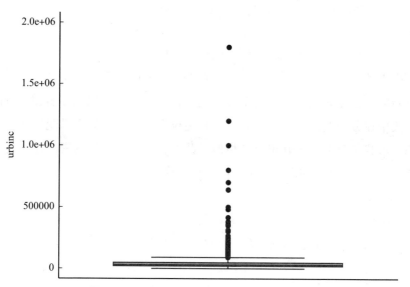

图 3 – 24　箱丝图：变量 *urbinc* 的偏态诊断

该箱丝图几乎完全扁平，且顶端有很多异常值分布，说明 *urbinc* 的分布严重右偏。

需要指出的是，直方图和箱丝图简要呈现了数据的整体分布。而下面的对称图和分位 – 正态图则将数据与一基准相比，更复杂但能传递更精准详细的信息。

（3）对称图（symmetry plot）。将第 i 高的值到中位数的距离（$b_i - M$）（$b_i \geqslant M$）对第 i 低的值到中位数的距离（$M - a_i$）（$a_i \leqslant M$）制图，并标出一条斜率为 1 的直线。若变量为对称分布，则 $M - a_i = b_i - M$，即所有的点（$M - a_i$, $b_i - M$）都在该直线上。但在变量 *urbinc* 的对称图中（如图 3 – 25 所示），靠近直线末端的散点急剧上升、远离直线，说明收入顶端者收入之高的程度远远大于收入底端者收入之低的程度，即 *urbinc* 的分布严重右偏。这与我们从直方图观察到的情况基本一致。

.symplot *urbinc*

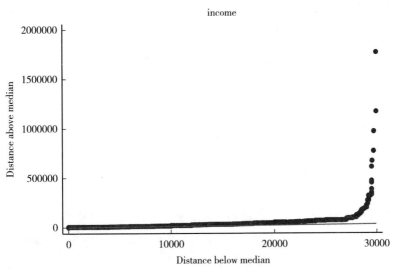

图 3 – 25　对称图：变量 *urbinc* 的偏态诊断

（4）分位 – 正态图（quantile-normal plot）。也称**正态概率图**（normal probability plot），将变量的分位数对拥有相同均值和方差的正态分布的分位数绘图。其 Y 轴是按大小排序后的变量取值，X 轴是假设变量满足正态分布的取值。若散点都在斜率为 1 的直线上，则表示数据服从正态分布。与直方图相比，分位－正态图为判断分布是否正态提供了更清晰明确的标准。例如，在 *urbinc* 的分位－正态图中，高收入的散点远高于直线，说明在特定分位上，实际收入的取值高于正态理论值，因此可以判断 *urbinc* 的分布不是正态，而是严重右偏。

`.qnorm urbinc`

变量 *urbinc* 的偏态诊断分位－正态图如图 3－26 所示。

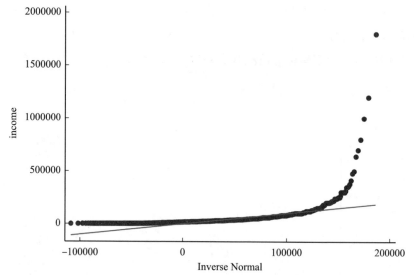

图 3－26　分位－正态图：变量 *urbinc* 的偏态诊断

例 3.19　Stata 操作：偏度与峰度计算　在观察统计图得到初步判断后，我们一般还要求出具体的偏度和峰度，以便更精准地了解偏态和峰态的方向及程度。这在 Stata 中可用以下命令实现：

`. summarize urbinc,detail`

城镇居民收入

	Percentiles	Smallest		
1%	1800	50		
5%	6300	50		
10%	12000	280	Obs	10119
25%	20000	300	Sum of Wgt.	10119
50%	30000		Mean	38481.97
		Largest	Std. Dev.	39583.32
75%	48000	800000		
90%	70000	1000000	Variance	1.57e+09
95%	90000	1200000	Skewness	15.68566
99%	150000	1800000	Kurtosis	532.0415

上表显示 *urbinc* 的样本偏度为 15.686，峰度为 532.042 > 3，说明 *urbinc* 的分布严重右偏，且与正态分布相比呈尖峰厚尾状。这与上面图形显示的情况一致。

3.5.3.2 对总体正态性的检验和处理*

许多统计学检验和模型都假定总体服从正态分布。若样本是总体的一个随机样本，那么样本数据的分布应和总体分布较为相似，而当统计图、样本偏度和样本峰度表明样本数据远远偏离正态分布时（如存在较多异常值），我们自然会怀疑总体分布的正态性。因此，在了解样本分布的偏态和峰态后，我们常常还会进行假设检验来判断总体是否正态，并在认为总体非正态或不接近正态时对变量进行一定的处理，如转换变量以使分布接近正态等，再进行后续的统计分析。

> 【Stata 操作：正态性检验】
>
> 检验总体分布是否正态的命令主要有：
>
> （1）偏度 – 峰度检验：.sktest *varlist*。该命令分别基于样本偏度、样本峰度和两者的联合指标来检验总体是否正态。
>
> （2）Shapiro – Wilk 检验：.swilk *varlist*

---

* 假设检验的具体介绍参见本书姊妹篇《进阶社会统计学及 Stata 应用》有关"假设检验"的章节中。此处因内容编排的系统性要求，提前出现了相关内容。

（3）Shapiro – Francia 检验：`.sfrancia varlist`

这些检验的原假设都是"某变量的总体分布是正态分布"。若输出的 p 值 < 0.05[1]，则拒绝该原假设，即认为总体分布不是正态分布。

例 3.20　Stata 操作：正态性检验　根据例 3.18 与例 3.19 的诊断图和统计量，可以看出 *urbinc* 的样本分布存在较严重的右偏态和较高的峰态，并非正态分布，那么我们能否推断 *urbinc* 的总体，即 2013 年中国城镇居民收入也不服从正态分布呢？由于许多统计方法都以正态总体为前提，我们有必要对此进行检验。这里我们选用偏度 – 峰度检验（skewness/kurtosis test）进行正态性检验，原假设为总体服从正态分布。

`.sktest urbinc/* 偏度 – 峰度检验 * /`

Skewness/Kurtosis tests for Normality

Variable	Obs	Pr(Skewness)	Pr(Kurtosis)	joint adj chi2(2)	Prob>chi2
urbinc	1.0e+04	0.0000	0.0000	.	.

上表显示，当检验基于偏度时，*urbinc* 来自一个正态总体的概率是 0.0000；基于峰度时，该概率也是 0.0000[2]。这两个检验的 p 值都小于 0.05，因此我们拒绝原假设并得出结论：2013 年中国城镇居民收入不服从正态分布。偏度和峰度联合检验的卡方值为"．"，表示卡方值非常大以致 Stata 没有足够的空间输出。这也同样支持了总体非正态的结论。

除判断总体非正态外，该检验也指出了该非正态性的两个来源，即 *urbinc* 的总体分布存在偏态和峰态，并不像正态分布那样对称，尾部厚度也与正态分布显著不同。

需要指出的是，`sktest` 存在一定的缺陷。我们知道，多数统计方法对总体非正态性都有一定的稳健性，即当样本量较大时非正态对统计结果无较大影响；而当样本量较小时，非正态往往会是个问题。`sktest` 对非正态的

---

① 统计检验一般以 0.05 为显著性水平（其他较常用的显著性水平还有 0.01、0.001），检验的概率值或 p 值小于 0.05，便拒绝原假设并得出与原假设相反的结论。详细介绍参见本书姊妹篇《进阶社会统计学及 Stata 应用》有关"假设检验"的章节中。

② 实际上，概率不可能正好是 0.0000，所以最好写成 $p < 0.001$。

敏感性则与此相反：当样本量较大时，即使总体分布只略微偏离正态，sk-test 也会将该非正态性检验出来；但当样本量较小、非正态更成问题时，即使总体分布与正态分布有很大差异，sktest 也可能检测不出来。[①] 因此，我们不能仅依赖该检验来判断总体是否正态，而还需参考分位 - 正态图等统计图及偏度和峰度等统计量，尤其是当样本量较小时。其他正态性检验如 Shapiro - Wilk 检验（swilk）和 Shapiro - Francia 检验（sfrancia）等也是较好的选择。

此外，许多统计手段都以正态总体为前提假定，即使该假定在一定情况下（如样本量足够大）可以放松，但多数统计量或统计方法仍对样本中的异常值很敏感。例如，我们之后将在本书姊妹篇《进阶社会统计学及 Stata 应用》中讨论的基础统计检验——z 检验、t 检验、方差分析或 F 检验等，都是以总体服从正态分布为前提假定；线性回归也假定因变量的误差项服从正态分布。[②] 这些统计方法虽然在样本量充分大时受总体非正态的影响较小，但仍易受样本中异常值的影响，这就需要我们对变量进行一定的处理，使样本分布尽量接近正态。

综合上述考虑，当样本数据表现出较严重的偏态或峰态，或检验后发现总体分布非正态时，我们常常会通过变量转换（如取对数、添加平方项）等方法，使分布接近正态并减少极端值，得到更好的统计结果。在实际研究中，我们可以通过观察图形、参阅文献或采用专门的变量转换技术来选择转换形式。

例 3. 21　Stata 操作：变量转换　通过观察例 3. 18 中的直方图（见图 3 - 23）会发现，CHIP 2013 中城镇居民收入的分布严重右偏且类似对数正态分布。于是想到若对 *urbinc* 取自然对数，那么分布应该会向正态分布靠近：

```
. generatel urbinc = ln( urbinc)

. histograml urbinc,normal kdensity kdenopts(clpattern
(dash))
```

---

① Acock, A. C. A Gentle Introduction to Stata [M]. College Station, Texas：Stata Press, 2008：106 - 107.

② 除满足统计方法对变量分布的假定外，正态分布还有其他优点。如在线性回归中，当因变量 Y 和自变量 X 都接近正态分布时，Y 与 X 的关系会更接近线性，从而能得到更好的线性回归结果。

urbinc 对数的分布直方图如图 3 - 27 所示。

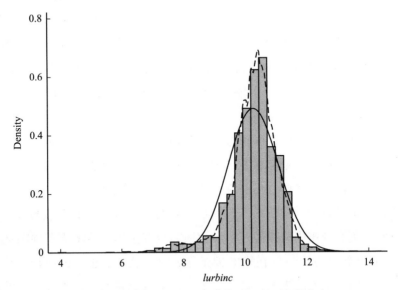

图 3 - 27　直方图：*urbinc* 对数（*lurbinc*）的分布

对比图 3 - 27 和原始数值的分布（如图 3 - 23 所示）则可以发现，对 *urbinc* 进行对数转换后，极端值的大小被中和，异常值明显减少，右侧的尾线大大缩短，分布更加对称和接近正态。采用该对数形式进行线性回归等统计分析，会得到更好的统计结果。

对数形式的另一优点是能够解释成百分比，具有较好的解释意义和实际意义。例如，通过简单的微分运算，可知：

$$\mathrm{dln}(x) = \frac{1}{x}\mathrm{d}x \tag{3-26}$$

也就是说，对于两个差异很小的 x_1 和 x_2，有：

$$\ln x_2 - \ln x_1 \approx \frac{x_2 - x_1}{x_1} \tag{3-27}$$

即 log 间的差异可以解释成从 x_1 到 x_2 的百分比变化。[①]　如对于 $x_1 = 50$，

---

① 在对数转换中，log 与 ln 通常不加以区分。

$x_2 = 51$，$(51 - 50)/50 = 0.02$，可以说（$\ln 51 - \ln 50$）约等于从 50 到 51 的百分比变化量 2%（事实上，$\ln 51 - \ln 50 = 0.0198$，与 2% 十分接近）。该解释形式在回归方程中有更清晰的用处。例如，设 $\ln(y) = \beta_0 + \beta_1 \ln(x)$，则对方程全微分后得：

$$\frac{\mathrm{d}y}{y} = \beta_1 \frac{\mathrm{d}x}{x} \tag{3-28}$$

即 x 每变化 1%，y 将变化约 β_1%，这里的 β_1 被称为 y 对 x 的**弹性**（elasticity）。例如，若 y 是"销售量"，x 是"价格"，那么 β_1 便为价格弹性，表示价格变化 1% 时，销售量约变化 β_1%。对数转换的上述及其他良好性质使其在实际研究中有广泛的应用。当我们遇到其他严重右偏且非负的变量时，也可以考虑对数转换使其接近正态，[①] 并用百分比、弹性等解释其边际变化。

此外，还可以使用专门的统计技术来选择变量转换形式，如 Box - Cox 转换、幂阶梯（ladder of powers）转换等。依照合理的形式进行转换，能使数据的分布更加对称，甚至接近正态。鉴于此类变量转换技术超出了本书的范畴，这里仅提供相关的 Stata 命令以供参考，如表 3 - 11 所示。值得注意的是，虽然这些命令使用起来非常简便，但绝不能仅根据其推荐的形式进行转换，还应考虑该形式是否有实际意义、是否可以解释、是否有理论支持等。例如，在社会科学研究中我们较少见到类似 Y^3，Y^{-2}，Y^{-3} 的转换，更不用说 $(Y^{0.217} - 1)/0.217$。并非此等数学转换不可取，主要是因为这种形式较难理解或解释。

表 3 - 11　　　　　　　　　　变量正态性转换的 Stata 命令

命令	描述
ladder Y	幂阶梯（ladder of powers）转换，旨在寻找合适的幂 α 使得 Y^α 服从正态分布，包括 Y^3，Y^2，Y，$Y^{1/2}$，$\ln(Y)$，$Y^{-1/2}$，Y^{-1}，Y^{-2}，Y^{-3} 共九种形式。该命令对这九种转换分别作了峰度 - 偏度检验（sktest 中的联合检验），当 p 值较大，如当 $p > 0.05$ 时，就可以认为该转换后的形式服从正态分布，并从中选择一个最易于解释的形式进行转换

① 若变量 y 包含 0 或负数，则不能进行对数转换。但若变量的取值只有 0 和正数，可以尝试转换成 $\ln(1 + y)$，系数解释与 $\ln(y)$ 下的解释相同。

续表

命令	描述
gladder Y	在一张矩阵图中分别绘出九种转换形式的直方图，并都叠加一条正态曲线
qladder Y	在一张矩阵图中分别绘出九种转换形式的分位 – 正态图
bcskew 0 *new* Y = Y, level(95)	Box – Cox 转换，旨在寻找最合适的参数 λ，使得新变量 *newY*（如下）的偏度等于 0。$$newY = \begin{cases} (Y^{\lambda} - 1)/\lambda, & \lambda \neq 0 \\ \ln(Y), & \lambda = 0 \end{cases}$$ bcskew 0 命令会自动生成该新变量，并在屏幕上输出 λ 95% 的置信区间。我们可尝试直接使用 new Y，或选择置信区间内其他更易解释的 λ 进行变量转换

总之，观察统计图、计算统计量、检验分布的正态性，并将变量正态化转换是研究者分析数据时重要的一环。建议读者养成这一习惯，为之后统计检验和线性回归的学习和运用打好基础。

综合本章内容，若我们在观察一个变量的分布时，可以将统计图表与统计量结合，并从如下角度入手。[①]

第一，根据变量的测量层次，绘制统计图或统计表。

第二，观察分布的整体特征，包括分布的中心、离散程度和形状等，以及是否有极端值，尤其是与分布整体趋势不符的异常值。

第三，选择并计算描述性统计量来测量分布的集中趋势、离散程度和形状。结合图表思考如下问题。

（1）集中趋势如何？分布中心是什么？——可选用的统计量有众数、中位数、均值、四分位数等。需注意对于当前数据，均值还是中位数更能反映集中趋势。

（2）离散程度如何？——可选用方差/标准差、极差、四分位距、箱丝图、变异系数等（只知道数据向哪集中而不知道数据的变异程度，对分布的了解是不完整的）。

---

① Moore, D. S., McCabe, G. P., & Craig, B. A. Introduction to the Practice of Statistics（6th）[M]. New York: W. H. Freeman and Company, 2009: 15 – 16.

（3）形状如何？——对称、左偏或右偏，单峰或多峰？偏度和峰度多少？

为便于理解，根据上述讨论，我们将变量测量的层次及对应的描述性统计方法汇总如表 3 - 12 所示。

表 3 - 12　　　　　变量的测量层次与常用的描述性统计手段

变量层次		统计表/图	集中趋势	离散趋势	分布形状
定类	0 - 1	频数分布表 列联表 条形图 饼形图	均值、众数	方差/标准差	—
	多分类		众数	—	—
定序			中位数、众数、 四分位数	极差 四分位距	—
定距		频数分布表 列联表 直方图 箱丝图	均值 中位数 众数 四分位数	方差/标准差 极差 四分位距 箱丝图	偏度、峰度
定比				变异系数	

注：对于计数变量，可以将其近似看作连续变量或离散变量进行描述性统计。但由于计数变量的概率分布是泊松分布而非正态分布，以计数变量为因变量进行回归分析等处理时，需重点额外考虑其概率分布的特殊性。

3.6　本章小结

描述性统计是对数据特征的描述与总结，能有效地帮助我们分析数据和展示结果。常用的描述性统计手段有统计表、统计图以及集中趋势、离散程度和分布形状的测量等。具体统计手段的选择应考虑变量的测量层次（见表 3 - 12）、数据的分布情况（对称或偏态）、研究目的和展示效果等。

在呈现数据的特征或分布时，我们经常会用到描述集中趋势与离散趋势的统计性指标。例如，常用来描述集中趋势的统计量主要有众数、中位数、均值、四分位数等；常用来描述离散趋势的测量主要有方差和标准差、极差、四分位距及变异系数等。其中，均值和方差/标准差最为常用，但它们共同的不足之处是易受极端值影响，稳健性低。在测量集中趋势时，若偏态不严重，则均值优于中位数；若偏态严重，则中位数更为合适。

除了上述描述性统计指标外，我们还会经常用到描述性统计表，包括一维频数分布表和列联表等。前者显示了单个分类变量的频数分布，后者则显示了样本在两个分类变量内的交叉频数分布，便于观察变量间的关系；统计表偶尔也可用于不同取值较少或分组后的连续变量。常用的统计图包括箱丝图、直方图、条形图、饼形图等。其中，箱丝图传递的信息较为丰富，既有助于观察连续变量分布的集中趋势和离散程度及异常值等，也有利于组间分析；直方图展示了连续变量的样本分布，叠加正态曲线后便于诊断数据分布的正态性，也可用于初步估计总体的概率密度曲线；条形图以分隔的矩形展示了分类变量各类别的统计量（如频数和另一变量在各类别的均值等）；饼形图以扇形面积表示各类别的比例，突出了部分和整体的关系，适合类别较少的分类变量。

此外，我们还会利用偏度和峰度等指标对数据的分布形状进行测量。其中，偏态衡量了分布非对称的程度，峰度测量了分布尾部的厚度。除数字指标外，还可以用直方图、箱丝图、对称图和分位－正态图等图形来诊断分布的偏态或峰态。由于许多统计方法都以总体正态为前提假定，在发现样本数据呈偏态或峰态后，还可以用偏度－峰度检验等检验总体分布是否正态，并对非正态分布的变量进行一定处理，如变量转换使之接近正态，再进行后续的统计分析。

第4章

抽样分布

　　现在有一只装着红、白两种颜色豆子的桶，如果要准确地知道每种豆子各有多少，唯一的办法就是一颗一颗地数。但是，估计红豆子的数量还有一种更简便的方法，就是倒出一把豆子，然后数清楚里面有多少红豆子，并假定这一把中，红豆子的比例和整个桶中红豆子的比例相同。如果样本足够大并且抽选方法适当，这把豆子在多数情况下就能足够准确地代表整体。如果样本不大或选择过程不当，这种方法可能就还不如一个明智的臆测来得可靠，它只能为我们营造一个看似科学精确的假象，而不能给我们提供任何帮助。但可悲的事实是，从这种有偏或小样本中得出的结论，恰恰常常隐藏在我们耳闻目睹或自以为了解的事物背后。

　　　　　　　　　　　　　　　　——达莱尔·哈夫（Darrell Huff）[1]

　　我们知道，统计学旨在研究客观总体的数量特征、数量关系及由数量所

---

　　① Huff, D. How to Lie with Statistics ［M］. New York：WW Norton & Company, 1993：13. 其原文为：If you have a barrel of beans, some red and some white, there is only one way to find out exactly how many of each color you have：Count'em. However, you can find out approximately how many are red in mich easier fashion by pulling out a handful of beans and counting just those, figuring that the proportion will be the same all through the barrel. If your sample is large enough and selected properly, it will represent the whole well enough for most purposes. If it is not, it may be far less accurate than an intelligent guess and have nothing to recommend it but a spurious air of scientific precision. It is sad truth that conclusions from such samples, biased or too small or both, lie behind much of what we read or think we know.

反映出的客观规律。① 由此可知，统计学的两大基本功能为统计描述与统计推断，即我们不仅要对收集到的资料或变量进行概括与描述，还要用样本数据对总体特征进行推断。推断是指用部分资料来推及整个总体。这种"部分推及全体"或"不完全归纳"的思想贯穿了统计学的始终。在我们已讨论了描述性统计的基础之上，从这一章开始进入统计推断部分的讨论。

我们知道，统计学研究的是总体（population），而非其中的某个个体或部分个体。由于个体间存在较强的异质性（heterogeneity），② 个体的特征又难以悉数捕捉，因此，对于一个整体而言，总体的特征才更适合以统计学来概括。在观察性研究中，总体特征往往是未知的，因此我们需要借助于统计推断（statistical inference），根据样本数据来推断总体特征。这种推断并非从一个个体推及另一个体，而是依据一定的统计方法来概括和提取样本的特征，并利用样本的特征来推及总体特征。这种用于测量样本特征的方法或函数称为**统计量**（statistic），总体特征则称为**参数**（parameter）。由于统计量在不同的样本上会有不同的取值，为了实现从统计量到参数的统计推断，我们就需要掌握它在样本与样本之间的变化规律，即统计量的分布——**抽样分布**（sampling distribution）。

抽样分布是统计学中最基础的概念。这是因为统计推断的无偏性、有效性、一致性等标准的满足首先取决于两个条件，即抽样方法是否科学，以及所选择的样本量是否足够大。事实上，有偏的、来自小样本的结论常常隐藏在我们的日常话语及看待世界的视角中，而统计学的学习能让我们透过重重迷雾，去触及现象背后的本质。

本章将围绕统计量及其抽样分布展开讨论。首先，我们结合概率论知识，从随机变量的视角来探讨总体和样本个体，并讨论样本个体之间"独立同分布"的假定（这是贯穿统计推断的重要假定）。其次，我们讨论一些基本概念（总体参数、样本统计量和抽样分布）、常见的抽样分布（如样本均值、

---

① 在实际研究中，当总体未知时，有时需要采用滚雪球抽样等非概率抽样方法，但所得结果只能用于样本的描述，而不能推断总体的特征或概括客观规律。

② 个体异质性，即个体特征或行为差异、差别等。社会科学研究的三个基本原理为个体异质性原理、社会分组原理、社会情境原理。参见谢宇. 社会学方法与定量研究［M］. 北京：社会科学文献出版社，2012.

样本比例、样本中位数等），以及三大检验统计量的分布（χ^2 统计量、t 统计量和 F 统计量的分布）等。最后，我们引入概率论与统计学的两大基石——大数定律和中心极限定理。两者分别描述了当 n 充分大时，样本均值和其抽样分布的稳定性：样本均值将趋于总体均值，而其抽样分布将趋于正态分布。

4.1 作为随机变量的总体和样本个体

我们此前讨论过抽样的基础知识，并将抽样定义为从总体中抽取一部分个体作为样本的过程。在此基础上，若结合概率论的知识，我们也可以把总体与样本中的个体当作随机变量来处理。

虽然我们经常用"总体"指代研究对象的全体，但在实际研究中，我们关心的往往是这些研究对象的特征，如收入、受教育程度和健康水平等。为了方便统计分析，我们把总体的这些特征也称作**总体**。例如，若想考查我国高中生的数学成绩，假定已有总体抽样框，就可以采用任一随机等概率抽样方法从中抽取 2000 名高中生的数学成绩进行调查，则我国所有高中生的数学成绩为总体，每一个学生的数学成绩为个体，从总体中抽取的 2000 名高中生的数学成绩则是总体的一个样本，2000 为样本容量。回忆本书第 2 章"变量测量与概率分布"的内容可知，总体特征其实就是随机变量，以大写字母 X、Y 来表示，**总体分布**（population distribution）则为这些随机变量的概率分布。

简单来说，"总体"的含义可以是研究对象的全体或总体的某一特征，具体含义视语境而定。若不作特殊说明，本章中的"总体"都指"总体的某一特征"。

从总体 X 中随机抽取 n 个个体，则这 n 个个体就构成了一个容量为 n 的样本，记为 X_1，X_2，$\cdots$，X_n。其中，X_i（$i = 1$，2，$\cdots$，n）表示样本中第 i 个个体的特征，是一个随机变量。若该样本是由随机概率抽样而得，则样本中的个体相互独立[①]且该样本对总体有一定代表性，即：

---

① 若遇嵌套结构（nested structure）的数据，如同一家庭中的多个孩子、同一班级的多个学生，则样本中的个体之间并不一定能满足独立性假定。

> **简单随机样本的性质**
>
> （1）独立性：X_1，X_2，$\cdots$，X_n 相互独立；
>
> （2）代表性：X_i 和总体有相同的分布。这一性质意味着样本中每个个体 X_1，X_2，$\cdots$，X_n 的分布都相同，且拥有与总体相同的均值和方差。
>
> 这种变量（X_1，X_2，$\cdots$，X_n）间相互独立且彼此分布相同的性质常被称为"**独立同分布**"（independent and identically distributed，*i. i. d.*）。

本书讨论的样本都默认为满足上述特征的简单随机样本。此外，当总体容量 N 较大，而样本容量 n 较小时，无放回抽样和有放回抽样无较大差别，两者都可视为简单随机样本。

为何 X_i 会是一个随机变量呢？假设我们关心的总体为全体中国居民的月收入（X），且已知 X 服从均值为 3000、方差为 1000 的正态分布，即 $X \sim N$（3000，1000）。随机抽取 100 个中国人，则这 100 个人的收入就构成了一个容量为 100 的样本，记该样本为 X_1，X_2，$\cdots$，X_{100}。其中，X_i（$i = 1$，2，$\cdots$，100）代表第 i 个收入。我们知道，随机变量是对每个可能的随机试验结果到实数的映射。X_i 也是一个函数：它由每次随机抽样中第 i 个人的收入（理论上我们可以进行多次抽样）组成，对每个样本中第 i 个人的收入都赋予了具体数值。因此，根据随机变量的定义，X_i 是一个随机变量。它的取值在样本和样本之间变化，且不能提前预知。

就一次具体的抽样而言，第 i 个人的收入是一个实际的数值。我们称这一具体的观测结果为**观测值**，用小写字母 x_i 表示。

我们该如何理解"独立同分布"呢？由于样本中每个人的收入都是随机抽取的，前一个人的收入并不影响后一个人的收入的取值，所以 X_1，X_2，$\cdots$，X_{100} 是彼此独立的。此外，因为总体中每个收入都可能进入样本的第 i 个位置，所以 X_i 的概率分布和总体的概率分布相同，这意味着 X_i 在某收入区间上取值的概率等于总体 X 在该收入区间取值的概率。总体中的每个收入也同样可能位于样本的其他位置上，所以 X_1，X_2，$\cdots$，X_{100} 每一个的分布都和总体相同，它们彼此也就同分布。在收入这个案例中，X_i 和总体分布相同意味着 $X_i \sim N(3000，1000)$。

概括而言，随机样本中的每个个体 X_1，X_2，…，X_n 都可以视为随机变量，彼此独立且与总体同分布。此假定不仅是抽样分布的前提，也是统计推断中统计量的构建及假设检验的重要前提。[①]

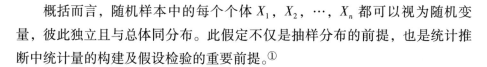

4.2　总体参数和样本统计量

4.2.1　总体参数和样本统计量

统计推断（statistical inference）属于归纳推理的范畴，是根据样本数据（局部）对未知的总体特征（整体）进行推断的过程，[②] 即基于样本数据计算样本统计量，再利用它对未知总体的数量特征（总体参数）作出以概率形式来表达的推断。统计推断不仅是统计学的核心功能之一，也是统计学的魅力所在。现在让我们一起讨论统计推断中的两个重要概念：总体参数与样本统计量。

> **参数和统计量**
>
> 　　**总体参数**（θ）或**参数**（parameter）是指刻画总体特征的代表性数值，如总体均值 μ 和总体标准差 σ 等。参数是固定的数值且往往未知，需要构建样本统计量来对其作出推断。
>
> 　　**样本统计量**或**统计量**（statistic）是测量样本特征的函数，它将样本中分散的个体信息整合为一个概括性的数值，如样本均值 $\bar{Y}$ 和样本标准差 S 等，常用英文字母 T[③]表示。

---

　　① 对于存在组内相关、不满足独立同分布性质的样本，可以使用分层模型（multilevel models）等统计学技术来处理。

　　② 卢淑华. 社会统计学（第 3 版）［M］. 北京：北京大学出版社，2005：179.

　　③ 除表示统计量外，统计学中也常用大写字母 T 来表示 t 分布中的 T 统计量（参见本章 4.4 小节），但根据统计学中尊师重教的传统与 T 统计量的由来，t 分布及 t 检验中的 t 都通常用小写（参见本章 4.4.2 小节"t 分布"）。

需要注意的是，总体参数是一个固定的数值，样本统计量则并非一个具体的值，而是样本的函数，即基于样本数据计算具体数值时所使用的函数。从这个含义上来说，样本统计量相当于一条固定的数学表达式或一个特定的计算方法，并不随样本的变化而改变。例如，对于一个总体 Y 的样本 $\{Y_1,$ $Y_2, \cdots, Y_n\}$ 而言，统计量"样本均值" $\bar{Y} = \dfrac{1}{n}\sum\limits_{i=1}^{n}Y_i$ 并不是一个数值，而是应用于所有样本的固定函数，它规定了在计算任何样本的均值时，都要对所有数值加总再除以样本容量。

因为 $Y_1, Y_2, \cdots, Y_n$ 为随机变量，所以在此基础上的统计量也是随机变量，并有自己的概率分布。而对于一个实际样本来说，统计量又有一个具体的取值，称此数值为统计量的**观测值**。例如，对于样本观测值 $y_1, y_2, \cdots,$ y_n 而言，$\bar{y} = \dfrac{1}{n}\sum\limits_{i=1}^{n}y_i$ 就是样本均值 $\bar{Y}$ 的一个观测值。

统计量，作为样本的函数，将样本中分散杂乱的信息整合为一个概括性的数值，是推断参数的重要基础。根据不同的功能，统计量可分为描述性统计量、估计量和检验统计量等，分别用于描述样本特征、估计总体参数和进行假设检验。例如，我们在上一章"描述性统计"中所提到的集中趋势、离散趋势和分布形状的测量：样本均值、样本标准差和偏度等，都属于描述性统计量。当然，根据具体的研究目的，这类统计量也可以作为估计量来处理。我们会在后面的章节具体讨论估计量与检验统计量这两类统计量。

4.2.2 常用统计量

假定 $X_1, X_2, \cdots, X_n$ 是来自总体 X 的一个样本。常用的统计量表述如下。

（1）样本均值（或样本比例 p）：

$$\bar{X} = \frac{1}{n}\sum_{i=1}^{n}X_i \tag{4-1}$$

对于 $0-1$ 变量，X_i 的取值为 0 或 1，因此 $0-1$ 变量的样本均值就等于编码为"1"的类别在样本中所占的比例，即样本比例。

（2）样本方差：

$$S^2 = \frac{1}{n-1} \sum_{i=1}^{n} (X_i - \bar{X})^2 \qquad (4-2)$$

（3）样本标准差：

$$S = \sqrt{\frac{1}{n-1} \sum_{i=1}^{n} (X_i - \bar{X})^2} \qquad (4-3)$$

如何用样本比例 p 表示 $0-1$ 变量的样本标准差呢？因为 $(X_i - \bar{X})^2$ 只有两种情况 $(1-p)^2$ 和 $(0-p)^2$，且两者各有 np 和 $n(1-p)$ 个，所以：

$$S = \sqrt{\frac{np(1-p)^2 + n(1-p)(0-p)^2}{n-1}} = \sqrt{\frac{p(1-p)n}{n-1}} \qquad (4-4)$$

（4）样本 k 阶原点矩：

$$A_k = \frac{1}{n} \sum_{i=1}^{n} X_i^k \ (k=1, \ 2, \ \cdots) \qquad (4-5)$$

（5）样本 k 阶中心矩：

$$B_k = \frac{1}{n} \sum_{i=1}^{n} (X_i - \bar{X})^k \ (k=1, \ 2, \ \cdots) \qquad (4-6)$$

显然，$A_1 = \bar{X}$，$B_2 = \frac{n-1}{n} S^2$。

（4）和（5）统计量又被称为"**样本矩**"（sample moment）。"矩"在统计推断中有重要运用。"**矩估计**"（method of moments）便以此为基础来构造总体参数的估计量。具体的内容，我们将在第 5 章"参数估计"中展开讨论。

4.3 抽 样 分 布

我们知道，总体参数是固定不变的，但往往未知；样本统计量的值虽然已知，但会随不同的样本而变化。那么，该如何根据变化的样本统计量来推断不变的总体参数呢？这就需要我们先行了解样本统计量的变化规律，即掌握样本统计量的概率分布——**抽样分布**（sampling distribution），才能进行统计推断。

4.3.1 总体分布、样本分布和抽样分布

尽管实际的研究通常仅从一个总体中抽取一个样本，但理论上我们可以反复抽样（in repeated samples），获得众多容量相等的随机样本①。若对每个样本都计算某统计量（如 $\bar{X}$）的观测值，则所有的观测值会形成一个概率分布，此即该统计量的抽样分布（sampling distribution）。获得抽样分布的过程如图 4 – 1 所示。

抽样分布

　抽样分布指统计量的概率分布，即一个样本统计量所有可能取值（all possible values）的概率分布。②

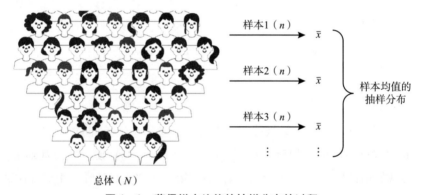

图 4 – 1　获得样本均值的抽样分布的过程

资料来源：Freepik. Clorful background with diversity of people［EB/OL］. https：//www. freepik. com/free – vector/colorful – background – with – diversity – people – 1269669. htm. 检索日期：2024 – 07 – 04.

---

① 此处"众多样本"指的是许多次抽样得到的众多样本，而非指一个样本中包含了众多个体，此即第 1 章"数据准备"所强调的"样本个数"和"样本容量"的区别。

② 对于抽样分布的定义存在多种表达。我们此处的定义源自 Agresti, A. , Finlay, B. Statistical Methods for the Social Sciences（3rd）［M］. New Jersey：Pearson Education, 1997：96. 其对应原文为"A sampling distribution is a probability that determines probilities of the possible values of a sample statistic."其他的常见表达如：一个统计量的抽样分布，是当从总体中抽取固定容量 n 的所有可能样本时，该统计量所有可能取值的分布。其对应原文为"The sampling distribution of a statistic is the distribution of all possible values taken by the statistic when all possible samples of a fixed size n are taken from the population."参见 Freeman and Company. Sampling Distributions［EB/OL］. https：//web. njit. edu/ ~ dhar/math661/IPS7e_LecturePPT_ch05. pdf. 检索日期：2022 – 01 – 08.

每一种样本统计量都对应了不同的抽样分布。例如，我们常见的有样本均值的抽样分布、样本中位数的抽样分布、样本比例的抽样分布、样本标准差的抽样分布、样本方差的抽样分布等。

抽样分布并非针对某个个体的观察（individual observations），而是基于所有可能的样本，是一个样本接一个样本算出的某统计量的所有取值所构成的概率分布。仅用一个实际样本求出的统计量值，仅仅是抽样分布中的一个"案例"，而非抽样分布。例如，我们并不知道高考分数均值的总体分布，但可以在高考分数中一个接一个地抽取固定容量为 100 的样本，每个样本都计算一个均值，最终由所有可能的样本均值构成的概率分布就是高考分数均值的抽样分布。抽样分布回答的核心问题是"统计量在样本间是如何变化的？"只有掌握了统计量的这一变化规律，我们才有进行统计推断的可能。

值得提醒的是，抽样分布、总体分布及样本分布的概念容易混淆，我们对此加以区分如下[①]。

总体分布（population distribution）指总体中所有个体的观测值所构成的频率分布或概率分布，往往固定。

样本分布（sample distribution）指从总体中抽取一个容量为 n 的样本，这 n 个观测值所形成的频率分布。抽取不同的样本会得到不同的样本分布。若我们抽取的是一个有代表性的样本，则样本分布会接近总体分布。

抽样分布（sampling distribution）是指统计量的所有可能取值的分布。由于样本分布通常是我们能够实际获得和观察到的唯一分布，初学者可能会误把样本分布当成抽样分布。但实际上两者有重大差异：样本分布是一个样本内部的分布，由样本中各个取值组成；而抽样分布则建立在众多不同样本的基础之上，由从所有可能样本算出的统计量值构成；前者可以实际得到，后者只存在于理论上。

让我们利用 Stata 进行某一变量的模拟试验，以加强对抽样分布、总体分布及样本分布概念的理解。

例 4.1　Stata 操作：抽样分布　我们可以用 Stata 来模拟获得样本均值的

---

① Blalock，H. M. Social Statistics［M］. New York：McGraw - Hill，1972：136 - 137.

抽样分布的过程。假设我们把 CHIP 2013 中的城镇居民收入（*urbinc*）当作一个总体。该总体的分布为：

```
.use urbinc.dta,clear
.hist urbinc,fraction title("总体分布")
```

总体分布如图 4 - 2 所示。

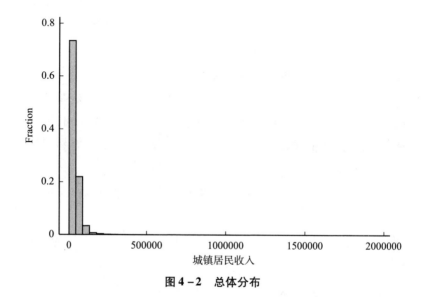

图 4 - 2　总体分布

接下来我们从该总体中重复抽取容量为 50 的样本。例如，其中一个随机样本的分布如下：

```
.set seed 101           /*设置随机数种,以便抽样结果可重复*/
.gsample 50,generate(S1)①   /*用有放回抽样法抽取一个容量为
50 的简单随机样本*/
.histogram urbinc if S1 == 1,fraction
```

一个随机样本的分布如图 4 - 3 所示。

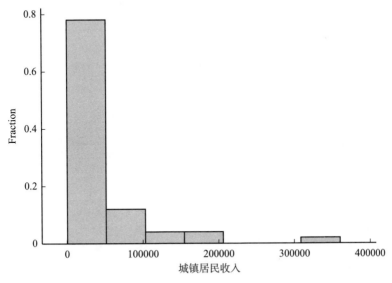

图 4 - 3 一个随机样本的分布

每抽出一个样本后都对该样本计算均值，那么所有可能样本的均值便构成了 *urbinc* 变量样本均值的抽样分布。例如，假设我们以 400 个样本的均值的分布来初步近似抽样分布：

```
.summarize urbinc if S1 == 1
.generate Mean = r(mean)in 1   /*将第一个样本的均值存储在变量 Mean 的第一行*/
.forvalues i = 2 /400  {   /*循环计算第二至第十个样本均值,并存储在 Mean 的第二至第一百行*/
    set seed 10`i'
    gsample50,generate(S`i')
    quietly summarize urbinc if S`i'== 1
    replace Mean = r(mean)in`i'
}
```

`.list` *Mean* `in 1/5`　　/＊列出前 5 个样本的均值＊/

	Mean
1.	48620.62
2.	31478
3.	42432.18
4.	33557.2
5.	34936

`.histogram` *Mean*`,fraction bin(20)title(`"样本均值的抽样分布"`)`/＊用 400 个样本平均数的分布来初步近似抽样分布＊/

样本均值的抽样分布如图 4－4 所示。

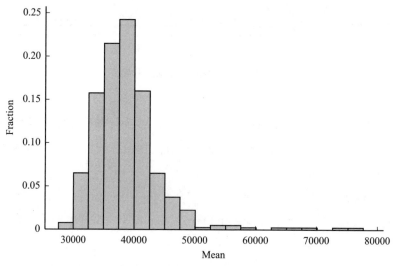

图 4－4　样本均值的抽样分布

　　比较上述三幅统计图可以看出，总体分布、样本分布和抽样分布是三种相互关联但本质不同的统计分布。

　　需要说明的是，在例 4.1 中我们以连续变量为例，讨论了如何得到连续变量的样本均值的抽样分布，但实际上分类变量的统计量也有抽样分布，并遵循相同的过程。

4.3.2 常见的抽样分布

常见的抽样分布包括样本均值的分布、样本比例的分布、样本均值（比例）之差的分布、样本中位数的分布、χ^2 分布、t 分布和 F 分布等。其中，后三种分布是三个检验统计量的抽样分布，即 χ^2 统计量、t 统计量和 F 统计量，被称为"统计学三大分布"。我们会在下一章"参数估计"及本书姊妹篇《进阶社会统计学及 Stata 应用》中具体讨论这些统计量的应用。在随后讨论抽样分布类型时，我们暂时假定样本都为简单随机样本，即满足 X_1，X_2，$\cdots$，X_n 相互独立，且与总体有相同的分布。

4.3.2.1 样本均值的抽样分布

（1）样本均值的抽样分布的均值和标准误。对同一总体反复抽取容量相等的样本，则所有可能的样本均值所构成的概率分布被称为**样本均值的抽样分布**（sampling distribution of the mean）。

我们知道，作为统计量的样本均值 $\bar{X}$ 是一个随机变量，其观测值 $\bar{x}$ 会因每个样本而变化。但若抽样是随机的，这些 $\bar{x}$ 一定会围绕着总体均值 μ 上下浮动；若抽样次数足够多，则 $\bar{x}$ 会无限逼近于 μ。换言之，$\bar{x}$ 抽样分布的期望或均值为 μ。与其他一般分布类似，均值 μ 测量的是抽样分布的集中趋势；同理可用标准差来测量其离散程度。若我们以样本均值来估计总体均值，因为样本均值在每一次抽样中都有所不同，故可以说我们的估计存在部分由于抽样导致的误差。[①] 因此，标准差在抽样分布的背景中又常被称为**标准误**（standard error）。

标准误

抽样分布的标准差。[②]

标准误衡量的是抽样分布的离散程度，即统计量在不同样本之间的变化

---

① Blalock，H. M. Social Statistics ［M］. New York：McGraw – Hill，1972：136.
② 标准差，即以样本均值推断总体参数均值时的误差大小。

程度。由于我们通常只抽样一次，并仅得到一个统计量值，因此标准误能让我们初步预测该一次性统计量值与参数真值的距离有多远。

$\overline{X}$ 的抽样分布的特征如下。

样本均值的均值 $\mu_{\overline{X}}$ 和标准误 $\sigma_{\overline{X}}$

设总体均值为 μ，标准差为 σ，样本容量为 n，则（无论总体分布如何）样本均值的抽样分布的均值 $\mu_{\overline{X}}$ 和标准误 $\sigma_{\overline{X}}$ 为：

$$\mu_{\overline{X}} = \mu \qquad (4-7)$$

$$\sigma_{\overline{X}} = \frac{\sigma}{\sqrt{n}} \qquad (4-8)$$

证 因为 X_1，X_2，$\cdots$，X_n 和总体同分布，所以对于任意 $i = 1$，2，$\cdots$，n 都有 $E(X_i) = \mu$，$Var(X_i) = \sigma^2$。再利用 X_1，X_2，$\cdots$，X_n 彼此独立的性质，可得 $\overline{X}$ 的期望和方差分别为：

$$\mu_{\overline{X}} = E\left(\frac{1}{n}\sum_{i=1}^{n} X_i\right) = \frac{1}{n}\sum_{i=1}^{n} E(X_i) = \frac{1}{n} \cdot n\mu = \mu \qquad (4-9)$$

$$\sigma_{\overline{X}}^2 = Var\left(\frac{1}{n}\sum_{i=1}^{n} X_i\right) = \frac{1}{n^2}\sum_{i=1}^{n} Var(X_i) = \frac{1}{n^2} \cdot n\sigma^2 = \frac{\sigma^2}{n} \qquad (4-10)$$

其标准差为：

$$\sigma_{\overline{X}} = \sqrt{\sigma_{\overline{X}}^2} = \frac{\sigma}{\sqrt{n}} \qquad (4-11)$$

式 $\mu_{\overline{X}} = \mu$ 表示若不断重复抽样并对所有可能的样本都求出均值，那么所有这些样本均值的均值就等于总体均值 μ。这说明虽然样本均值在样本与样本之间有所不同，但整体而言它们都会聚拢在总体均值附近。这一性质也意味着样本均值是未知的总体均值的无偏估计量（关于无偏性的介绍请参见第 5 章 "参数估计"）。

我们知道，标准误衡量了抽样分布的离散程度。图 4 – 5 给出了不同标准误下样本均值抽样分布的示例。由此图可以看出，样本均值的标准误越小，其抽样分布表现得越 "瘦削高挑"。那么什么情况下标准误会越来越小呢？根据式（4-8）可知，随着 n 的不断增大，样本均值的标准误会以 $1/\sqrt{n}$ 的速率减小。如此，则我们用样本均值 $\overline{x}$ 来估计总体均值 μ 就越精确。

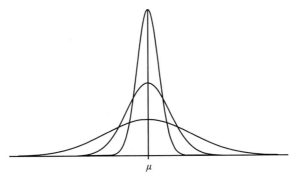

图 4-5　不同标准误下的样本均值的抽样分布

此外，由 $\sigma_{\overline{X}} = \dfrac{\sigma}{\sqrt{n}}$ 也可知 $\sigma_{\overline{X}} < \sigma$，即样本均值的抽样分布的离散程度总是小于总体分布的离散程度。这说明样本均值在样本间的变化程度小于总体中个体间的变异性。这一差异在图形上即体现为 $\overline{X}$ 的抽样分布比总体分布更瘦更尖，具体如图 4-6 所示。由于样本均值对样本中所有取值取了平均，此过程中极高值和极低值相互抵消，所有极端值被中和，因此每个个体对样本均值的影响都大大减小，样本均值的变化程度自然小于总体中个体与个体间的变异程度；随着样本容量 n 的增大，单个极端值对样本均值的影响会越小，$\sigma_{\overline{X}}$ 也就更加小于 σ。

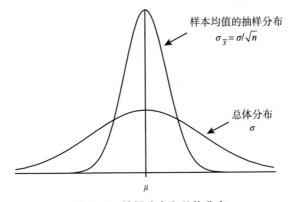

图 4-6　抽样分布和总体分布

为了突出总体分布、样本分布和抽样分布的区别，我们以样本均值为例，将三者的均值、标准差和容量进行总结，如表 4 – 1 所示。

表 4 – 1   总体分布、样本分布和抽样分布的区别

	均值	标准差	容量
总体分布	μ	σ	N
样本分布	$\overline{X}$	S	n
抽样分布	$\mu_{\overline{X}} = \mu$	$\sigma_{\overline{X}} = \sigma/\sqrt{n}$	k

注：k 表示 k 个样本。

（2）样本均值的抽样分布的形态。当我们了解样本均值的均值与标准误后，就可以来讨论样本均值的分布形态了。

若总体服从正态分布，即 $X \sim N(\mu,\ \sigma^2)$，则不管样本容量 n 的大小，样本均值 $\overline{X}$ 的抽样分布也为正态，即：

$$\overline{X} \sim N\left(\mu,\ \frac{\sigma^2}{n}\right) \tag{4 – 12}$$

稍作变换可得：

$$\frac{\overline{X} - \mu}{\sigma/\sqrt{n}} \sim N(0,\ 1) \tag{4 – 13}$$

若总体不服从正态分布，则要观察样本容量是否足够大。依据中心极限定理[①]可知，当 n 充分大时，$\overline{X}$ 的抽样分布将逼近正态分布；一般要求 n 至少为 50（也有部分教材认为 n 大于 30 就足够[②]）。由于社会科学研究常用数据的容量都相当大，因此我们通常默认 $\overline{X}$ 的抽样分布近似服从于正态分布。综合两种情况，我们得出如下结论。

---

① 鉴于知识的系统性，我们在这里提前引用了中心极限定理的概念，即随着 n 的不断增大，$\overline{X}$ 的抽样分布就会越来越逼近于正态分布。这是因为考虑到许多读者在阅读本书之前，会有一定的概率论或统计学基础。对中心极限定理的详细介绍参见 4.4 节。
② 参见统计学教材。例如，贾俊平. 统计学（第 6 版）［M］. 北京：清华大学出版社，2014：143.

> **总体标准差 σ 已知时，样本均值的抽样分布**
>
> 当总体 $X \sim N(\mu, \sigma^2)$ 时，则 $\overline{X}$ 的抽样分布服从 $N(\mu, \sigma^2/n)$。
>
> 当总体不服从正态分布时，一般只要样本容量大于 50，上述结论亦近似适用。

正态分布的所有性质也同样适用于 $\overline{X}$ 的抽样分布。例如，我们同样可以用正态分布中的 Z 值，如式（4 – 14）所示，来计算 $\overline{X}$ 离 μ 的标准误距离，或求 $\overline{X}$ 落在特定区间上的概率：

$$Z = \frac{\overline{X} - \mu}{\sigma/\sqrt{n}} \qquad (4-14)$$

例 4.2 某总体中，男性成员的体重服从均值为 80 千克，标准差为 12 千克的正态分布。现从该总体随机抽取一个样本容量为 20 的样本。试计算该样本均值大于 82 千克的概率。

解 因为总体符合正态分布，所以不论样本量大小，样本均值均符合正态分布。因此其抽样分布的均值和标准差为：

$$\mu_{\overline{X}} = \mu = 80$$

$$\sigma_{\overline{X}} = \frac{\sigma}{\sqrt{n}} = \frac{12}{\sqrt{20}} = 2.683$$

需注意，因为此题要计算的是样本均值的概率，所以需要利用样本均值的标准误 2.683，而非原始的总体标准差 12。

容量为 20 的样本的均值大于 82 的概率为：

$$P\{\overline{X} > 82\} = P\left\{\frac{\overline{X} - \mu_{\overline{X}}}{\sigma_{\overline{X}}} > \frac{82-80}{2.683}\right\} = P\{Z > 0.745\} = 0.228$$

上式的 $P\{Z > 0.745\}$ 可输入 Stata 命令 `display 1 - normal(0.745)` 得到。命令 `normal(z)` 代表标准正态分布的累积分布函数 $\Phi(z)$。

综上所述，在一个由 20 位男性组成的样本中，样本均值超过 82 千克的概率为 0.228。

4.3.2.2 样本比例的抽样分布

样本比例的抽样分布（sampling distribution of the proportion）是针对离散

变量样本均值的抽样分布的特例，描述的是虚拟变量（0 – 1 变量）样本均值的分布。

我们知道，虚拟变量的样本比例 p（即编码为 1 的类别所占的比例）实际上就是其样本均值（参见 3.1.3 小节"均值"部分）。当我们写出 p 的表达式后，这一关系便十分明显：因为虚拟变量的取值都为 0 或 1，所以样本比例 p 就等于"1"的个数与除以样本量，即：

$$p = \frac{\sum_{i=1}^{n} X_i}{n} \qquad (4-15)$$

上式表明，样本比例 p 就是该变量的样本均值。

对同一总体反复抽取容量相等的样本，则所有可能的样本比例所构成的分布即为**样本比例的抽样分布**。例如，若要分析我国 2020 年 31 个省级行政区所有高考考生（总人数为 1071 万人）的城乡结构，则可以反复随机抽取 62 个学生（固定容量，每次在各省级行政区抽取 2 人），一个样本接一个样本地来计算每个样本中城镇考生的比例，然后将所有的比例值汇集起来，就构成了城镇考生编码为 1 时样本比例的概率分布。样本比例 p 的抽样分布有如下特征。

样本比例的均值和标准误

记总体比例为 π，则样本比例 p 的抽样分布的均值 μ_p 和标准误 σ_p 为[1]

$$\mu_p = \pi \qquad (4-16)$$

$$\sigma_p = \sqrt{\frac{\pi(1-\pi)}{n}} \qquad (4-17)$$

证 已知：虚拟变量的总体服从两点分布，即 $X \sim B(1, \pi)$，且 X 的均值和方差分别为：

---

① 公式参见 Agresti, A., Franklin, C., & Klingenberg, B. Statistics：The Art and Science of Learning from Data [M]. Harlow, England：Pearson Education Limited, 2017：330.

$$E(X) = \pi \qquad\qquad (4-18)$$

$$Var(X) = \pi(1-\pi) \qquad\qquad (4-19)$$

利用 X_1, X_2, $\cdots$, X_n 与总体同分布且相互独立的性质, 可得样本比例 p 的期望和方差分别为:

$$\mu_p = E\left(\frac{1}{n}\sum_{i=1}^{n} X_i\right) = \frac{1}{n}\sum_{i=1}^{n} E(X_i) = \frac{1}{n}\cdot n\pi = \pi \qquad (4-20)$$

$$\sigma_p^2 = Var\left(\frac{1}{n}\sum_{i=1}^{n} X_i\right) = \frac{1}{n^2}\sum_{i=1}^{n} Var(X_i) = \frac{1}{n^2}\cdot n\pi(1-\pi) = \frac{\pi(1-\pi)}{n}$$

$$(4-21)$$

其标准差即为:

$$\sigma_p = \sqrt{\frac{\pi(1-\pi)}{n}} \qquad\qquad (4-22)$$

例 4.3　我国 2020 年参加高考的总人数为 1071 万。假定城乡考生的比例恰好为 1:1, 样本容量为 3100 人 (31 个省级行政区各抽样 100 人)。试计算样本比例的抽样分布的均值和标准误。

解　　　　　　　　　$\mu_p = \pi = 0.5$

$$\sigma_p = \sqrt{\frac{\pi(1-\pi)}{n}} = \sqrt{\frac{0.5(1-0.5)}{3100}} = 0.00898027$$

我们通常在 n 较大时才讨论样本比例的分布类型。其主要原因是: 当 n 较小时, 样本比例十分不稳定。例如, 当随机抽取 20 人时, 若其中城镇考生恰有 2 人, 则 $p = 0.1$; 若城镇考生恰有 4 人, 则 $p = 0.2$。

样本比例的抽样分布的形态

根据中心极限定理, 当 n 充分大 (一般要求 $n\pi \geq 10$ 且 $n(1-\pi) \geq 10$)[①] 时, 样本比例 p 的分布将近似正态, 即:

---

① 有教材认为 $n\pi \geq 5$, $n(1-\pi) \geq 5$ 样本量就足够大, 也有教材认为 $n\pi \geq 15$, $n(1-\pi) \geq 15$ 才可以。本书统一采用 $n\pi \geq 10$, $n(1-\pi) \geq 10$。

$$p \overset{a}{\sim} N\left(\pi, \; \frac{\pi(1-\pi)}{n}\right) \tag{4-23}$$

标准化后有：

$$\frac{p - \pi}{\sqrt{\dfrac{\pi(1-\pi)}{n}}} \overset{a}{\sim} N(0, \; 1) \tag{4-24}$$

此处波浪号上的 "a" 是 "asymptotically" 或 "approximately" 的简写，也可以表示为 "$\overset{d}{\longrightarrow}$"，意思是当 $n \to \infty$ 时，某统计量将 "近似" 服从某分布，或收敛于某分布（converge in distribution）。①

4.3.2.3 两个样本均值（比例）之差的抽样分布

（1）两个样本均值之差的分布。在实际研究中，我们常常对两个不同总体在某方面是否存在差异及差异的大小感兴趣。假如想比较男性和女性的受教育程度、知青和非知青的收入、享受营养午餐和不享受营养午餐农村儿童的学习成绩等，我们就可以用均值来概括两个总体及其样本的信息，再通过比较样本均值来推断总体均值的差异。这一过程所利用的就是两个样本均值之差 $\bar{X}_1 - \bar{X}_2$ 的分布。

设 X_1 和 X_2 是两个相互独立的总体，其均值和方差分别为 $E(X_1) = \mu_1$，$Var(X_1) = \sigma_1^2$，$E(X_2) = \mu_2$，$Var(X_2) = \sigma_2^2$；对 X_1 和 X_2 各自抽取容量为 n_1 和 n_2 的两个独立样本，记其样本均值分别为 $\bar{X}_1$ 和 $\bar{X}_2$。不论总体分布形态，有如下结论。

$$E(\bar{X}_1 - \bar{X}_2) = \mu_1 - \mu_2 \tag{4-25}$$

$$Var(\bar{X}_1 - \bar{X}_2) = \frac{\sigma_1^2}{n_1} + \frac{\sigma_2^2}{n_2} \tag{4-26}$$

若 X_1 和 X_2 都服从正态分布，则 $\bar{X}_1 - \bar{X}_2$ 也服从正态分布，即：

---

① 需要说明的是，此处的 "近似" 表达只是出于理解上的便利，并非完全严谨，不完全符合数学公式的证明。例如，中心极限定理只证明了有式（4-23）成立，但在实际应用中，也可以理解为有式（4-24）成立。

$$\bar{X}_1 - \bar{X}_2 \sim N\left(\mu_1 - \mu_2, \ \frac{\sigma_1^2}{n_1} + \frac{\sigma_2^2}{n_2}\right) \qquad (4-27)$$

将其标准化后有：

$$\frac{(\bar{X}_1 - \bar{X}_2) - (\mu_1 - \mu_2)}{\sqrt{\dfrac{\sigma_1^2}{n_1} + \dfrac{\sigma_2^2}{n_2}}} \sim N(0, \ 1) \qquad (4-28)$$

实际上，不论总体分布如何，当样本容量充分大时（如 $n_1 \geqslant 50$，$n_2 \geqslant 50$），$\bar{X}_1 - \bar{X}_2$ 的抽样分布都将近似服从正态分布。[①]

（2）两个样本比例之差的分布。同理，我们可以得到两个样本比例之差的分布。设 X_1 和 X_2 是两个相互独立的总体，其总体比例分别为 π_1 和 π_2；对 X_1 和 X_2 各抽取容量为 n_1 和 n_2 的两个样本，记其样本比例分别为 p_1 和 p_2，则有：

$$E(p_1 - p_2) = \pi_1 - \pi_2 \qquad (4-29)$$

$$Var(p_1 - p_2) = \frac{\pi_1(1 - \pi_1)}{n_1} + \frac{\pi_2(1 - \pi_2)}{n_2} \qquad (4-30)$$

同样地，当样本量充分大时（一个经验法则是 $n_1\pi_1 \geqslant 10$，$n_1(1 - \pi_1) \geqslant 10$，$n_2\pi_2 \geqslant 10$，$n_2(1 - \pi_2) \geqslant 10$）[②]，无论总体分布如何，$p_1 - p_2$ 的分布都将接近正态分布。

4.3.2.4 样本中位数的抽样分布

样本中位数的抽样分布（sampling distribution of median）比较复杂，它与总体的分布有关。对于正态总体和大样本（large sample）而言，样本中位数的抽样分布的均值和标准误为：

$$\mu_{median} = \mu \qquad (4-31)$$

$$\sigma_{median} = 1.253 \frac{\sigma}{\sqrt{n}} \qquad (4-32)$$

---

① 部分教材定义样本量充分大是以 30 为标准的。参见贾俊平. 统计学（第 6 版）［M］. 北京：清华大学出版社，2014：147 – 148。由于考虑到社会科学研究的特性及笔者的研究经验，本书均以样本量 50 作为充分大的标准。

② 也有教材认为这四项大于等于 5 或 15 即可。

由此可知，样本中位数抽样分布的均值就等于总体中位数和总体均值，而其标准误比样本均值的标准误大 25% 左右。这说明相比于样本均值，样本中位数在不同样本间的变化程度更大，故用一个样本中位数的观测值是较难精确估计总体中位数的。这就是我们在第 3 章"描述性统计"中所讨论的"当样本数据的偏态不严重时，用样本均值来测量集中趋势会好于中位数"的原因——此时，样本均值除了刻画样本特征外，还更能够代表总体的集中趋势。

对于正态总体，当 n 较小时，式（4-30）和式（4-31）仍近似成立。但当总体不服从正态分布时，样本中位数的均值和标准误较为复杂，不再是式（4-30）和式（4-31）。有兴趣的读者可以参见相关教材，[1] 此处不再赘述。

4.4 三大基础统计量的分布

熟悉了抽样分布的性质与特点后，下面我们继续讨论统计学中三个最基础的检验统计量——χ^2 统计量、t 统计量和 F 统计量的分布。

图 4-7 为市场上出售的各种分布的小公仔玩具，其中有正态分布公仔、t 分布公仔、卡方分布公仔、对数正态分布公仔、均匀分布公仔、韦伯分布公仔、柯西分布公仔、泊松分布公仔、Gumbel 分布公仔、Erlang 分布公仔等。

图 4-7　可爱的分布小公仔

资料来源：Dragicevic, P., & Jansen, r. List of physical visualizations［EB/OL］. http：//www. data-phys. org/. list. 检索日期：2024-07-04.

---

① 有关中位数的统计教材较多。此处推荐 Koenker, R., Chernozhukov, V., He, X. & Peng, L. (Eds.). Handbook of Quantile Regression［M］. Roca Raton, Florida：CRC Press, 2017.

4.4.1 χ^2 分布

4.4.1.1 χ^2 分布的定义及性质

> **χ^2 分布的定义**
>
> 设随机变量 X_1, X_2, $\cdots$, X_n 为来自标准正态总体 $N(0, 1)$ 的样本, X_i ($i = 1$, 2, $\cdots$, n) 相互独立并都服从标准正态分布, 则称它们的平方和:
>
> $$\chi^2 = X_1^2 + X_2^2 + \cdots + X_n^2 \qquad (4-33)$$
>
> 服从自由度为 n 的 **χ^2 分布** (χ^2 – distribution, 读作"卡方分布"), 记为 $\chi^2 \sim \chi^2(n)$。其中, "自由度"指上式右端能够独立取值的变量个数, 是 χ^2 分布的参数。

若随机变量 X_1, X_2, $\cdots$, X_n 服从的是正态分布 $N(\mu, \sigma^2)$, 则只需分别将 X_i 标准化, 再求它们的平方和便可得到 χ^2 分布, 即:

$$\sum_{i=1}^{n} \left(\frac{X_i - \bar{X}}{\sigma} \right)^2 \sim \chi^2(n) \qquad (4-34)$$

其中, χ^2 分布的概率密度函数较为复杂, 感兴趣的读者可参见相关的数理统计教材。这里我们仅讨论 χ^2 分布的主要性质。

不同自由度的 χ^2 分布如图 4-8 所示。从图 4-8 来看, χ^2 分布的值为非负数 (因为 χ^2 是平方和), 其概率密度曲线位于第一象限, 是一条呈右偏态的曲线。曲线的形状由自由度决定: 随着自由度的增加, 曲线将趋于对称, 并接近正态分布。读者也可在 Stata 中观察 χ^2 分布、t 分布和 F 分布的图像, 命令参见 4.4.4 小节。

χ^2 分布的期望和方差分别为 (数学证明参见附录 6):

$$E(Q) = n \qquad (4-35)$$
$$Var(Q) = 2n \qquad (4-36)$$

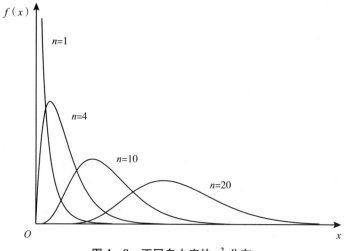

图 4 – 8　不同自由度的 χ^2 分布

对于任何一种连续型随机变量的分布和给定的 α （$0 < \alpha < 1$），若 $P\{X \geqslant x_\alpha\} = \alpha$，则称 x_α 为该分布的 α 水平**上侧临界值**（或上侧分位数），α 为**右尾概率**（upper/right-tail probability）。同理，当 $P\{X \leqslant x_\alpha\} = \alpha$ 时，则称 x_α 为该分布的 α 水平**下侧临界值**（或下侧分位数），α 为**左尾概率**（lower/left-tail probability）。

就自由度为 n 的 χ^2 分布而言，若 $P\{Q \geqslant \chi_\alpha^2(n)\} = \alpha$，则称 $\chi_\alpha^2(n)$ 为其 α 水平上侧临界值。$Q \geqslant \chi_\alpha^2(n)$ 的概率为 χ^2 分布曲线在 $\chi_\alpha^2(n)$ 右侧的面积，如图 4 – 9 中的阴影部分所示。在本书姊妹篇《进阶社会统计学及 Stata 应用》的统计检验相关章节，我们还会经常见到临界值的运用。

此外，χ^2 分布还具有可加性：若 $\chi_1^2 \sim \chi^2(n_1)$，$\chi_2^2 \sim \chi^2(n_2)$，且 χ_1^2 和 χ_2^2 相互独立，则 $\chi_1^2 + \chi_2^2 \sim \chi^2(n_1 + n_2)$。

χ^2 分布被广泛应用于对两个分类变量关联性的卡方检验（参见此书姊妹篇《进阶社会统计学及 Stata 应用》的"列联分析与卡方检验"相关章节）和对两个模型的似然比率检验中。随着学习的深入，我们将对此内容继续探讨。

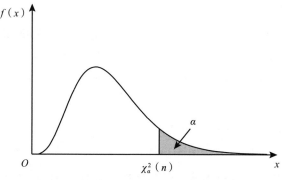

图 4 – 9 χ^2 分布的 α 水平上侧临界值

4.4.1.2 样本方差的分布

设总体 X 服从 $N(\mu,\ \sigma^2)$，则样本方差 $S^2 = \dfrac{1}{n-1}\sum\limits_{i=1}^{n}(X_i - \bar{X})^2$ 服从以下分布[①]。

$$S^2 \sim \frac{\sigma^2 \chi^2(n-1)}{n-1} \qquad\qquad (4-37)$$

上式也可写为 $\dfrac{(n-1)S^2}{\sigma^2}$ 服从自由度为 $n-1$ 的 χ^2 分布，即：

$$\frac{(n-1)S^2}{\sigma^2} \sim \chi^2(n-1) \qquad\qquad (4-38)$$

正如我们此前讨论的那样，由于在 $\sum\limits_{i=1}^{n}(X_i - \bar{X})^2$ 中只有 $n-1$ 个 X_i 可以自由取值，所以样本方差的自由度为 $n-1$，其所对应的 χ^2 分布的自由度也相应为 $n-1$。

4.4.2 t 分布

t 分布（t-distribution）为统计学最常用检验之 t 检验的基础，是一种小

---

① Rosner, B. Fundamentals of biostatistics ［M］. Boston, Massachusetts：Cengage learning, 2015：185.

样本条件下的常见分布。

　　t 分布的推导结果最早由英国人威廉·戈塞特（Willam Gosset，1876 – 1937）于 1908 年发布。[①] 彼时他在爱尔兰都柏林的健力士（Guinness）啤酒酿酒厂任配方师（chemist），工作是帮公司挑选高质量的酿酒原料和寻找最佳的酿酒配方等。在分析酿酒配方实验中的数据时，他意识到当时流行的基于正态分布的大样本方法并不能用于自己小样本量的数据。经过研究，他最终改进了 Z 检验，提出了适用于小样本数据的 t 分布。虽然酒厂禁止员工发表一切与酿酒研究有关的成果，但允许他在不提及酿酒的前提下，以笔名发表关于 t 分布的发现。于是，他在论文中使用了"学生"（Student）这一笔名，因此 t 分布又称**学生氏 t 分布**（Student's t-distribution）。刚开始，t 分布并不受重视。直到大统计学家罗纳德·费雪（Ronald Fisher）发现 t 分布和 t 分布概率表可用于他的显著性检验后，t 分布才逐渐被广泛认可。为了感谢戈塞特的贡献，费雪将此分布命名为学生氏 t 分布（Student's t-distribution）。后来戈塞特师从费雪，费雪受戈塞特研究的启发，在 t 分布的基础上发现了 F 分布。师生之间相互促进、砥砺情深，成就了一段美丽的学术佳话。为纪念与尊重费雪，戈塞特建议书写 t 分布（对应 t 检验）时的 t 均为小写（除非特殊标记，本书对 t 分布或 t 检验不作大写）。而 Z 分布（对应 Z 检验）与 F 分布（对应 F 检验）的 Z 与 F 均为大写。

4.4.2.1　t 分布的定义及性质

---

t 分布的定义

　　设随机变量 $X \sim N(0，1)$，$Y \sim \chi^2(n)$，且 X 与 Y 独立，则称：

$$t = \frac{X}{\sqrt{Y/n}} \qquad (4-39)$$

服从自由度为 n 的 t 分布，记为 $t \sim t(n)$。

　　从 t 分布的历史沿革可知，它是标准正态分布或 Z 分布的传承与发展，

---

　　① Student（W S Gosset）. The probable error of a correlation coefficient [J]. Biometrika，1908，6：302 – 310.

且青出于蓝胜于蓝。因此，两种分布十分相似，如图4-10所示，其不同之处表现于峰与尾（受样本容量大小的支配）。例如，两者都是关于 $x=0$ 对称的曲线，但与标准正态分布不同的是，t 分布的峰更低、尾更厚；此外，标准正态分布是一条与自由度无关的曲线，而 t 分布的形状由自由度 n 决定，且顶部相对更低而尾部更厚。

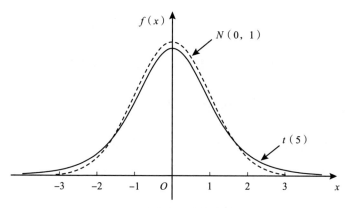

图4-10　t 分布与标准正态分布比较

值得说明的是，当 n 较小时，t 分布与标准正态分布的区别相对明显；随着 n 的不断增加，t 分布会逐渐趋同于标准正态分布；当 n 充分大（如 $n \geqslant$ 120）时，t 分布与标准正态分布几乎完全相同。①

t 分布的期望和方差分别为：

$$E(t) = 0, \quad n > 1 \qquad\qquad (4-40)$$

$$Var(t) = \frac{n}{n-2}, \quad n > 2 \qquad\qquad (4-41)$$

对于给定的 α（$0 < \alpha < 1$），若 $P\{t(n) \geqslant t_\alpha(n)\} = \alpha$，则称 $t_\alpha(n)$ 为 t 分布的 α 水平上侧临界值，具体如图4-11所示。因为 t 分布关于 $x=0$ 对称，所以对 $t_\alpha(n)$ 取相反数便可得到下侧临界值。

---

① 事实上，当 $n \geqslant 50$ 时，两种分布已十分相近。在 t 分布对应的 p 值表上，会发现当 $n = 120$ 时，基于 t 分布的 p 值与标准正态分布几乎完全等同。

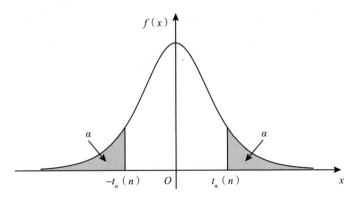

图 4 – 11　t 分布的 α 水平上下侧临界值

4.4.2.2　总体标准差 σ 未知时，样本均值的分布

在前述样本均值分布的讲解中，我们假定总体标准差 σ 已知，并推出 $\bar{X}$ 的分布为 $\dfrac{\bar{X} - \mu}{\sigma/\sqrt{n}} \sim N(0,1)$。然而实际上，$\sigma$ 通常是未知的，需要用样本标准差 S 来估计。此时 $\bar{X}$ 不再服从标准正态分布，而是 t 分布。

总体标准差 σ 未知时，样本均值的分布

　　设 X_1，X_2，$\cdots$，X_n 为来自正态总体 $N(\mu,\sigma^2)$ 的样本，$\bar{X}$ 和 S 分别是样本均值和样本标准差，则：

$$T = \frac{\bar{X} - \mu}{S/\sqrt{n}} \sim t(n-1) \qquad (4-42)$$

式（4-42）可由 t 分布的定义直接得到，证明参见附录6。

这里的 $T = \dfrac{\bar{X} - \mu}{S/\sqrt{n}}$ 便是对一个总体均值的假设检验中的 **T 统计量**（T statistic），其服从自由度为 $n-1$ 的 t 分布。当要检验某个总体均值是否等于一个假设值时，我们会利用 T 统计量及其分布。

t 分布比标准正态分布更离散，这一点也可通过式（4-42）来理解：因为 S 被用于估计未知的 σ，所以 T 的观测值（称为 t 值）会比 z 在样本间的变化更大，这意味着 t 分布比标准正态分布更加离散。

4.4.2.3 两个总体的标准差相等 $\sigma_1 = \sigma_2 = \sigma$ 且未知时，两个样本均值之差的分布

除了用 t 分布来表示一个样本均值的分布外，我们还可以用它来描述两个样本均值之差的分布。

设 X_1 和 X_2 是两个相互独立且方差相等的总体，$X_1 \sim N(\mu_1, \sigma^2)$，$X_2 \sim N(\mu_2, \sigma^2)$，$\bar{X}_1$ 和 $\bar{X}_2$ 分别是来自 X_1 和 X_2 的两个独立样本的均值，则：

$$T = \frac{(\bar{X}_1 - \bar{X}_2) - (\mu_1 - \mu_2)}{\sqrt{\dfrac{(n_1-1)S_1^2 + (n_2-1)S_2^2}{n_1 + n_2 - 2}}\sqrt{\dfrac{1}{n_1} + \dfrac{1}{n_2}}} \sim t(n_1 + n_2 - 2) \qquad (4-43)$$

其中，S_1 和 S_2、n_1 和 n_2 分别为两个样本的标准差和容量。式（4-43）的数学证明参见附录6。

事实上，当两个样本的容量较大（经验是 $n_1 \geqslant 50$ 且 $n_2 \geqslant 50$）时，即使 X_1 和 X_2 非正态，式（4-46）也近似成立。

4.4.3 F 分布

4.4.3.1 F 分布的定义及性质

F 分布（F-distribution）为两个服从 χ^2 分布的变量与各自的自由度相除后的比值所服从的分布，由 1924 年著名英国统计学家罗纳德·费希尔（Ronald Fisher）基于 t 分布而提出，并以其姓氏的第一个字母命名。基于 F 分布，构成了统计学中最负盛名的检验之——F 检验。

F 分布的定义

设随机变量 X 和 Y 相互独立，且 $X \sim \chi^2(n_1)$，$Y \sim \chi^2(n_2)$，则称随机变量：

$$F = \frac{X/n_1}{Y/n_2} \qquad (4-44)$$

服从第一自由度为 n_1，第二自由度为 n_2 的 F 分布，记为 $F \sim F(n_1, n_2)$。 F 分布为非对称分布，且两个自由度的位置不可以互换。

此处，易得 $\dfrac{1}{F} \sim F(n_2, n_1)$。

F 分布的期望和方差分别为：

$$E(F) = \frac{n_2}{n_2 - 2}, \ n_2 > 2 \tag{4-45}$$

$$Var(F) = \frac{2n_2^2(n_1 + n_2 - 2)}{n_1(n_2 - 2)^2(n_2 - 4)}, \ n_2 > 4 \tag{4-46}$$

F 分布示意图如图 4 − 12 所示。从图 4 − 12 来看，F 分布为一条不对称的曲线，且取值为正（当 $x \leqslant 0$ 时，$f(x) = 0$），其形状由两个自由度（n_1，n_2）决定。

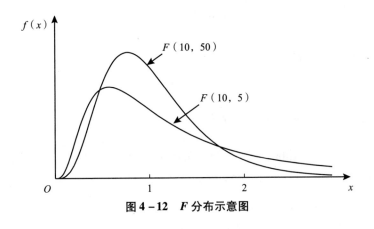

图 4 − 12　F 分布示意图

与 χ^2 分布和 t 分布类似，对于给定的 α（$0 < \alpha < 1$），若 $P\{F \geqslant F_\alpha(n_1, n_2)\} = \alpha$，则称 $F_\alpha(n_1, n_2)$ 为 F 分布的 α 水平上侧临界值，具体如图 4 − 13 所示。由于 F 分布表只给出上侧临界值，我们可以用式（4 − 47）求出下侧临界值。

$$F_{1-\alpha}(n_1, n_2) = \frac{1}{F_\alpha(n_2, n_1)} \tag{4-47}$$

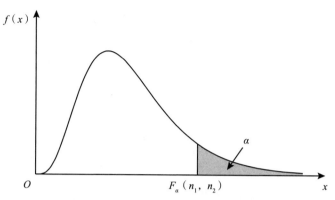

图 4 - 13　F 分布的 α 水平上侧临界值

此外，F 分布与 t 分布也有密切联系：若 $X \sim t(n)$，则 $X^2 \sim F(1, n)$，即若 X 服从自由度为 n 的 t 分布，则 X^2 服从第一自由度为 1、第二自由度为 n 的 F 分布。

4.4.3.2　两个样本方差之比的分布

设总体 $X \sim N(\mu_1, \sigma_1^2)$，$Y \sim N(\mu_2, \sigma_2^2)$，$X_1, X_2, \cdots, X_n$ 和 $Y_1,$ $Y_2, \cdots, Y_n$ 分别是来自 X 和 Y 的两个样本，且两样本相互独立，则：

$$\frac{S_1^2 / S_2^2}{\sigma_1^2 / \sigma_2^2} = \frac{S_1^2 / \sigma_1^2}{S_2^2 / \sigma_2^2} \sim F(n_1 - 1, n_2 - 1) \tag{4-48}$$

其中，S_1^2 和 S_2^2 分别为两个样本的方差。利用 F 分布的定义便可证得式（4-48），读者可自行尝试。

4.4.4　三大基础抽样分布的 Stata 相关命令

4.4.4.1　图形展示

我们现在列出三大基础分布的 Stata 命令如表 4-2 所示。

表 4 – 2   Stata 命令：三大基础分布的曲线

命令	描述
chidemo[df alpha]	画出 χ^2 分布曲线 [设定自由度和 α，分别默认为 1 和 0.5]
tdemo[df tails alpha]	画出 t 分布曲线和标准正态曲线 [设定自由度，尾数和 α，分别默认为 1、2 和 0.5]
fdemo[df1 df2 alpha]	画出 F 分布曲线 [设定第一自由度，第二自由度和 α，分别默认为 1、1 和 0.5]

例如，我们键入如下命令，即可得自由度为 20 的卡方分布图，如图 4 – 14 所示。

.chidemo 20 0.05

自由度为 20 的卡方分布图如图 4 – 14 所示。

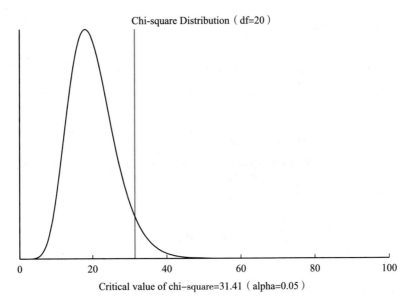

图 4 – 14　自由度为 20 的卡方分布图

4.4.4.2 累积概率和临界值

为方便求得三大基础分布的临界值和累积概率，我们将 Stata 命令进行汇总，如表 4 - 3 所示。

表 4 - 3　　　　　　　Stata 命令：求左尾概率及下侧临界值

命令	描述
<u>di</u>splay chi2(df,x)	$P\{\chi^2(df) \leq x\}$
<u>di</u>splay t(df,t)	$P\{t(df) \leq t\}$
<u>di</u>splay F(df1,df2,f)	$P\{F(df1,\ df2) \leq f\}$
<u>di</u>splay invchi2(df,p)	已知左尾概率 p，求下侧临界值 x
<u>di</u>splay invt(df,p)	已知左尾概率 p，求下侧临界值 t
<u>di</u>splay invF(df1,df2,p)	已知左尾概率 p，求下侧临界值 f

根据表 4 - 3 中的 Stata 命令，可以轻松求得这三种分布的临界值和累积概率。其中，表 4 - 3 列出了查询某统计量的累积概率 $P\{T \leq t\}$ （左尾概率）的 Stata 命令，以及与此相反的，已知累积概率密度时的统计量值 t （下侧临界值），如图 4 - 15 所示。命令中的"df"为自由度，需自行设定。在进行实际的统计推断时，我们会经常利用这些命令得到精确的概率或临界值。

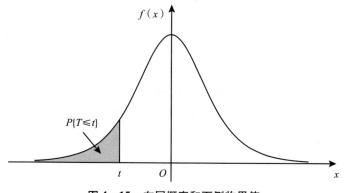

图 4 - 15　左尾概率和下侧临界值

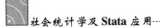

此外，还可以用表4-4中的命令求右尾概率 $P\{T \geq t\}$ 及上侧临界值。

表4-4   Stata 命令：求右尾概率及上侧临界值

命令	描述
display chi2tail(df,x)	$P\{Q \geq x\}$
display ttail(df,t)	$P\{t(df) \geq t\}$
display Ftail($df1,df2,f$)	$P\{F(df1,\ df2) \geq f\}$
display invchi2tail(df,p)	已知右尾概率 p，求上侧临界值 x
display invttail(df,p)	已知右尾概率 p，求上侧临界值 t
display invF($df1,df2,p$)	已知右尾概率 p，求上侧临界值 f

4.5 大数定律和中心极限定理

此前考虑到本书的读者已有一定的概率论基础，我们已间接提及或用到了大数定律与中心极限定理的部分内容。但鉴于此部分内容的重要性，我们在这里再次对统计学中最基础、最重要的这两组定律及定理进行具体讨论。

大数定律和中心极限定理都属于大样本（large sample）性质。与直觉理解不同的是，统计学中的"大样本"和"小样本"并非按样本容量的大小来分，而是按样本量是有限还是趋于无限来分。凡是样本量 n 有限的样本都被称为小样本（small sample）或有限样本（finite sample）；大样本（large sample）则指样本量 n 趋于无穷的样本。这两种情况下，各自的统计量的抽样分布有所不同。

小样本与大样本情况下统计量的概率分布

小样本理论：对于任何有限的样本量 n，所讨论的统计量服从的是某精确（exact）的概率分布。该分布可能没有精确的数学形式，或者相当复杂而不易表达。

> **大样本理论**：当样本量 n 趋于无穷时，统计量趋近服从一种极限分布（渐进性质）。该极限分布易于表达为数学形式，如正态分布、卡方分布等。其中，大数定律和中心极限定理所描述的即为此极限分布。[①]

严格来说，大样本性质并不定义在任何特定的样本量上，而是定义在样本量无限增加的情况上。但在实际应用中，由于样本量不可能无限增加，因此只要样本量足够大，我们也将大样本性质应用其中。例如，中心极限定理表明样本均值的抽样分布的极限分布是正态分布；借此，在实际问题中，我们可以认为当样本量足够大时，样本均值的抽样分布近似正态。

4.5.1 大数定律

研究发现，大量反复试验的（算术）平均结果都具有稳定性。例如，在抛硬币试验中，我们会观察到当试验次数较少时，硬币正面朝上的频率波动较大，但随着试验次数的增加，硬币正面朝上的频率会越来越稳定，并趋于0.5。而大数定律以严格的数学形式表示和证明了这种均值的稳定性。

> **大数定律（Law of Large Numbers，LLN）**
>
> 大量反复试验结果的平均值将会趋近于某确定值，即试验次数越多，试验结果的平均值就越趋近期望值。

之所以有这样的结果，可能是因为在大量的反复观察试验中，受个别的、偶然的因素影响而产生的差异会相互抵消，从而使现象的必然规律显现出来。例如，在次数较少的掷硬币实验中，我们会发现有时是正面朝上，有时为正面朝下，似乎并没有一定的规律性，但观察大量的案例就会发现，硬币正面朝上或朝下的比例都会趋于50%。

大数定律虽然号称"定律"，但它并非经验规律，而是被严格证明了的数学定理。事实上，大数定律是一组定律，其中三种常见的形式为：切比雪

---

① 大样本理论一般会在高级统计学或高级计量经济学课程中予以系统介绍，参见本书姊妹篇《进阶回归及 Stata 应用》及《从线性回归到因果推断》（出版中）。

夫大数定律、伯努利大数定律和辛钦大数定律。我们现在换用数学语言来讨论这三种大数定律。

4.5.1.1 切比雪夫大数定律

设 X_1，X_2，…，X_n 是相互独立（不要求同分布）的随机变量序列，$E(X_i)$ 和 $Var(X_i)$（$i=1$，2，…）存在，且存在常数 $C>0$，使得：

$$Var(X_i) \leqslant C, \ i=1, \ 2, \ \cdots \tag{4-49}$$

则对于任意的 $\varepsilon>0$，有：

$$\lim_{n\to\infty} P\left\{\left| \frac{1}{n}\sum_{i=1}^{n}X_i - \frac{1}{n}\sum_{i=1}^{n}E(X_i) \right| < \varepsilon\right\} = 1 \tag{4-50}$$

数学证明略。感兴趣的读者烦请参见相关概率论教材。[①]

结合前述样本"独立同分布"的假设，该定理有如下推论。

设 X_1，X_2，…，X_n 是独立同分布的随机变量序列，$E(X_i)$ 和 $Var(X_i)$（$i=1$，2，…）存在，且：

$$E(X_i) = \mu \tag{4-51}$$

$$Var(X_i) = \sigma^2 \tag{4-52}$$

则对于任意的 $\varepsilon>0$，有：

$$\lim_{n\to\infty} P\left\{\left| \frac{1}{n}\sum_{i=1}^{n}X_i - \mu \right| < \varepsilon\right\} = 1 \tag{4-53}$$

简单而言，上式说明：

$$当 \ n\to\infty \ 时，\frac{1}{n}\sum_{i=1}^{n}X_i \xrightarrow{p} \mu$$

其中，"$\xrightarrow{p}$"表示依概率收敛（converge in probability）。

这一推论意味着，当 n 越大，则样本均值的观测值 $\bar{x} = \frac{1}{n}\sum_{i=1}^{n}x_i$ 越有可能接近总体均值 μ，用 $\bar{x}$ 来估计 μ 的误差也就越小。极端情况下，当 $n=N$ 时，$\frac{1}{n}\sum_{i=1}^{n}x_i$ 就等于 μ。在实际研究中，我们之所以倾向于选用较大容量的样本，

[①] 概率论教材推荐：Casella, G., Berger, R. L. Statistical Inference ［M］. Boston, Massachusetts：Cengage Learning, 2021；陈希孺. 概率论与数理统计［M］. 北京：中国科学技术大学出版社, 2009.

一个重要的原因就是：大样本量情况下的样本均值具有更可能接近总体均值这一特性。

4.5.1.2　伯努利大数定律

伯努利大数定律其实是历史上第一条大数定律，由数学家雅各布·伯努利（Jacob Bernoulli，1654 – 1705）提出。该大数定律较为特殊，证明的是二分类变量均值的稳定性。其定义为：

设 n_A 是 n 重伯努利试验中事件 A 发生的次数，π（$0 < \pi < 1$）是每次试验中 A 发生的概率，则对任意的 $\varepsilon > 0$，有：

$$\lim_{n \to \infty} P\left\{ \left| \frac{n_A}{n} - \pi \right| < \varepsilon \right\} = 1 \qquad (4 - 54)$$

该定律严格证明了频率的稳定性，为第 2 章"变量测量与概率分布"中所讨论的"当试验次数足够大时，可用频率来近似概率"的内容提供了数学支撑。此外，这一定律也表明，随着样本容量的增大，二分类变量的样本比例 $p = n_A/n$ 将趋近于总体比例 π，用样本比例来估计总体比例也就会更准确。

4.5.1.3　辛钦大数定律

辛钦大数定律（Wiener-khinchin law of large Numbers）也是一个常用的大数定律。该定律从理论上指出：用算术平均值来近似实际真值是合理的，从而使算术平均值的法则有了理论依据。

设 X_1，X_2，$\cdots$，X_n 是独立同分布的随机变量序列，且具有数学期望 $E(X_i) = \mu$（$i = 1, 2, \cdots$）（不要求方差存在），则对任意的 $\varepsilon > 0$，有：

$$\lim_{n \to \infty} P\left\{ \left| \frac{1}{n} \sum_{i=1}^{n} X_i - \mu \right| < \varepsilon \right\} = 1 \qquad (4 - 55)$$

结合以上三条定律可知，大数定律证明了如下的重要命题。

大数定律（统计推断中的应用）

随着样本容量 n 的增加，样本均值 $\bar{X}$ 将越来越稳定，并趋近总体均值 μ，即：

> 当 $n \to \infty$ 时，$\bar{X} \xrightarrow{p} \mu$
>
> 这一性质也说明样本均值是总体均值的一致（consistent）估计量（一致性的介绍请见第 5 章 "参数估计"）。

需要注意的是，在上述三个大数定律中，切比雪夫大数定律［见式（4-53）］与辛钦大数定律［见式（4-55）］的算式似乎很相似，但两者间除了限定条件不同，还有如此的区别。[①]

第一，伯努利大数定律是切比雪夫大数定律的特例，也是辛钦大数定律的特例。

第二，切比雪夫大数定律只要求随机变量序列 $|X_a|$ 独立，并不要求服从同分布，但要求每个 X_i 的方差都存在且有共同上界。而辛钦大数定律则去掉了方差存在的假设，仅假设每个 X_i 的数学期望存在，但同时要求 $|X_a|$ 服从独立同分布。

尽管大数定律的相关公式颇有 "乱花渐欲迷人眼" 之感，但它作为概率论历史上第一个极限定理，其基本思想却简单明晰，即第一，随着样本容量 n 的增加，样本均值 $\bar{X}$ 将越来越稳定，并趋近总体均值 μ；同时，某事件发生的频率无限逼近于此事件发生的概率。第二，只要样本容量足够大，就能反映总体的真实组成。这是我们在第 1 章 "数据准备" 中讨论抽样调查时一直强调大样本容量的理论基础。例如，我们要评估一种新药治疗对新冠病毒的效果，通常会设计大样本量随机案例对照试验（通常采用双盲法或三盲法），[②] 即随机案例对照研究（randomized case-control study）。其中，研究者通过抓阄、掷硬币等方式随机选取新冠患者，且样本量尽可能大，将患者随机分为两组：干预组（treated group，即实验组）与对照组（untreated group/control group，即控制组），"干预组" 服用新药，而 "对照组" 则服用 "安慰剂"（placebo）或不给予任何干预。其中，患者被分在哪一组或服药物的

① 茆诗松，程依明，濮晓龙. 概率论与数理统计教程［M］. 北京：中国统计出版社，2004：229-235.
② 有关此案例及大样本量双盲或三盲法随机控制试验的详细讨论见本书姊妹篇《从线性回归到因果推断》（出版中）的 "因果推断：双重差分估计" 章节。

剂量等，与其个体特征及其他混杂因素均是完全独立的。此外，还需要采用保密措施，使得患者与临床医生对于分组毫不知情。观察一段时间后，对该新药的疗效进行效果评估，并估计服药者的平均干预效应（average treatment effects on the treated，ATT）。

需要指出的是，大样本双盲随机控制试验是目前较为公认的评估药物疗效或项目效果的研究设计与机制分析框架，也是进行因果推断的重要基石，被奉为因果推断方法中的"黄金准则"（golden rule）。其中，随机选取新冠患者并将其分为两组，旨在避免患者因病情严重程度等因素导致的治愈效果阶段性差异；双盲实验对医患双方进行信息加密，旨在控制心理因素等对药物疗效带来的混杂影响；大样本量的设计，旨在稀释部分患者的免疫系统特强或特弱带来的混杂影响，试图完全反映或逼近真实情况，其背后的原理正是我们熟悉的大数定律（Law of Large Numbers）。[1]

尤其是近年来，越来越多的研究者利用随机试验方法对扶贫项目的效果进行评估，不仅改进了扶贫理念与策略，还提高了欠发达国家反贫困项目的整体水平，大幅度地减少了贫困人口。例如，2019 年，诺贝尔经济学奖颁给了麻省理工学院（MIT）发展经济学教授阿比吉特·巴纳吉（Abhijit Banerjee）、埃丝特·迪弗洛（Esther Duflo）[2] 及哈佛大学发展经济学教授迈克尔·克雷默（Michael Kremer），以奖励他们"在减轻全球贫困问题中实验方法的创新"。其中，阿比吉特·巴纳吉与埃丝特·迪弗洛夫妇在 MIT 共同创建了 J - PAL 贫困行动实验室（Abdul Latif Jameel Poverty Action Lab，J - PAL），旨在基于实验方法的科学依据制定扶贫政策，并致力于贫困人口的减少。在促进贫困地区儿童健康及教育公平方面，他们通常把宏观问题拆解为碎片化的更容易实际解决的问题，而且利用随机试验估计因果效应、量化效应并揭示内在的因果机制，来探索消除全球贫困的最佳实践方法，收到了良

---

[1]　大数定律为描述相当多次数重复实验的结果的定律，即样本量越大，其算术平均值就有越高的概率接近期望值，旨在说明随机事件均值的长期稳定性。该定律为概率论的第一条极限定理，为奠定统计学学科的基石。
[2]　2019 年诺贝尔经济学奖得主首次出现"夫妻档"，即阿比吉特·巴纳吉（Abhijit Banerjee）、埃丝特·迪弗洛（Esther Duflo）。此前曾有夫妻二人分别获得不同奖项的情况，即贡纳尔·缪达尔（Gunnar Myrdal）获得 1974 年诺贝尔经济学奖，其妻阿尔瓦·缪达尔（Alva Myrdal）获得 1982 年诺贝尔和平奖。

好的效果。①

4.5.2 中心极限定理

我们曾提到，若总体 X 服从正态分布，则样本均值的抽样分布为也为正态。但实际上，不仅总体分布通常是未知的，而且很少有总体分布是完全正态的。此时就可以借助中心极限定理来得到大样本条件下，$\bar{X}$ 的抽样分布的具体形态。

中心极限定理是概率论中的一组核心定理②。该组定理可概括如下。

中心极限定理（central limit theorem，CLT）

　　大量相互独立的随机变量，其均值的分布以正态分布为极限。

将其运用到 $\bar{X}$ 的抽样分布中，则有如下推论③。

中心极限定理（统计推断中的应用）

　　假定一个总体的均值为 μ、标准差为 σ，X_1，X_2，$\cdots$，X_n 是一个容量为 n 的简单随机样本。那么当 n 充分大时，无论总体分布如何，$\bar{X}$ 将近似 $N(\mu, \sigma^2/n)$ 的正态分布，即：

$$\bar{X} \overset{a}{\sim} N\left(\mu, \frac{\sigma^2}{n}\right) \tag{4-56}$$

---

　　① 因 J-PAL 实验室及巴纳吉夫妇在贫困方面的研究成果，他们曾于 2014 年共同获得美国社会科学研究联合会（SSRC）颁发的"赫希曼奖"，奖励他们"像赫希曼一样，持续致力于生产新的社会科学知识，拓展研究前沿阵地，并尝试解决深层的实践与伦理问题。"赫希曼奖以经济学家阿尔伯特·赫希曼（Albert O. Hirschman）的名字命名，于 2007 年首次颁发，两年一届。

　　② 事实上，这也是中心极限定理被称作"中心"最早的原因。中心极限定理最初仅被称作极限定理（Limit Theorem）。后来，出于该定理在概率论中所占的中心位置，数学家波利亚（George Pólya）于 1920 年首先在其名字前冠以"中心"一词。从此便有了"中心极限定理"的称谓。此外，值得注意的是，中心极限定理讲述的是样本均值随着 n 的增大而趋近正态分布，而不能由该定理推断出总体分布也一定为正态的结论（正如我们前面所强调的，总体分布和抽样分布是两个完全不同的概念）。此外，总体分布形态多种多样，而不仅仅只有正态分布一种。即使两个总体的均值相同、方差相同，这也不意味着它们的分布形态必然相同。例如，均值为 0、方差为 1 的分布，有可能是正态分布，也有可能为拉普拉斯分布（Laplace distribution）、双曲正割分布（hyperbolic secant distribution）、Logistic 分布、升余弦分布（raised cosine distribution）、维格纳的半圆形分布（Wigner semicircle distribution）等，会呈现出明显不同的峰度。

　　③ Blalock, H. M. Social Statistics [M]. New York：McGraw-Hill, 1972：135-136.

值得说明的是，虽然严格来说，中心极限定理证明的是标准化形式 $Z = \dfrac{\overline{X} - \mu}{\sigma/\sqrt{n}}$ 将随着 n 的增大而趋于标准正态分布（参见我们即将讨论的林德伯格—列维中心极限定理），但在实际应用中，我们也常据此将 $\overline{X}$ 视作近似 $N(\mu, \sigma^2/n)$ 分布。在统计推断中，尤其是对非正态总体进行推断时，经常会利用式（4-59）。

图4-16 展示了对于任意不同的总体，其样本均值的抽样分布随样本量增

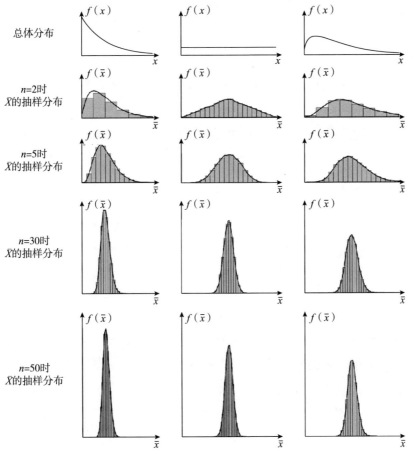

图4-16 中心极限定理：不同总体下 $\overline{X}$ 的抽样分布都将归于正态分布

注：总体分布从左到右依次是指数分布、均匀分布和伽马分布。

加的变化趋势。中心极限定理表明它们最终都将逼近于正态分布，从此图已可初见端倪。

　　n 多大才算"充分大"呢？这一般取决于两点：第一，对抽样分布近似正态分布程度的要求。对近似程度的要求越高，则 n 要越大。第二，总体分布的形态。对一般的总体分布来说，$n \geqslant 50$ 即可。[①] 但若总体远远偏离正态分布，如呈严重偏态或有多峰，则 n 需要更大；反之，若总体分布十分对称，则 n 很小便能使样本近似正态。例如，对于图 4 – 16 中第一和第三列的指数分布和伽马分布总体，$n=2$ 时的抽样分布虽然不如总体分布那样右偏，但仍然高度右偏；$n=5$ 时偏态程度有所下降，但仍然非对称；$n=30$ 时则有了很大改观。相比之下，对称的均匀分布总体在 $n=2$ 时其抽样分布就呈现了中心聚集的对称趋势，$n=5$ 时抽样分布已近似正态分布的钟形曲线。因社会科学调查的样本量通常都远大于 50，故一般而言，可以认为来自这些数据的 $\bar{X}$ 的抽样分布是近似正态的。

　　下面我们给出中心极限定理的两种类型与数学表达，供感兴趣的读者参考。

4.5.2.1　林德伯格—列维中心极限定理

　　设 X_1，X_2，$\cdots$，X_n 是独立同分布的随机变量序列，且数学期望和方差为 $E(X_i)=\mu$，$Var(X_i)=\sigma^2>0$（$i=1$，2，$\cdots$），则对任意的实数 x 有：

$$\lim_{n\to\infty}P\left\{\frac{\sum_{i=1}^{n}X_i-n\mu}{\sqrt{n}\sigma}\leqslant x\right\}=\frac{1}{\sqrt{2\pi}}\int_{-\infty}^{x}e^{-\frac{t^2}{2}}\mathrm{d}t=\Phi(x) \qquad (4-57)$$

需注意，这一定理并没有对总体的分布形态做出要求。

　　简单而言，设总体的均值和标准差分别为 μ 和 σ。该定理说明不论总体分布如何，$Z=\dfrac{\bar{X}-\mu}{\sigma/\sqrt{n}}$ 都将近似标准正态分布：

[①] 也有部分教材认为 n 大于 30 即可，参见贾俊平. 统计学（第 6 版）[M]. 北京：清华大学出版社，2014：143.

$$当\ n\to\infty\ 时，\ \frac{\overline{X}-\mu}{\sigma/\sqrt{n}}\overset{a}{\sim}N(0,\ 1)$$

4.5.2.2　棣莫弗—拉普拉斯中心极限定理

该定理是最早的中心极限定理，由法国数学家阿布拉罕·棣莫弗（Abraham de Moivre，1667～1754）最先发现，之后又由法国数学家皮埃尔－西蒙·拉普拉斯（Pierre－Simon Laplace，1749～1827）加以完善，其描述的是二分类变量的极限分布，可视作林德伯格—列维中心极限定理的特例。

设 n_A 是 n 重伯努利试验中事件 A 发生的次数，π（$0<\pi<1$）是每次试验中 A 发生的概率，则对任意的实数 x 有：

$$\lim_{n\to\infty}P\left\{\frac{n_A-n\pi}{\sqrt{n\pi(1-\pi)}}\leqslant x\right\}=\frac{1}{\sqrt{2\pi}}\int_{-\infty}^{x}e^{-\frac{t^2}{2}}\mathrm{d}t=\Phi(x)\qquad(4-58)$$

简单来说，设 p 为样本比例，则：

$$当\ n\to\infty\ 时，\ \frac{p-\pi}{\sqrt{\pi(1-\pi)/n}}\overset{a}{\sim}N(0,\ 1)$$

易知 n_A 服从二项分布 $B(n,\ p)$。因此，该项定理表明二项分布的极限形式就是正态分布。此外，该定理也说明当 n 充分大时（一般要求 $n\pi\geqslant10$ 且 $n(1-\pi)\geqslant10$），样本比例的分布将近似正态分布。

中心极限定理从研究二项分布逐渐推广到描述独立同分布的随机变量序列之和。甚至统计学家进一步发现，独立但不同分布，或既不独立也不同分布的随机变量序列之和也以正态分布为极限。有关"独立同分布的随机变量序列之和"的定理我们暂未讨论，但它表明对于各种任意分布形状的变量，即使它们不严格独立，但当它们数量足够多时，加在一起所形成的随机变量或均值仍会近似正态分布，具体如图 4－17 所示。在实际问题中，这意味着若一变量是受大量随机因素的影响而构成的，而其中每个因素的作用是微小的，则这个变量通常近似服从正态分布。①

---

① Stata 模拟中心极限定理的命令：`.clt`，读者朋友可以自行操作。

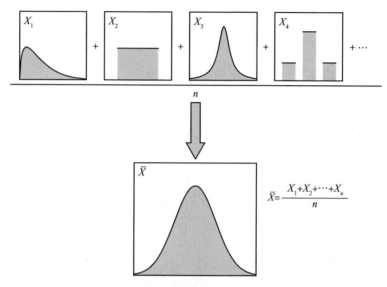

$$\bar{X} = \frac{X_1 + X_2 + \cdots + X_n}{n}$$

图 4-17 独立不同分布的随机变量序列的均值仍近似标准正态分布

简单来说，大数定律证明了样本均值的稳定性，即随着样本量的增加，样本均值将趋于总体均值。而中心极限定理表明，不管总体分布的形态如何，随着样本容量的增加，样本均值的抽样分布都将趋于正态。

4.6 本 章 小 结

从本章起，我们就开始讨论统计推断的内容。**统计推断**能帮助我们完成由样本特征推及到总体特征的过程，即基于从样本概括出的统计量，以概率形式对总体的未知参数进行推断。其中，**总体参数**是指一个固定但往往未知的数值，而**样本统计量**则是用于提炼样本特征的样本的函数，其将样本中杂乱的个体信息整合为一个概括性的数值，是统计推断的重要基础。

除了表示研究对象外，总体和样本中的个体还可以视作随机变量，分别由总体或样本个体在某特征上的所有可能取值构成。对于简单随机样本，我们可以假定样本的个体之间"独立同分布"，即彼此相互独立且拥有与总体相同的分布。这一性质是抽样分布、大数定律、中心极限定理，以及之后统计推断和回归分析的重要假定。

我们知道，统计量是样本的函数，因此从这个意义上来说，统计量也是一个随机变量，并有自己的分布。统计量的概率分布被称为**抽样分布**。抽样分布是一个理论上的分布，描述的是所有可能样本的统计量值所构成的分布。它可由两个数字特征来概括：均值和**标准误**。

常见的抽样分布包括样本均值、样本比例、两个样本均值之差、两个样本方差之比等分布，以及检验统计量，如 χ^2 统计量、t 统计量和 F 统计量的分布。根据这些抽样分布，我们便能得知样本特征在样本与样本之间的变化规律，为下一步的统计推断奠定基础。

此外，统计学中还有两组重要的定理——大数定律和中心极限定理。**大数定律**并非简单的经验规律，而是以严格数学证明为基础的随机现象的统计规律。它不仅证明了样本均值的稳定性，还证明了频率的稳定性，即随着样本容量的增加，样本均值将趋于总体均值；同时，随着样本容量的增加，某事件发生的频率将无限逼近于此事件发生的概率。**中心极限定理**则表明，不管总体分布的形态如何，随着样本容量的增加，样本均值的抽样分布都将趋于正态分布。这两组定理均是极限定理，为概率论及统计学的"成事之基"。例如，前者为参数估计奠定了理论基础，后者则为误差分析铺下了理论基石。若离开这两组定理，则统计推断寸步难行。

第 5 章

参数估计

If you can't get it right as *n* goes to infinity, you shouldn't be in this business. [①]

——2003 年诺贝尔经济学奖得主克莱夫·格兰杰（Clive Granger）

统计推断是统计学的重要功能之一，是以概率论与数理统计学为理论和方法论基础，是从样本特征来推断总体特征的统计方法。它包括三个部分：一是参数估计，即利用样本统计量估计未知的总体参数；二是假设检验，即先对总体参数提出某种假设，再以样本数据对该假设进行检验；三是在样本估计的基础上对总体进行预测。当然，合理推断须以样本由随机抽样产生为前提。我们在本章将集中讨论参数估计。

正如我们在上一章所述，总体参数（parameter）是代表总体特征的数值，即描述总体特性的指标往往是一个未知值，需要我们以样本数据为基础，建立样本统计量进行推断。样本统计量（statistics）是对样本特征的测量，其实质是样本的函数，不含任何未知参数。[②] 可以说，统计量的意义即服务于对总体参数的推断。

我们称用于估计总体参数 θ 的样本统计量为**估计量**（estimator），记作 $\hat{\theta}$，

---

① 译文：如果随着 *n* 趋近无穷，你都不能得到正确的值，那无异于浪费时间。

② 统计量主要包括三类。其中，描述性统计量用于描述样本特征，我们已在第 3 章"描述性统计"中讨论；估计量用于估计总体参数，将在本章进行介绍；检验统计量用于假设检验，具体可参见本书姊妹篇《进阶社会统计学及 Stata 应用》的"假设检验"章节。

（"ˆ"读作"hat"，是标记估计量的符号）。估计量的具体观测值则称为**估计值**（estimate）。样本估计量为样本的函数，而估计值则是由实际的样本观测值计算出的结果。若以一个点的数值形式给出估计，则这种参数估计方法被称为"点"估计（point estimation）。[①] 若对样本估计量构造一个区间，使该区间在要求的可信程度下包含未知参数的估计则为区间估计（interval estimation）。进行点估计的目的是找到一个最佳的估计量，以用该估计量的值来直接近似总体参数。但这种只使用单个值的估计过于确切，其正确性难以保证。更保险的方法为区间估计，即给出总体参数所在的取值范围或取值区间，以某估计量为中心，向两侧扩展来估计总体参数可能存在的范围，以使该区间能以较大的概率包含总体参数。

我们把统计学教材中总体参数及其估计量的通用标识如表 5 - 1 所示。

表 5 - 1　　　　　　　　　　总体参数及其估计量的通用符号标识

统计指标	参数	估计量				读音
		符号	点统计量	标准误	$(1-\alpha)\%$ 区间估计（双侧）[②]	
均值	μ	$\hat{\mu}$	$\overline{X}$	$\dfrac{\sigma}{\sqrt{n}}$	$\overline{X} \pm t_{\alpha/2}\dfrac{\sigma}{\sqrt{n}}$	$\mu/\text{'mjuː}/$
中位数	$\eta_{0.5}$	$\hat{\eta}_{0.5}$	$\widetilde{X}_{0.5}/m_{0.5}$			
第 1 四分位数	$\eta_{0.25}$	$\hat{\eta}_{0.25}$	$\widetilde{X}_{0.25}/m_{0.25}$			$\eta/\text{'eɪtə}/$
第 3 四分位数	$\eta_{0.75}$	$\hat{\eta}_{0.75}$	$\widetilde{X}_{0.75}/m_{0.75}$			
比例	π	$\hat{\pi}$	p	$\sqrt{\dfrac{\pi(1-\pi)}{n}}$	$p \pm t_{\alpha/2}\sqrt{\dfrac{p(1-p)}{n}}$	$\pi/\text{'paɪ}/$
标准差	σ	$\hat{\sigma}$	S			$\sigma/\text{'sɪgmə}/$

---

① 点估计量源自英国统计学家罗纳德·费希尔（Ronald Fisher）提出的充分统计量（sufficient statistics）概念。能集中所有总体信息的样本统计量为充分统计量（记为 T），即我们没有同一样本的任何其他统计量可以提供有关未知总体参数中任何其他的额外信息。通常来说，满足随机概率抽样前提所得的样本统计量，即为估计总体参数的充分统计量。

② 此处仅以 t 统计量为例。若为 Z 统计量，则同样处理。

续表

统计指标	参数	估计量				读音
		符号	点统计量	标准误	$(1-\alpha)\%$ 区间估计（双侧）	
方差	σ^2	$\hat{\sigma}^2$	S^2	不要求	$\dfrac{(n-1)S^2}{\chi^2_{\alpha/2}}\leqslant\sigma^2\leqslant\dfrac{(n-1)S^2}{\chi^2_{1-\alpha/2}}$	$\sigma/\text{'sɪgmə}/$
协方差	σ_{XY}	$\hat{\sigma}_{XY}$	S_{XY}			
简单相关	$\rho/\gamma/\lambda/\tau$	$\hat{\rho}/\hat{\gamma}/\hat{\lambda}/\hat{\tau}$	r			$\gamma/\text{'gæmə}/,$ $\lambda/\text{'læmdə}/,$ $\tau/\text{'taʊ}/,$ $\rho/\text{'roʊ}/$

注：每个总体参数的点估计量（符号见第二列）是第三列的样本统计量。
资料来源：贾俊平，何晓群，金勇进．统计学（第 6 版）［M］．北京：中国人民大学出版社，2015：172-173．同济大学数学系．概率论与数理统计［M］．北京：人民邮电出版社，2017：174．

5.1 点 估 计

点估计（point estimation）是指使用样本数据以样本函数计算出一个具体的估计值作为总体参数估计的方法。[①] 由于估计结果以一个点的数值表示，因此这种参数估计方法被称为"点"估计。其中，估计量又被称为**点估计量**（point estimator），估计值被称为**点估计值**（point estimate）。例如，样本均值是总体均值的一个点估计量，样本比例是总体比例的一个点估计量，样本方差是总体方差的一个点估计量。

怎样的点估计量才算好呢？一般需要满足三个标准，即无偏性（unbiasedness）、有效性（efficiency）和一致性（consistency）（参见本章 5.1.2 节）。

得到点估计量的方法主要有：矩估计（method of moments）、最大似然估计（maximum likelihood estimation，MLE）、最小二乘法（least squares）和贝叶斯估计（Bayesian estimation）等（参见本章 5.1.3 节）。

---

① 卢淑华．社会统计学（第 3 版）［M］．北京：北京大学出版社，2005：183．

5.1.1　常用估计量

设 X_1，X_2，$\cdots$，X_n 为来自总体的一个随机样本，常见总体参数的点估计量如表 5 – 2 所示。

表 5 – 2　　　　常用总体参数及点估计量的计算

总体参数（θ）	点估计量（$\hat{\theta}$）
总体均值 μ	样本均值 $\hat{\mu} = \bar{X} = \dfrac{1}{n}\displaystyle\sum_{i=1}^{n} X_i$
总体方差 σ^2	样本方差 $\hat{\sigma}^2 = S^2 = \dfrac{1}{n-1}\displaystyle\sum_{i=1}^{n}(X_i - \bar{X})^2$ [①]
总体比例 π	样本比例 $\hat{\pi} = p$

例如，假设我们计算出 CHIP 2013 数据中受访者的平均受教育年限为 8 年，城镇受访者的平均年收入为 38481.97 元。那么利用点估计的方法，可以说 2013 年中国人平均受教育年限据估计为 8 年，2013 年中国城镇居民的平均年收入据估计为 38481.97 元。

5.1.2　点估计评判标准

在表 5 – 2 中，我们直接给出了特定参数的常用点估计量，但理论上对于每一个未知参数，我们都有许多统计量可供选择。例如，在估计总体均值时，可以选用样本均值、样本中位数或单个数值 X_i 等。那么，为什么样本均值最为常用？毫无疑问，这是因为该估计量的表现最为优良。那么如何评价估计量的优劣呢？统计学家提供了三个评价标准：**无偏性**（unbiasedness）、**有效**

---

① 0 – 1 变量的样本方差与总体方差也用此式进行估计。

性（efficiency）和一致性（consistency）①。

5.1.2.1 无偏性

无偏性（unbiasedness）是点估计的基础评价标准之一。其数学定义如下。

无偏性

设 $\hat{\theta}$ 为未知参数 θ 的一个估计量，若 $E(\hat{\theta}) = \theta$，则称 $\hat{\theta}$ 为 θ 的无偏估计量（unbiased estimator）；若 $E(\hat{\theta}) \neq \theta$，则称 $\hat{\theta}$ 为 θ 的有偏估计量（biased estimator），并将 $E(\hat{\theta}) - \theta$ 称作估计量 $\hat{\theta}$ 的偏差或偏倚（bias）。

无偏估计量和有偏估计量的抽样分布如图 5 – 1 所示。

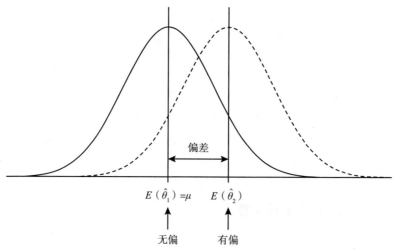

图 5 – 1 无偏估计量（$\hat{\theta}_1$）和有偏估计量（$\hat{\theta}_2$）的抽样分布

可以证明，对于一个独立同分布的随机样本 X_1，X_2，$\cdots$，X_n，表 5 – 2 中的样本均值 $\bar{X}$、样本方差 S^2 和样本比例 p 都是无偏估计量，即 $E(\bar{X}) = \mu$，$E(S^2) = \sigma^2$，$E(p) = \pi$。其中，$\bar{X}$ 和 p 的无偏性已在第 4 章予以证明（参见

---

① 部分教材将 consistency 译为相合性。例如，龙永红. 概率论与数理统计 [M]. 北京：高等教育出版社，2004：149.

第4章"抽样分布"中4.3.2.1小节与4.3.2.2小节的证明)。下面我们给出 $S^2 = \frac{1}{n-1}\sum_{i=1}^{n}(X_i - \bar{X})^2$ 无偏,而 $S_n^2 = \frac{1}{n}\sum_{i=1}^{n}(X_i - \bar{X})^2$ 有偏的证明。这里 S^2 的无偏性便是我们在第3章"描述性统计"中强调的,样本方差分母为 $n-1$ 而不是 n 的一个重要原因。

假定 X_1,X_2,…,X_n 是一个随机样本,满足独立同分布。试证明 S^2 无偏,而 S_n^2 有偏,即 $E(S^2) = \sigma^2$,$E(S_n^2) \neq \sigma^2$。

证 因为:

$$S^2 = \frac{1}{n-1}\sum_{i=1}^{n}(X_i - \bar{X})^2 = \frac{1}{n-1}\sum_{i=1}^{n}(X_i^2 - 2X_i\bar{X} + \bar{X}^2)$$

$$= \frac{1}{n-1}(\sum_{i=1}^{n}X_i^2 - 2n\bar{X}^2 + n\bar{X}^2) = \frac{1}{n-1}(\sum_{i=1}^{n}X_i^2 - n\bar{X}^2)$$

$$(5-1)$$

所以:

$$E(S^2) = \frac{1}{n-1}(\sum_{i=1}^{n}E(X_i^2) - nE(\bar{X}^2)) = \frac{n}{n-1}[E(X^2) - E(\bar{X}^2)]$$

$$(5-2)$$

又因为:

$$E(X^2) = Var(X) + [E(X)]^2 = \sigma^2 + \mu^2 \qquad (5-3)$$

$$E(\bar{X}^2) = Var(\bar{X}) + [E(\bar{X})]^2 = \frac{\sigma^2}{n} + \mu^2 \qquad (5-4)$$

所以:

$$E(S^2) = \frac{n}{n-1}\left[\sigma^2 + \mu^2 - \left(\frac{\sigma^2}{n} + \mu^2\right)\right] = \sigma^2 \qquad (5-5)$$

即 S^2 是 σ^2 的无偏估计量。

还可以证得 $S_n^2 = \frac{1}{n}\sum_{i=1}^{n}(X_i - \bar{X})^2$ 是 σ^2 的有偏估计量:

$$E(S_n^2) = E\left(\frac{n-1}{n}S^2\right) = \frac{n-1}{n}\sigma^2 \neq \sigma^2 \qquad (5-6)$$

偏差为：

$$E(S_n^2) - \sigma^2 = -\frac{\sigma^2}{n} \qquad (5-7)$$

由此可见，当样本量 n 较小时，S_n^2 偏倚的程度较大，采用 S_n^2 可能得到十分错误的结果，因此有必要使用 S^2 以保证方差估计无偏。随着 n 的增加，S_n^2 的偏倚越来越小，S_n^2 与 S^2 在无偏性上的表现几乎一样好，无偏与否也就不太影响我们对 σ^2 估计量的选择。

例如，我们想知道全世界华人的平均 IQ(θ)，但不可能穷尽测量每一个华人的 IQ，因此只有尝试通过随机抽样来估计总体参数。虽然实际样本的平均 IQ 不可能恰好等于 θ，但根据样本均值的无偏性，我们清晰地知道如果可以重复抽样下去，那么所有样本的均值一定会围绕 θ 波动。因此，无偏性反映了估计量抽样分布期望的性质，且只有在不断随机抽样的理论设想下，讨论无偏性才是有意义的。

再如，对于一个随机样本 $\{X_i: i = 1, \cdots, n\}$，由独立同分布的性质可推知有 $E(X_i) = \mu$，因此任意元素 X_i 实际上也是总体均值 μ 的无偏估计量。[①] 假如我们想知道 2020 年东京奥运会 10 米气步枪射击比赛选手（包括中国选手杨倩等）的真实射击水平。[②] 在比赛中，选手会射击多次，每次命中的环数都有所不同，可能比其真实的射击水平差一点或好一点。但由于每次射击都是独立的（假设没有心态的影响）且都源于其真实水平，因此打靶点都会在她真实射击水平附近随机波动，因此我们说其总射击成绩将会是她/他们真

[①] X_i 为随机变量，其取值由每一个可能样本中的第 i 个元素组成，一次的射击结果只是这个随机变量中的一个取值 x_i。随机变量 X_i 是估计量，某实际取值 x_i 是估计值。讨论无偏性时仅针对估计量，因此只说这个估计量是无偏的，而某实际取值 x_i 很可能并不等于参数真值。也就是说，在实际比赛中，有可能会出现射击意外而远离靶心的情况，但我们还是假定随机变量 X_i 的估计量具有理论上的无偏性。

[②] 10 米气步枪（10 meter air rifle）为奥运会射击比赛项目之一。在资格赛中，射手在距靶 10 米处并采用立姿，在 75 分钟内射击 60 发子弹，成绩排名前 8 的进入决赛；在决赛中，资格赛成绩被清零重置，决赛参赛者先进行 2 组 5 发射击，每组限时 4 分 10 秒。此后逐发射击，每发限时 50 秒。从第 12 发开始，决赛成绩最低的一位将被淘汰，此后每两发淘汰成绩最低的一位，直到第 24 发结束后产生冠亚军为止。资料来源：ISSF 10 meter air rifle [EB/OL]. https://en.wikipedia.org/wiki/ISSF_10_meter_air_rifle. 检索日期：2022 - 03 - 06.

实水平环数的无偏估计。

需要提醒的是，运动员在 2020 年东京奥运会上的比赛成绩（估计值）几乎不可能恰好等于其真实水平（θ），但其所有射击比赛中的成绩应以 θ 为中心左右浮动。换用数学语言来表达，即估计量 $\hat{\theta}$ 的抽样分布的均值或期望应等于 θ。

不同无偏估计量的抽样分布关于 θ 的离散程度不同，这说明无偏性具有一定缺陷，它并不能保证相比于另一无偏估计量，某无偏估计量的值能更精确地估计总体参数。例如，$\bar{X}$ 和 X_i 同为 μ 的无偏估计量（$E(\bar{X}) = \mu$，$E(X_i) = \mu$），但仅用样本中的一个观测值去估计总体均值显然比用样本均值不精确得多。因此，我们需要引入另一个标准——有效性，以限制估计量关于 θ 的离散程度。

5.1.2.2 有效性

假设针对同一总体参数 μ 我们有两个无偏的估计量 $\hat{\theta}_1$ 和 $\hat{\theta}_2$，其中 $\hat{\theta}_1$ 的抽样分布更聚拢于 μ，而 $\hat{\theta}_2$ 的抽样分布更加分散，如图 5–2 所示。显然，在同样无偏的情况下，我们会优先选择 $\hat{\theta}_1$，因为相比于 $\hat{\theta}_2$，$\hat{\theta}_1$ 给出的各样本的估计值更集中在 μ 附近，因而每一次具体的估计会有更大的概率接近 μ。换用统计学语言来说，即 $\hat{\theta}_1$ 估计量的**精确度**（precision）更高。估计量的精确度一般用其标准误或方差来测量。由此引入比较两个无偏估计量优劣的标准——**有效性**（efficiency）。对于两个无偏估计量，我们称方差更小的估计量更有效。

有效性

　　设 $\hat{\theta}_1$ 和 $\hat{\theta}_2$ 都是参数 θ 的无偏估计量，若对于任意固定的样本容量 n，都有 $Var(\hat{\theta}_1) < Var(\hat{\theta}_2)$，则称 $\hat{\theta}_1$ 比 $\hat{\theta}_2$ 更有效。同时，称同一参数方差最小的无偏估计量为**最小方差无偏估计量**（minimum-variance unbiased estimator，MVUE）。

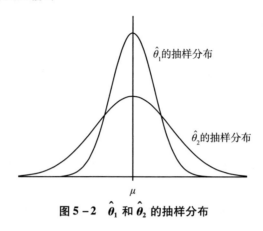

$\hat{\theta}_1$的抽样分布

$\hat{\theta}_2$的抽样分布

μ

图 5 – 2 $\hat{\theta}_1$ 和 $\hat{\theta}_2$ 的抽样分布

从有效性的定义可知，有效性是相对的，即标准差越小，估计量的有效性越高，估计值接近总体参数的可能性越高。因此，我们甚至期望能获得最有效的最小方差无偏估计量。

让我们再以 2020 年东京奥运会 10 米气步枪射击比赛为例。假定运动员的真实水平是正中靶心（10.4 环）。根据 $\bar{X}$ 和 X_i 同为 μ 的无偏估计量的常识可知，单次射击成绩和每 10 次射击的平均成绩都是其真实水平的无偏估计量。这两种估计量的估计值，即每次射击的落靶点和每 10 次射击的平均落靶点，都围绕在运动员的真实水平附近，但"两害相权取其轻、两利相权取其重"，我们会从中优先选取那个最接近真实水平的无偏估计量作为其有效估计。在现实中，我们通常会选择每 10 次射击的平均成绩作为有效估计量，这主要是因为每 10 次射击的估计量会更加有效和精准，即得到的估计更有可能接近运动员的真实水平。若能得到多个无偏估计量，则我们也要优中选优，即选取离运动员真实水平最近的无偏估计量作为其有效估计。换句话说，估计量越靠近"真实水平"，就越有效。

值得注意的是，无偏性和有效性都以样本量 n 固定为前提。因此，在比较两个无偏估计量的有效性时，需以 n 相等为前提。例如，对于同一个估计量（如 $\bar{X}$），不能因为标准误 $\sigma_{\bar{x}} = \sigma / \sqrt{n}$ 会随 n 的增大而减小，就称样本量大时的 $\bar{X}$ 比样本量小时的 $\bar{X}$ 更有效。这也说明有效性的比较是在给定 n 相等的条件下，在不同估计量之间进行的，而不是对同一估计量在不同样本量下的比较。

例如，在无偏性的例子中我们提到，虽然 X_i 与 $\bar{X}$ 都是 μ 的无偏估计量，但 X_i 并不是一个好的估计量。这是因为 $Var(X_i) = \sigma^2 > \sigma_{\bar{X}}^2 = \dfrac{\sigma^2}{n}$，即 X_i 远不如 $\bar{X}$ 有效。

通常我们会说，样本均值 $\bar{X}$ 会比其他点估计量具有更大的相对有效性（relative efficiency），[①] 这也是我们在统计分析中更常采用样本均值代表数据的中心并进行回归分析的主要原因之一。回归分析是社会科学领域中最基础、最经典的量化分析方法，我们将在本书的姊妹篇《进阶回归及 Stata 应用》和《从线性回归到因果推断》中予以详细讨论，但出于知识系统性及连贯性的考量，我们在此对"样本均值为更加有效的估计量"这一特性作一解释。

一言以蔽之，回归分析的本质是向均值回归（regression toward the mean）。常有读者问及原因，我们的回答通常有两点：一是解释"回归"一词的起源，即著名优生学家、统计学家法兰西斯·高尔顿（Francis Galton）在研究亲子间的身高时，除发现父母的身高对子女有代际遗传作用外，还发现子女身高有一种逐渐"向均值回归"的趋势，即向人类身高的均值无限逼近的有趣现象。二是说明样本均值统计量的有效性高于样本中位数。我们知道，若样本量足够大，则子女的身高服从正态分布，其均值与中位数的期望都等于 μ。因此，这两者都是身高的无偏估计量，但它们之间却存在这样一种函数关系，即当总体正态且样本量足够大时，有[②]：

$$\sigma_{median} = 1.253 \frac{\sigma}{\sqrt{n}} > \sigma_{\bar{X}} = \frac{\sigma}{\sqrt{n}} \tag{5-8}$$

从式（5-8）可以看出，样本均值的标准差比样本中位数的标准差更小，这足以说明 $\bar{X}$ 更能代表数据的中心，更有效。[③] 同时，在理论上也可以证明样本均值是数据中心的最佳表达式。因此，我们通常采用样本均值表达

---

①③ 戴维. 安德森，丹尼斯. 斯维纪，托马斯. 威廉姆斯. 商务与经济统计（第 8 版）[M]. 王国成等，译，北京：中信出版社，2003：296.

② Shen，E. Note on the sampling error of the median [J]. Journal of Educational Psychology，1935，26（2）：154；Standard Error of the Median [EB/OL]. https：//influentialpoints. com/Training/standard_error_of_median. htm. 检索日期：2021 - 12 - 25.

测量结果或用于回归分析。[①]

5.1.2.3　一致性

随着样本容量 n 的增大，样本包含的总体信息将越来越多。因此，随着 n 的无限增大，基于样本的估计量也应当越来越逼近参数的真值（如图 5 – 3 所示），此即**一致性**（consistency）。

一致性

　　设 $\hat{\theta}_n$ 为未知参数 θ 的一个估计量，n 为样本容量，若对于任意给定的正数 ε，有：

$$\lim_{n \to \infty} P\{ |\hat{\theta}_n - \theta| < \varepsilon \} = 1 \qquad (5-9)$$

则称 $\hat{\theta}_n$ 是 θ 的一致估计。否则，称 $\hat{\theta}_n$ 不一致（inconsistent）。

一致性要求 $\hat{\theta}$ 依概率收敛于 θ，记为：

$$n \to \infty, \quad \hat{\theta}_n \xrightarrow{p} \theta$$

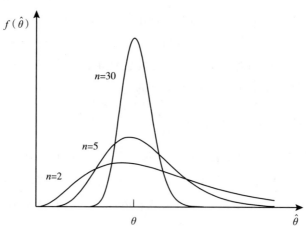

图 5 – 3　某一致估计量在不同样本容量下的抽样分布

---

　　① 杜子芳. 抽样技术及其应用 [M]. 北京：清华大学出版社，2005：21.

让我们继续以 2020 年东京奥运会 10 米气步枪射击比赛为例，若运动员们在比赛中射击的次数无穷多，则其最终的成绩一定无限接近于她/他们自身的真实水平。但赛场上对射程、射击位置、子弹数量、发射规定时间等有严格的限定。例如，根据国际射击联合会（ISSF）的规定，女子 10 米气步枪奥运会决赛的规则如下：参赛者首先进行 2 组，每组 5 发射击，每组限时 4 分10 秒。之后，参赛者逐发射击，每发限时 50 秒。从第 12 发开始，成绩最低的参赛者将被淘汰。此后每两发淘汰成绩最低的参赛者，直至第 24 发结束，决出冠亚军。[①] 这说明在奥运赛场上，是不可能让选手们射击无穷多次的，因此奥运选手的当场成绩并非完全等同于其自身的真实水平。

再如，我们经常习惯性地根据平时模拟考试的平均成绩来预测正式考试的成绩，这实质上已不经意地运用了无偏性和一致性的原理。若每次模拟考试的题型和难度等都与正式考试相似（标准化考试如 GRE、TOEFL 等通常如此），且成绩互不影响（如不受之前考试结果的心态影响），则所有已参加的模拟考试成绩可视为一个随机样本。根据样本均值的无偏性，我们可以用多次模拟考试的平均成绩来预测正式考试的成绩，且一致性告诉我们，模拟考试次数越多，对这一预测将越有把握。

结合对无偏性及有效性的讨论可知，当我们用无偏性和有效性来评价估计量时，都以样本量 n 固定为前提，但一致性则允许 n 变化，关注的是当 n 趋于无穷时，$\hat{\theta}_n$ 的抽样分布的变化情况（如图 5-3 所示）。一致性的要求是随着 n 的增加，$\hat{\theta}_n$ 的抽样分布应越来越聚拢在 θ 附近，即随着 n 变大，一致估计量给出的估计值越有可能接近参数真值。[②] 这也是研究者偏好大样本量数据的动因之一。

需要注意的是，一个无偏估计量不一定具有一致性。但由一致性的定义易推知如下定理：若无偏估计量的标准误随着样本容量 n 的增大而趋近 0，则该无偏估计量也同时是一致的，即若 $E(\hat{\theta}_n) = \mu$，且 $n \to \infty$，$Var(\hat{\theta}_n) \to 0$，

---

① International Shooting Sport Federation. Shooting Competition Rules ［EB/OL］. https：//www. issfs-ports. org. 检索日期：2024-07-04.

② 在脱离有限样本量的条件下，对当 n 趋于无穷时统计量性质的讨论，属于大样本理论的内容，一般会在高级统计学或高级计量经济学课程中系统介绍。参见本书的姊妹篇《从线性回归到因果推断》（出版中）。

则 $\hat{\theta}_n \xrightarrow{p} \theta$。从图形上（见图 5-3）可以理解为：如果无偏估计量 $\hat{\theta}_n$ 的抽样分布以 θ 为中心，且随着 n 的增大逐渐向 θ 聚拢并趋近于一条 $\hat{\theta}_n = \theta$ 的垂直线，则 $\hat{\theta}_n$ 是一致的。例如，$E(\bar{X}_n) = \mu$，且 $n \to \infty$，$Var(\bar{X}_n) = \sigma^2/n \to 0$，因此 $\bar{X}_n \xrightarrow{p} \mu$。当然，$\bar{X}$ 的一致性也由大数定律严格证明（参见第 4 章 4.5.1 节）：根据大数定律可知，随着样本容量的增加，样本均值将无限趋于总体均值，即我们可以通过增加样本量（n）来减少估计量抽样分布的标准误；若该估计量也同时具有一致性，则随着 n 的增加，估计值将越来越逼近 θ 真值。

我们此前讨论说，无偏性是估计量的基础性质，但事实上一致性才是对估计量最基本的要求。若我们在实际研究中，无论怎样增加样本量（甚至抽取整个总体），$\hat{\theta}_n$ 都不会接近 θ，则说明 $\hat{\theta}_n$ 无法识别 θ，使用 $\hat{\theta}_n$ 就是在浪费时间。[①]

概括来说，一个优良的估计量应该满足无偏性、有效性和一致性。其中，给定样本量，无偏性要求 $\hat{\theta}$ 抽样分布的期望等于 θ，有效性要求 $\hat{\theta}$ 的标准差尽可能小，而一致性要求随着样本量的增大，$\hat{\theta}$ 应逐渐逼近参数真值。例如，在上文奥运会射击比赛的案例中，若把每个估计值比作落靶点，则无偏性是指射中的位置接近靶心周围，有效性则要求我们选取离真实水平最近的无偏估计量，一致性是指运动员的射击次数越多（趋近于无穷时），越能反映她/他的真实射击水平。

5.1.3 点估计的方法

常用的点估计方法有**矩估计**（method of moments）、**最大似然估计**（maximum likelihood estimation，MLE）、**最小二乘法**（least squares）和**贝叶斯估计**（Bayesian estimation）等。其中前三种是回归分析中最常见的估计方法。下面

---

① 2003 年诺贝尔经济学奖得主克莱夫·格兰杰（Clive Granger）曾说：If you can't get it right as n goes to infinity, you shouldn't be in this business. 译文：若在 n 趋于无穷时仍无法掌握正确方法，则不宜涉足此行业。

我们集中介绍矩估计和 MLE，最小二乘法则将在本书姊妹篇《从线性回归到
因果推断》中进行重点讨论。

5.1.3.1 矩估计

定义总体 **k** 阶原点矩为 $\gamma_k = E(X^k)$，总体 **k** 阶中心矩为 $\mu_k = E\big[(X - E(X))^k\big]$。同时定义样本矩如下（参见第 4 章"抽样分布"）。

（1）样本 k 阶原点矩：$A_k = \dfrac{1}{n} \sum\limits_{i=1}^{n} X_i^k \ (k=1,\ 2,\ \cdots)$；

（2）样本 k 阶中心矩：$B_k = \dfrac{1}{n} \sum\limits_{i=1}^{n} (X_i - \bar{X})^k \ (k=1,\ 2,\ \cdots)$。

设连续型随机变量 X 的总体分布的概率密度为 $f(x;\ \theta_1,\ \theta_2,\ \cdots,\ \theta_m)$
〔若 X 为离散型随机变量，则服从分布律 $P\{X = x\} = p(x;\ \theta_1,\ \theta_2,\ \cdots,\ \theta_m)$〕，则总体 k 阶原点矩分别为：

$$\gamma_k = E(X^k) = \int_{-\infty}^{+\infty} x^k f(x;\ \theta_1,\ \theta_2,\ \cdots,\ \theta_m)\,\mathrm{d}x \quad (X \text{ 连续}) \qquad (5-10)$$

$$\gamma_k = E(X^k) = \sum_i x_i^k p(x_i;\ \theta_1,\ \theta_2,\ \cdots,\ \theta_m) \ (X \text{ 离散}) \qquad (5-11)$$

由上式易知，每个总体矩都由参数 $\theta_1,\ \theta_2,\ \cdots,\ \theta_m$ 决定，即对于任意 k，
k 阶原点矩（或中心矩）都是 $\theta_1,\ \theta_2,\ \cdots,\ \theta_m$ 的函数：

$$\gamma_k = \gamma_k(\theta_1,\ \theta_2,\ \cdots,\ \theta_m) \qquad (5-12)$$

由于参数 $\theta_1,\ \theta_2,\ \cdots,\ \theta_m$ 未知，而各阶样本矩已知，故可以将样本矩视
作已知数，令总体矩等于相应的样本矩，即通过联立下列方程：

$$\begin{cases} E(X) = \dfrac{1}{n} \sum\limits_{i=1}^{n} X_i \\[2mm] E(X^2) = \dfrac{1}{n} \sum\limits_{i=1}^{n} X_i^2 \\[2mm] \vdots \\[2mm] E(X^k) = \dfrac{1}{n} \sum\limits_{i=1}^{n} X_i^k \end{cases} \qquad (5-13)$$

得到解 $\hat{\theta}_1,\ \hat{\theta}_2,\ \cdots,\ \hat{\theta}_m$，并以此分别作为 $\theta_1,\ \theta_2,\ \cdots,\ \theta_m$ 的估计量。上面的
方程组也可以利用中心矩或部分原点矩、部分中心矩得出。换言之，矩估计

的基本思想是用样本 k 阶原点矩（或中心矩）来估计相应的总体 k 阶原点矩（或中心矩）。若待估计的是参数 θ_1，θ_2，$\cdots$，θ_m 的连续函数 $g(\theta_1, \theta_2, \cdots, \theta_m)$[①]，则可选用估计量 $g(\hat{\theta}_1, \hat{\theta}_2, \cdots, \hat{\theta}_m)$。

上面这种通过样本矩来得到总体矩估计量的方法，称为**矩估计法**（method of moments），所得的估计量 $\hat{\theta}_1$，$\hat{\theta}_2$，$\cdots$，$\hat{\theta}_m$ 称为**矩估计量**（moment estimators）。显然，样本 k 阶原点矩（或中心矩）就是总体 k 阶原点矩（或中心矩）的矩估计量。

例5.1 矩估计 对于任意总体 X，设其均值和方差分别为 μ 和 σ^2。由于 μ 和 σ^2 分别是一阶原点矩和二阶中心矩，其矩估计量即为样本一阶原点矩和样本二阶中心矩：

$$\hat{\mu} = \bar{X} \tag{5-14}$$

$$\hat{\sigma}^2 = \frac{1}{n} \sum_{i=1}^{n} (X_i - \bar{X})^2 \tag{5-15}$$

当然，也可以通过建立联立方程求解，即根据式（5-13）建立以下方程组：

$$\begin{cases} \mu = E(X) = \bar{X} \\ E(X^2) = \frac{1}{n} \sum_{i=1}^{n} X_i^2 \end{cases} \tag{5-16}$$

从而得到 $\hat{\mu} = \bar{X}$，又因为 $\sigma^2 = E(X^2) - [E(X)]^2$，所以：

$$\hat{\sigma}^2 = \frac{1}{n} \sum_{i=1}^{n} X_i^2 - \bar{X}^2 = \frac{1}{n} \left(\sum_{i=1}^{n} X_i^2 - n\bar{X}^2 \right) = \frac{1}{n} \sum_{i=1}^{n} (X_i - \bar{X})^2 \tag{5-17}$$

矩估计法的优点是不要求事先知道 X 的总体分布函数，只要未知参数可以表示为总体矩的函数，就可以进行矩估计，且样本原点矩是总体原点矩的无偏估计量[②]。此外，矩估计一般都具有一致性。但其不足有：（1）样本中心矩对总体中心矩的估计一般是有偏的，因为计算样本中心距时使用了均值

---

① 连续函数（continuous function）是指输入值的变化足够小时，输出的变化也会随之足够小的函数，即函数在数学属性上具有连续性。

② 简单证明如下：

$$E(A_k) = E\left(\frac{1}{n} \sum_{i=1}^{n} X_i^k \right) = \frac{1}{n} \sum_{i=1}^{n} E(X_i^k) = E(X^k)$$

$\bar{X}$，从而失去了一个自由度（自由度变为 $n-1$），但样本中心距并未对此做出调整。例如，矩估计得到的 $\hat{\sigma}^2 = \dfrac{1}{n}\sum_{i=1}^{n}(X_i - \bar{X})^2$，而我们知道对总体方差的无偏估计应是 $\dfrac{1}{n-1}\sum_{i=1}^{n}(X_i - \bar{X})^2$。（2）矩估计量并不具有唯一解。由于矩估计一般都是一致的，此时就需要根据无偏性和有效性选出最优的估计量。（3）矩估计并不能对总体分布提供的信息完全加以利用，因此若我们事先已知总体的分布函数，则矩估计并不完全准确。[①]

5.1.3.2 最大似然估计

最大似然估计（maximum likelihood estimation，MLE）[②] 是一种根据已知样本结果来反推使该结果出现概率最大的参数值的点估计方法。其基本思想是：概率大的事件在一次实际观测中更有可能发生，在一次实际观测中出现的也应该是概率最大的事件。因此，假定从离散型总体 X 中随机抽取了一个样本 X_1，X_2，$\cdots$，X_n（X_i 独立同分布），并得到一组观测值 x_1，x_2，$\cdots$，x_n，那么最大似然估计就是要选择一个参数值 $\hat{\theta} \in \Theta$[③]，使得这组观测值出现的概率最大，并将该值作为 θ 的估计值。其中，观测值出现的概率被称作"**似然函数**"（likelihood function）。若 X 是连续型变量，则其似然函数为最大化 x_1，x_2，$\cdots$，x_n 出现的概率密度（probability density）。

需要注意的是，最大似然法要求总体 X 的分布函数已知。在社会科学研究中，由于样本量极大，我们通常将总体分布假设为正态分布。下面我们将离散型变量的分布律 $P\{X = x\} = p(x; \theta)$ 和连续型变量的概率密度函数 $f(x, \theta)$ 统称为密度函数，记作 $p(\theta)$。

---

① 龙永红. 概率论与数理统计 [M]. 北京：高等教育出版社，2004：153.
② 最大似然估计，也称极大似然法，其思想于 1821 年由德国数学家高斯（C. F. Gauss）率先提出，后由英国统计学家费雪（R. A. Fisher）于 1912 年给出其基本性质的数学证明，并赋予此名。
③ Θ 表示参数空间，即参数的所有可能取值范围。

似然函数和对数似然函数

假定总体 X 的分布函数为 $P(\theta)$，X_1，X_2，$\cdots$，X_n 是来自总体 X 的一个随机样本，且 X_i $(i=1,2,\cdots,n)$ 间独立同分布。假设 $P(\theta)$ 的密度函数为 $p(\theta)$。

样本 X_1，X_2，$\cdots$，X_n 分别取观测值 x_1，x_2，$\cdots$，x_n 的联合密度[①]为：

$$L(\theta) = L(x_1, x_2, \cdots, x_n; \theta) = \prod_{i=1}^{n} p(x_i; \theta) \qquad (5-18)$$

因为 x_1，x_2，$\cdots$，x_n 已知，故上式仅为未知参数 θ 的函数，称为似然函数。其中，独立同分布假设能让我们将联合密度写成边缘密度的乘积。

为简便起见，我们常使用对数似然函数（log-likelihood function）：

$$\ln L(\theta) = \sum_{i=1}^{n} \ln p(x_i; \theta) \qquad (5-19)$$

其中，$\ln x$ 为 x 的单调递增函数，故 $L(\theta)$ 与 $\ln L(\theta)$ 有相同的最大值点。[②] 通过求出使 $L(\theta)$ 或 $\ln L(\theta)$ 最大化的解，便能得到最大似然估计值。求解 MLE 估计量的具体步骤一般如下。

（1）写出似然函数：$L(\theta) = \prod\limits_{i=1}^{n} p(x_i; \theta)$；

（2）若无法直接对 $L(\theta)$ 求导，则可以对 $L(\theta)$ 取对数，即 $\ln L(\theta) = \sum\limits_{i=1}^{n} \ln p(x_i; \theta)$；

（3）计算 $\ln L(\theta)$ 关于各参数的偏导数并令所有偏导数等于 0，得到对数似然方程（组）；

（4）该方程（组）的解便是最大似然估计值。解可能不唯一，此时选择任一解作为估计值即可。如果没有观测数据，则将解换用 X_1，X_2，$\cdots$，X_n 表

---

① 联合分布律或联合密度是概率论的基础概念，指事件 X_1 发生，事件 X_2 发生，$\cdots$，且事件 X_n 发生的概率。若事件间彼此独立，则离散型随机变量的联合分布律为
$$P\{X_1 = x_1, X_2 = x_2, \cdots, X_n = x_n\} = P\{X_1 = x_1\} \cdot P\{X_2 = x_2\} \cdot \cdots \cdot P\{X_n = x_n\}$$
连续型随机变量的联合密度为：
$$f(x_1, x_2, \cdots, x_n) = f_1(x_1) \cdot f_2(x_2) \cdot \cdots \cdot f_n(x_n)$$
② 尽管部分教材会使用 log，但统计学中通常对 ln 或 log 并不加以严格区分。

示便得到最大似然估计量。

许多现代统计技术①都会以正态总体为假定，利用其似然函数来解出 MLE 估计量。下面我们就以正态总体为例，具体讨论 MLE 的求解过程。

例 5.2 最大似然法 设 $X \sim N(\mu, \sigma^2)$，X_1，X_2，$\cdots$，X_n 为 X 的一个随机样本，相互独立且同分布。证明 X 的均值 μ 和方差 σ^2 的 MLE 估计量为：

$$\hat{\mu} = \bar{X} = \frac{1}{n} \sum_{i=1}^{n} X_i \qquad (5-20)$$

$$\hat{\sigma}^2 = \frac{1}{n} \sum_{i=1}^{n} (X_i - \bar{X})^2 \qquad (5-21)$$

证 X_i 的概率密度为：

$$f(x_i; \mu, \sigma^2) = \frac{1}{\sqrt{2\pi}\sigma} e^{-\frac{(x_i-\mu)^2}{2\sigma^2}}, \quad i = 1, 2, \cdots, n \qquad (5-22)$$

故似然函数为：

$$L(\mu, \sigma^2) = \left(\frac{1}{\sqrt{2\pi}\sigma}\right)^n e^{-\frac{\sum_{i=1}^{n}(x_i-\mu)^2}{2\sigma^2}} \qquad (5-23)$$

对数似然函数为：

$$\ln L(\mu, \sigma^2) = -\frac{n}{2}\ln(2\pi) - \frac{n}{2}\ln\sigma^2 - \frac{1}{2\sigma^2} \sum_{i=1}^{n} (x_i - \mu)^2 \qquad (5-24)$$

求 $\ln L$ 关于两个参数的偏导数得：

$$\begin{cases} \dfrac{\partial \ln L}{\partial \mu} = \dfrac{1}{\sigma^2} \sum_{i=1}^{n} (x_i - \mu) = 0 \\[3mm] \dfrac{\partial \ln L}{\partial \sigma^2} = -\dfrac{n}{2\sigma^2} + \dfrac{1}{2\sigma^4} \sum_{i=1}^{n} (x_i - \mu)^2 = 0 \end{cases} \qquad (5-25)$$

求解该方程组得 MLE 估计值为：

$$\hat{\mu} = \bar{x} = \frac{1}{n} \sum_{i=1}^{n} x_i \qquad (5-26)$$

$$\hat{\sigma}^2 = \frac{1}{n} \sum_{i=1}^{n} (x_i - \bar{x})^2 \qquad (5-27)$$

---

① 许多现代回归模型，如混合效应模型（mixed effects models）、生存分析（survival analysis）等统计技术都采用该方法。此外，许多用于模型选择的统计指标也采用该方法，如 AIC、BIC 及使变量尽可能服从正态分布的 Box – Cox 转换等。

MLE 估计量则为：

$$\hat{\mu} = \bar{X} \qquad\qquad (5-28)$$

$$\hat{\sigma}^2 = \frac{1}{n} \sum_{i=1}^{n} (X_i - \bar{X})^2 \qquad\qquad (5-29)$$

由以上证明可见，由 MLE 得到的估计量 $\hat{\sigma}^2$ 是有偏的，并不是更常见的无偏估计量 $S^2 = \frac{1}{n-1} \sum_{i=1}^{n} (X_i - \bar{X})^2$。但由于 $\hat{\sigma}^2$ 具有一致性，当样本量足够大时，$\hat{\sigma}^2$ 与 S^2 将十分相近。

最大似然估计量具有诸多良好的性质。例如，MLE 估计量通常具有一致性，多数 MLE 估计量也是无偏的。此外，当密度函数 $p(x_i; \theta)$ 设定正确时，最大似然估计量是渐进最有效的（即渐进方差最小）。同时，针对部分参数，最大似然估计量是**最小方差无偏估计量**（minimum-variance unbiased estimator，MVUE），即所有无偏估计量中最有效的估计量。

当因变量为连续变量时，我们常用最小二乘法（OLS）来估计回归模型的系数。但当因变量为离散变量，如二分类变量、多分类变量、定序变量和计数变量时，参数估计不再满足 OLS 的假定，此时一般会使用广义线性模型（Generalized Linear Models，GLMs），并采用 MLE 进行估计。

5.2 区 间 估 计

在点估计中，我们的目的是找到一个最接近总体参数的估计值。但事实上，即使找到的满足无偏性、有效性和一致性要求的估计量，实际的估计值也几乎不可能恰好等于参数真值。因此，除获得估计值外，我们还想知道该估计值的精确程度（估计误差），即参数真值大概率所在的区间范围。换言之，除了点估计 $\hat{\theta}$ 外，我们通常还会进行更"保险"的估计，即不仅给出包含总体参数真值的可能区间或范围，还给出包括总体参数真值的可信程度

（reliability）。[①] 这种根据样本估计量构造一个区间，使该区间在要求的可信程度下包含未知参数的估计方法称为**区间估计**（interval estimation）。区间估计与我们上述讨论的点估计互为补充，经常并行使用。

在讨论区间估计之前，让我们先熟悉**置信区间**（confidence interval，CI）的定义。

5.2.1 置信区间

5.2.1.1 引例

我们先以正态总体均值 μ 的区间估计为例（假定总体方差 σ^2 已知），讨论建立置信区间的过程。

例5.3 置信区间 设 X_1，X_2，$\cdots$，X_n 是来自正态总体 $N(\mu, \sigma^2)$ 的一个随机样本，其中 σ^2 已知。试估计未知参数 μ 的范围，使该范围包含 μ 的概率为 $1-\alpha$（此范围即置信度为 $1-\alpha$ 的置信区间）。

解 先找一个 μ 的良好的点估计量，这里选择 μ 的无偏估计量 $\bar{X}$。

根据第 4 章的内容可知：

$$Z = \frac{\bar{X} - \mu}{\sigma/\sqrt{n}} \sim N(0, 1)^{[②]} \qquad (5-30)$$

根据 $\Phi(z_{\alpha/2}) = 1 - \dfrac{\alpha}{2}$ 可查得 $N(0, 1)$ 的上侧分位数为 $z_{\alpha/2}$，具体如图 5-4 所示。令 $P\left\{\left|\dfrac{\bar{X} - \mu}{\sigma/\sqrt{n}}\right| < z_{\alpha/2}\right\} = 1 - \alpha$，式（5-30）可改写为：

$$P\left\{\bar{X} - \frac{\sigma}{\sqrt{n}} z_{\alpha/2} < \mu < \bar{X} + \frac{\sigma}{\sqrt{n}} z_{\alpha/2}\right\} = 1 - \alpha \qquad (5-31)$$

---

① 盛骤，谢式千，潘承毅. 概率论与数理统计及其应用（第 4 版）［M］. 北京：高等教育出版社，2008：161.

② 此后我们将在统计量前加上字母 "Z" "t" "χ^2" 或 "F" 等，以标识该统计量所服从的分布，即标准正态分布、t 分布、χ^2 分布或 F 分布等。

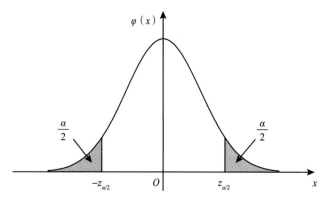

图 5 - 4 标准正态分布的上侧和下侧分位数

也就是说，我们建立了一个以 $\bar{X}$ 为中心的区间：

$$\left(\bar{X} - \frac{\sigma}{\sqrt{n}}\, z_{\alpha/2}, \quad \bar{X} + \frac{\sigma}{\sqrt{n}}\, z_{\alpha/2} \right) \qquad (5-32)$$

使其包含 μ 的概率为 $1 - \alpha$。该区间被称为 μ 的**置信水平**或**置信度**（confidence level）为 $1 - \alpha$ 的置信区间。α 被称作**显著性水平**或**显著度**（significant level），是参数真值位于置信区间之外的概率，即用置信区间（见式 5 - 32）对 μ 进行估计时估计错误的概率。由式（5 - 32）可见，置信区间就是在点估计量的左右加减一定倍数的标准误。

若样本量充分大，则 $\bar{X}$ 的抽样分布将近似正态分布。因此，式（5 - 32）也可以近似作为样本量充分大时任意总体的均值的置信区间。

在实际研究中，α 常取 0.001、0.01、0.05 和 0.10，代入对应的分位数值，[1] 可得 μ 的置信区间如表 5 - 3 所示。需注意的是，$\alpha/2$（而非 α）才是单尾概率，如图 5 - 4 所示。

---

　　[1]　在社会科学研究中，显著性水平 α 通常取值为 0.001、0.01、0.05 和 0.10。例如，α 取 0.05 可被通俗理解为 "100 次试验中只出错 5 次"，其他值的理解依次类推。之所以如此设定，是基于人类智识与经验的累积。值得注意的是在医学研究中，出于生命至上的伦理考虑，α 通常取值为 0.001 或更小。由此可见，统计学以数学为基础但并不唯数学论，α 取值的学科差异有一定主观决定的成分，背后体现了人类社会的现实智慧与规范性价值。

表 5 - 3　　　　　　　不同显著性水平 α 下，正态总体均值 μ 的置信区间

α	$z_{\alpha/2}$	$\left(\ \overline{X}-\dfrac{\sigma}{\sqrt{n}}z_{\alpha/2},\ \ \overline{X}+\dfrac{\sigma}{\sqrt{n}}z_{\alpha/2}\right)$
0.01	$z_{0.005}=2.58$	$\left(\ \overline{X}-2.58\dfrac{\sigma}{\sqrt{n}},\ \ \overline{X}+2.58\dfrac{\sigma}{\sqrt{n}}\right)$
0.05	$z_{0.025}=1.96$	$\left(\ \overline{X}-1.96\dfrac{\sigma}{\sqrt{n}},\ \ \overline{X}+1.96\dfrac{\sigma}{\sqrt{n}}\right)$
0.10	$z_{0.05}=1.65$	$\left(\ \overline{X}-1.65\dfrac{\sigma}{\sqrt{n}},\ \ \overline{X}+1.65\dfrac{\sigma}{\sqrt{n}}\right)$

　　考虑到置信度对于初学者可能较为陌生，这里简单说明如下：置信度 $1-\alpha$ 是指在样本容量固定的条件下，对总体反复抽样所计算出的所有置信区间中，包含参数真值 θ 的区间所占的比例为 $1-\alpha$。这可以用式（5 - 31）来理解。让我们回顾例 5.3 中置信区间的建立过程。设置信度为 95%，则根据式（5 - 31），95% 的置信度意味着在 $\overline{X}$ 的抽样分布中，有 95% 的 $\bar{x}$ 分布在 $\mu\pm 1.96\sigma_{\bar{x}}$ 内，如图 5 - 5 密度曲线的白色区域；5% 的 $\bar{x}$ 分布在其外，如图 5 - 5 的阴影区域（请注意 μ 是固定的而 $\bar{x}$ 可以随样本的不同而变化）。那么以 $\bar{x}$ 为中心向左右各扩展 $1.96\sigma_{\bar{x}}$ 建立同样长度的区间 $\bar{x}\pm 1.96\sigma_{\bar{x}}$ 时，对于在白色区域内的 $\bar{x}$，其区间将包含 μ，而对于在阴影区域的 $\bar{x}$，其区间将不包含 μ。前者占所有区间的 95%，后者占 5%。因此，95% 的置信度就可理解为：从同一总体反复抽取样本，并对每个样本计算其置信区间，则在这些所有的区间中平均有 95% 包含 μ，另 5% 不包含 μ。这就是式（5 - 31）所表达的内容。

　　实际上，因为 $\overline{X}$ 为随机变量，所以 $\left(\overline{X}-z_{\alpha/2}\dfrac{\sigma}{\sqrt{n}},\ \ \overline{X}+z_{\alpha/2}\dfrac{\sigma}{\sqrt{n}}\right)$ 为随机区间（类比随机变量），由之算出的具体区间（类比观测值）会随样本而变，而参数真值 μ 则是固定的，那么上一段所阐释的 $1-\alpha$ 的含义也就很容易理解了。

$\bar{X}$ 的抽样分布

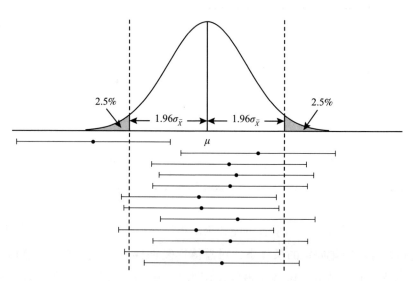

图 5 – 5　95% 置信度的区间估计示意图

5. 2. 1. 2　置信区间

下面我们给出置信区间的数学定义。

置信区间

　　设 θ 是总体 X 的一个未知参数，构造适当的统计量 $\hat{\theta}_1$ 和 $\hat{\theta}_2$（$\hat{\theta}_1 < \hat{\theta}_2$），若对于给定的常数 α（$0 < \alpha < 1$），有：

$$P\{\hat{\theta}_1 < \theta < \hat{\theta}_2\} = 1 - \alpha \qquad (5-33)$$

则称随机区间（$\hat{\theta}_1$，$\hat{\theta}_2$）是 θ 的置信水平为 $1 - \alpha$ 的置信区间。$\hat{\theta}_1$ 和 $\hat{\theta}_2$ 分别是置信下限和置信上限，α 称为显著水平，$1 - \alpha$ 称为置信度或置信水平。

　　因为统计量 $\hat{\theta}_1$ 和 $\hat{\theta}_2$ 是随机变量，所以以之为界限的区间（$\hat{\theta}_1$，$\hat{\theta}_2$）为随机区间，会随样本变化而变化。将实际观测值代入（$\hat{\theta}_1$，$\hat{\theta}_2$），则可得到一个实际的置信区间。

　　需要再次强调的是，置信水平 $1 - \alpha$ 是指对总体反复抽取固定容量的样本所得的所有置信区间中，包含 θ 的区间所占的比例为 $1-\alpha$。这也意味着，我们实际得到的置信区间有可能包含真值，也有可能并不包含真值（在实际区间中，不包含真值的区间恰为 $100 \cdot \alpha\%$ 中的一个）。当然，总体真值是否在该区间内我们是无法得知的。例如，假设所有的可能样本数量为 100 个，$\alpha=0.05$，则我们用实际样本计算出的一个置信区间，可能是那 95 个包含 θ 真值的置信区间中的一个，也可能是那 5 个不包含 θ 真值的置信区间中的一个。

此外，我们还需注意两种常见的错误表达或理解[①]。

错误一："对于一个 95% 的实际置信区间，参数 θ 有 95% 的概率落入其中。"

这一错误表达可能是因为研究者没有意识到，参数 θ 是一个固定的数值，而不是随机变量，并不会随样本而变。如图 5-5 所示，变化的是具体的置信区间，μ 是固定不变的。因此，对于一个实际的置信区间，θ 要么在这区间内（概率为 1），要么不在（概率为 0），而不可能以 95% 的概率落入此区间。

错误二："对于一个实际的置信区间，其包含参数 θ 的概率为 95%。"

同理，这一说法也是不妥的。这是因为对于一个具体区间，包含 θ 与否是确定的，只有包含和不包含 θ 两种可能，而不涉及 95% 的概率。因此，恰恰与上述说法相反，应该说该实际置信区间包含 θ 的概率要么为 1 要么为 0。

从上述解释可知，不能将单个实际的置信区间与概率联系起来。95% 的正确解读应该是，在由所有可能样本得到的置信区间中，有 95% 的区间包含真值。据此，对于一个实际的置信区间，我们可以说"我们有 95% 的信心认为 θ 在该实际区间内"。但根据置信区间的定义（见式 5-33），对于一个随机区间 $(\hat{\theta}_1, \hat{\theta}_2)$，概率的解读是成立的，即我们可以说"随机区间 $(\hat{\theta}_1, \hat{\theta}_2)$ 包含参数 θ 的概率为 95%"。

除置信度外，在进行区间估计时还需同时关注区间估计的**精度**（precision）。通常情况下，精度由区间长度 $\hat{\theta}_2-\hat{\theta}_1$ 来度量[②]。其中，区间长度与精

---

① 贾俊平. 统计学（第 6 版）[M]. 北京：清华大学出版社，2014：155-156.

② 也有部分学者认为区间长度不能用于度量估计的精度，感兴趣的读者可进一步阅读：Morey, R. D., Hoekstra, R., Rouder, J. N., Lee, M. D., Wagenmakers, E. J. The Fallacy of Placing Confidence in Confidence Intervals [J]. Psychonomic Bulletin & Review, 2016, 23（1）：103-123.

度之间具有明显的反向关系，表现为区间越长，则精度越低；反之亦然。影响区间长度（或精度）的因素一般包括：样本容量 n；置信度 $1-\alpha$；样本标准差 S 等。若其他条件不变，n 越大，或置信度 $1-\alpha$ 及 S 越小，则区间长度越短。区间长度与这些因素的关系容易理解。样本量越大，说明估计量所蕴含的信息越丰富，更可能用一个较窄的区间来包含真实参数；相反，样本标准差越大，说明样本内部彼此的异质性越高，需要用更宽的区间才能估计参数；一个较小的置信水平表示研究者仅要求区间（$\hat{\theta}_1$，$\hat{\theta}_2$）以一个较小的概率包含 θ，显然相应的区间会较窄。这些因素较为适用于刻画总体均值等参数的置信区间长度，但对 σ_1^2/σ_2^2 等两个总体参数比的置信区间长度的刻画并不适用。

在选择置信区间时，一方面我们希望提高置信度 $1-\alpha$，以增加区间估计的准确度和可靠性、减小犯错误的概率；另一方面我们也希望缩短区间长度 $\hat{\theta}_2-\hat{\theta}_1$，以提高估计精度。显然，置信度和精度是一对相互矛盾的要求：其他条件不变，区间长度与置信度成正比，而与精度成反比。[①]

为应对这一矛盾，目前通常采用由波兰统计学家耶日·奈曼（Jerzy Neyman）提出的区间估计原则：首先保证可靠性，即先固定 $1-\alpha$，再尽量提高精度。要想估计更精确又不降低可靠性，则一般需要增加样本量 n 才能实现。

5.2.2 置信区间的计算步骤

根据例 5.3 中 μ 的置信区间的计算过程，可将置信区间的建立步骤总结如表 5-4 所示。

表 5-4   置信区间的计算步骤

序号	步骤	示例
1	选择参数 θ 的一个较优点估计量 $\hat{\theta}$	选择 $\overline{X}$ 作为 μ 的估计量

---

① 例如，若估计一名学生的 TOEFL 成绩（满分 120 分）为 95 分，则虽然精确但很可能与真实成绩不符；但若估计在 80~110 分之间，这种估计虽可靠却非常粗略。

序号	步骤	示例
2	选取一个包含 $\hat{\theta}$ 和 θ 的统计量 U，写出其抽样分布	$Z = \dfrac{\overline{X} - \mu}{\sigma/\sqrt{n}} \sim N(0,\ 1)$
3	设定置信水平，并查表得 U 的抽样分布的分位数 λ_1 和 λ_2，如图 5-6 所示，再建立概率等式：$P\{\lambda_1 < U < \lambda_2\} = 1 - \alpha$	设置信水平为 $1 - \alpha$。由 $\Phi(z_{\alpha/2}) = 1 - \dfrac{\alpha}{2}$ 可查得 $N(0,\ 1)$ 的上侧分位数为 $z_{\alpha/2}$。令：$P\left\{\left\|\dfrac{\overline{X} - \mu}{\sigma/\sqrt{n}}\right\| < z_{\alpha/2}\right\} = 1 - \alpha$
4	对 $\lambda_1 < U < \lambda_2$ 进行不等式变换，求出 θ 的置信区间 $(\hat{\theta}_1,\ \hat{\theta}_2)$	上式可改写为：$P\left\{\overline{X} - \dfrac{\sigma}{\sqrt{n}} z_{\alpha/2} < \mu < \overline{X} + \dfrac{\sigma}{\sqrt{n}} z_{\alpha/2}\right\} = 1 - \alpha$ 因此，μ 的置信度为 $1 - \alpha$ 的置信区间为：$\left(\overline{X} - \dfrac{\sigma}{\sqrt{n}} z_{\alpha/2},\ \overline{X} + \dfrac{\sigma}{\sqrt{n}} z_{\alpha/2}\right)$
5	将观测值代入求出实际的置信区间	将实际样本均值代入得实际置信区间为：$\left(\overline{x} - \dfrac{\sigma}{\sqrt{n}} z_{\alpha/2},\ \overline{x} + \dfrac{\sigma}{\sqrt{n}} z_{\alpha/2}\right)$

$1 - \alpha$ 置信度下分位数的选取如图 5-6 所示。

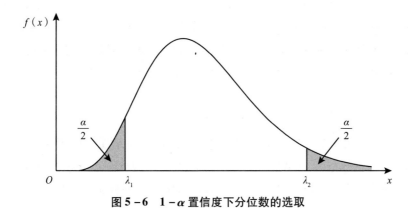

图 5-6 $1 - \alpha$ 置信度下分位数的选取

若统计量 U 的抽样分布是对称的，则置信区间也会关于估计量 $\hat{\theta}$ 对称。对于这种以估计量为中心的对称置信区间（如 μ 的置信区间关于 $\overline{X}$ 对称），可按照下式直接写出：

$$\hat{\theta} \pm \lambda_{\alpha/2} se(\hat{\theta}) \tag{5-34}$$

其中，$\hat{\theta}$ 为估计量；$se(\hat{\theta})$ 为 $\hat{\theta}$ 的标准误；$\lambda_{\alpha/2}$ 为 $1-\alpha$ 置信度下，统计量 U 的抽样分布的分位数。$\lambda_{\alpha/2} se(\hat{\theta})$ 被称为**误差幅度**或**误差边际**（margin of error）。根据式（5-34）我们便可以轻松写出许多参数的置信区间，具体例子参见本章 5.3 节和 5.4 节。

5.3 单个总体参数的区间估计

我们在本节将讨论单个总体参数的区间估计，包括总体均值 μ、总体比例 π 和总体方差 σ^2，下一节再扩展至两个总体参数的区间估计。

5.3.1 总体均值 μ 的置信区间

根据中心极限定理（参见第 4 章 4.5.2 小节），我们知道当样本容量 n 充分大时（一般要求 $n \geqslant 50$），样本均值 $\bar{X}$ 和样本均值之差 $\bar{X}_1 - \bar{X}_2$ 的抽样分布将近似正态分布。因此，在讨论 μ 和 $\mu_1 - \mu_2$ 置信区间时，我们可以将总体非正态但样本量足够大，等同总体正态（任意样本大小）来一起考虑。

由于社会科学研究中的样本量通常都远大于 50，因此我们在实际应用中不必过度担心总体分布，可以直接应用下面的结论。

5.3.1.1 当总体方差 σ^2 已知时

根据我们第 4 章 4.3.2 小节的讨论，若总体方差 σ^2 已知，则：（1）当总体 X 服从正态分布，$X \sim N(\mu, \sigma^2)$；（2）当 X 不服从正态分布，但样本量足够大（一般要求 $n \geqslant 50$）时，$\bar{X}$ 服从或近似服从正态分布[①]，即：

---

① 若总体服从正态分布，则 $\bar{X}$ 的分布恰好正态；若总体非正态但样本为大样本，则 $\bar{X}$ 的分布近似正态。

$$Z = \frac{\bar{X} - \mu}{\sigma/\sqrt{n}} \sim N(0,\ 1) \quad \text{或} \quad Z = \frac{\bar{X} - \mu}{\sigma/\sqrt{n}} \overset{a}{\sim} N(0,\ 1)^{①}$$

因此，由例 5.3 可知，

> 　　若 σ^2 已知，则当（1）X 服从正态分布，或（2）X 不服从正态分布，但 $n \geqslant 50$ 时，总体均值 μ 的置信度为 $1-\alpha$ 的置信区间为：
>
> $$\bar{X} \pm z_{\alpha/2} \frac{\sigma}{\sqrt{n}} \tag{5-35}$$

5.3.1.2　当总体方差 σ^2 未知时

（1）正态总体，任意大小样本。设总体 $X \sim N(\mu,\ \sigma^2)$。当 σ^2 未知时，通常用样本方差 S^2 来估计 σ^2。由第 4 章 4.4.2 节的讨论可知，有：

$$t = \frac{\bar{X} - \mu}{S/\sqrt{n}} \sim t(n-1) \tag{5-36}$$

因此，我们可以用自由度为 $n-1$ 的 t 分布来建立 μ 的置信区间。

在 $1-\alpha$ 的置信度下，$t(n-1)$ 的临界值为 $t_{\alpha/2}(n-1)$，具体如图 5-7 所示。按照与我们在 5.2.2 节讨论过的相同步骤（读者可自行尝试），或直接利用式（5-34）可求出 μ 的置信区间为：

$$\bar{X} \pm t_{\alpha/2}(n-1)\frac{S}{\sqrt{n}} \tag{5-37}$$

当样本量很大（社会科学研究数据通常如此）时，t 分布和标准正态分布十分接近，此时 $t_{\alpha/2}(n-1)$ 也可换成 $z_{\alpha/2}$，两个分位数基本相同。实际上，当 $n-1 \geqslant 50$ 时，$t(n-1)$ 和标准正态分布就十分相近；当 $n-1 \geqslant 120$ 时，两者几乎一致。

尽管如此，当 σ^2 未知且总体服从正态分布时，我们仍建议使用 t 值而非 z 值。一是因为当 σ^2 未知而 X 正态时，根据 t 分布的定义，$\bar{X}$ 正好服从 t 分布，故使用 t 分布能得到精确的置信区间，优于正态分布给出的近似值，尤

---

① 波浪号上的 "a" 的意思是：当 $n \to \infty$ 时，某统计量将 "近似" 某分布，是 "asymptotically" 或 "approximately" 的简写。

其是当 $n-1<50$ 时。二是待我们后续学习"假设检验"[①] 后会知道,使用 t 检验比 z 检验更为保险。三是因为在实际数据分析中,我们多采用 t 分布进行计算。例如,在回归分析中,我们通常都用 t 值来构造置信区间和进行假设检验,而较少使用 z 值。再如,Stata 软件在总体均值的置信区间的计算公式中也采用 t 值,具体参见表 5-5。

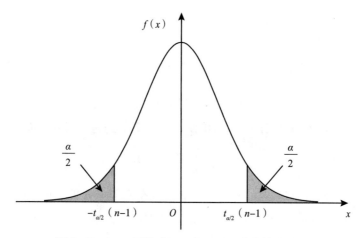

图 5-7　1-α 置信度下, $t(n-1)$ 分布的分位数

　　(2) 非正态总体,大样本量。当总体不服从正态分布,但样本量足够大时,$\bar{X}$ 的抽样分布近似正态,即有:

$$Z = \frac{\bar{X}-\mu}{S/\sqrt{n}} \overset{a}{\sim} N(0,\ 1) \qquad (5-38)$$

　　因此,我们可以用标准正态分布和 $z_{\alpha/2}$ 来建立 μ 的置信区间。但实际上,由于在大样本量下 t 分布和 $N(0,\ 1)$ 十分接近,将上式写成 t 分布也同样是合理的:

$$t = \frac{\bar{X}-\mu}{S/\sqrt{n}} \overset{a}{\sim} t(n-1) \qquad (5-39)$$

---

① 读者可参见本书姊妹篇《进阶社会统计学及 Stata 应用》的"假设检验"章节。

因此，我们可以得到当 σ^2 未知时，（1）（2）两种情况下的置信区间：

> 若 σ^2 未知，则当（1）X 服从正态分布，或（2）X 不服从正态分布，但 $n \geqslant 50$ 时，总体均值 μ 的置信度为 $1-\alpha$ 的置信区间为：
>
> $$\bar{X} \pm t_{\alpha/2}(n-1)\frac{S}{\sqrt{n}} \qquad (5-40)$$

对总体均值 μ 进行区间估计的流程可小结为图 5-8。

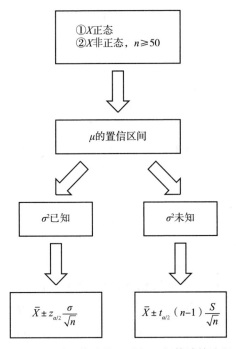

图 5-8 对总体均值 μ 进行区间估计的流程

5.3.2 总体比例 π 的置信区间

由于社会科学抽样调查的样本容量通常较大，因此我们此处仅讨论大样本量的情况。我们知道，随着样本容量的不断增大（一般要求 $n\pi \geqslant 10$ 且 $n(1-\pi) \geqslant 10$），样本比例 p 的抽样分布将以正态分布为极限，表现为近似服从正态分布，即：

$$Z = \frac{p - \pi}{\sqrt{\pi(1 - \pi)/n}} \overset{a}{\sim} N(0, 1) \qquad (5-41)$$

因此，我们可基于 $N(0, 1)$ 来建立总体比例 π 的置信区间。在 $1-\alpha$ 的置信度下，$N(0, 1)$ 的临界值为 $z_{\alpha/2}$。依据式（5-34）可得 π 的置信区间为：

$$p \pm z_{\alpha/2} \sqrt{\frac{\pi(1-\pi)}{n}} \qquad (5-42)$$

但由于 π 未知，我们需要用 p 来估计 π，得到样本比例标准误的估计量：

$$\hat{\sigma}_p = \sqrt{\frac{p(1-p)}{n}} \qquad (5-43)$$

当样本量充分大时，用 $\hat{\sigma}_p$ 替代标准误后的抽样分布将同样近似正态分布，即：

$$Z = \frac{p - \pi}{\sqrt{p(1-p)/n}} \overset{a}{\sim} N(0, 1)$$

因此，我们可以使用标准正态分布构建置信区间，得到以下结论。

当 $np \geqslant 10$ 且 $n(1-p) \geqslant 10$ 时[①]，总体比例 π 的置信度为 $1-\alpha$ 的置信区间为：

$$p \pm z_{\alpha/2} \sqrt{\frac{p(1-p)}{n}} \qquad (5-44)$$

还需说明的是，上式是 π 置信区间中最基本的表达式，也被称为 Wald 置信区间。但其估计效果并不是最好的。目前，已发展出其他更好的估计方法，如 Clopper–Pearson 区间（Clopper–Pearson interval）、Wilson 区间（Wilson interval）、Agresti–Coull 区间（Agresti–Coull interval）和 Jeffreys 区间（Jeffreys interval）等。由于这些内容超出了本书范畴，此处暂不讨论。在之后的 Stata 命令清单中（见表5-5），我们会列出这些区间估计的命令。

[①] 因为 π 未知，所以这里将 π 换成其点估计量 p 来对样本量的大小进行约束。

5.3.3 总体方差 σ^2 的置信区间

设总体 $X \sim N(\mu,\ \sigma^2)$，其中 μ 和 σ^2 都未知。根据 4.4.1 小节内容可知，$(n-1)S^2/\sigma^2$ 的分布为：

$$\chi^2 = \frac{(n-1)S^2}{\sigma^2} \sim \chi^2(n-1)$$

因此，我们需要基于自由度为 $n-1$ 的 χ^2 分布来建立 σ^2 的置信区间。

在 $1-\alpha$ 的置信度下，$\chi^2(n-1)$ 的上、下侧分位数分别为 $\chi^2_{\alpha/2}(n-1)$ 和 $\chi^2_{1-\alpha/2}(n-1)$，具体如图 5-9 所示，从而其概率等式为：

$$P\left\{\chi^2_{1-\alpha/2}(n-1) \leqslant \frac{(n-1)S^2}{\sigma^2} \leqslant \chi^2_{\alpha/2}(n-1)\right\} = 1-\alpha \qquad (5-45)$$

上式可化为：

$$P\left\{\frac{(n-1)S^2}{\chi^2_{\alpha/2}(n-1)} \leqslant \sigma^2 \leqslant \frac{(n-1)S^2}{\chi^2_{1-\alpha/2}(n-1)}\right\} = 1-\alpha \qquad (5-46)$$

于是可得：

> 在 $1-\alpha$ 的置信度下，总体 $X \sim N(\mu,\ \sigma^2)$ 的方差 σ^2 的置信区间为：
> $$\left(\frac{(n-1)S^2}{\chi^2_{\alpha/2}(n-1)},\ \frac{(n-1)S^2}{\chi^2_{1-\alpha/2}(n-1)}\right) \qquad (5-47)$$

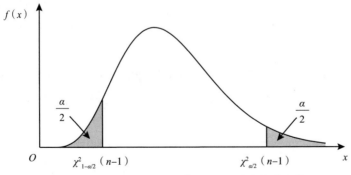

图 5-9 $1-\alpha$ 置信度下，$\chi^2(n-1)$ 分布的分位数

5.3.4　Stata 操作：单个总体参数的区间估计

5.3.4.1　对总体均值的区间估计

下面以 CHIP 2013 数据中的高考分数（*gkscore*）变量为例，使用 Stata 软件来讨论如何进行区间估计。

我们知道，数据分析的前提是要有相对完整的数据。即使数据有一定缺失，其类型也必须是完全随机缺失（missing completely at random，MCAR）的，[①]且缺失的比例至多不超过 6% ~ 8%。对缺失值的处理，通常有删除与插值等方法。[②] 若样本量比较大、缺失值相对较少，则遇缺则删，不会影响数据最终的分析结果。例如，在此前选取高考分数变量的操作中，Stata 都帮我们自动剔除了缺失值。但在部分情况下，直接删除缺失值并非一种明智的做法，尤其是当样本量较少而缺失值相对较多时更是雪上加霜。因此我们可以考虑其他缺失值的处理方法，如对缺失值进行插值等。插值的方法有很多种，为简单起见，此处采用预测性均值匹配插值法（predictive mean matching imputation method，PMM）。

.use ch5.dta

.mi set wide　 /*首先定义缺失数据*/

.mi register imputed *gkscore* /*再定义待插值的变量*/

.mi impute pmm *gkscore*,add(1)rseed(1001)/*最后,设随机数种为1,使用预测性均值匹配插值法(PMM),生成一个插值后的新变量_1_*gkscore*/

其中，（1）add(#)为设定要增加的插补值的个数（specify number of imputations to add）；（2）rseed(#)为设定随机数种（specify random-number

---

①　完全随机缺失是缺失数据分布类型中的一种，即数据的缺失并不依赖于任何变量，而完全是随机的。

②　插值（imputation）是统计学中用合理估计值替换数据集中缺失值的过程，旨在保留数据的完整性和分析的有效性。常用方法包括均值插值、中位数插值、众数插值、最近邻插值、回归插值和多重插值等。

seed）。

```
Univariate imputation              Imputations =          1
Predictive mean matching                 added =          1
Imputed: m=1                           updated =          0

                                Nearest neighbors =          1
```

	Observations per *m*			
Variable	Complete	Incomplete	Imputed	Total
gkscore	6182	52125	52125	58307

```
(complete + incomplete = total; imputed is the minimum across m
 of the number of filled-in observations.)
```

```
Note: Predictive mean matching uses the default one nearest neighbor to impute gkscore. This default is arbitrary
      and may perform poorly depending on your data.  You should choose the number of neighbors appropriate for
      your data and specify it in option knn().
```

PMM 的过程涉及随机数。如果用户不设定随机数种，则计算机会自动将系统时钟作为种子，那么由于每次操作的随机数不一样，结果也会不同。因此，我们建议事先设置随机数种，这样每次的随机数都会相同，既便于重复自己的研究，也便于他人检验和分析结果。

. sum *gkscore*   /* 对删除缺失值后的变量进行汇总统计 */

Variable	Obs	Mean	Std. Dev.	Min	Max
gkscore	6182	434.578	108.1178	0	750

. sum_1_*gkscore*/* 对插值后的变量进行汇总统计 */

Variable	Obs	Mean	Std. Dev.	Min	Max
_1_gkscore	58307	434.2454	107.6311	0	750

下面利用插值后的变量_1_*gkscore*，计算高考分数均值的置信区间。

在 Stata 软件中，我们可以利用命令 ci 来计算置信区间。

【Stata 操作：置信区间】

```
ci varlist[,options]
```

选项如表 5 - 5 所示。

表 5 – 5		Stata 命令 ci 的选项
参数	选项	描述
总体均值	无	无选项时，ci 计算的区间为 $\bar{X} \pm t_{\alpha/2}(n-1)\dfrac{S}{\sqrt{n}}$
总体比例	binomial	计算 Clopper – Pearson 置信区间（针对 0 – 1 变量的默认方法）
	wald	计算 Wald 置信区间，即前文中的 $p \pm z_{\alpha/2}\sqrt{\dfrac{p(1-p)}{n}}$；wald 和以下三个选项都还需同时设定 binomial 选项
	wilson	计算 Wilson 置信区间
	agresti	计算 Agresti – Coull 置信区间
	jeffreys	计算 Jeffreys 置信区间
	level(#)	设定置信水平；默认为 level(95)

注：更多选项和细节参见 ci 命令的帮助文档和手册（可键入 help ci，再点击帮助文档标题处的链接进入）。

其中，在计算 0 – 1 变量的置信区间时，若未加任何选项，则 Stata 会按 $\bar{X} \pm t_{\alpha/2}(n-1)\dfrac{S}{\sqrt{n}}$ 计算置信区间 $p \pm t_{\alpha/2}(n-1)\dfrac{S}{\sqrt{n}}$，其中 S 为 0 – 1 变量的样本标准差，等于：

$$S = \sqrt{\frac{np(1-p)^2 + n(1-p)(0-p)^2}{n-1}} = \sqrt{\frac{p(1-p)n}{n-1}} \tag{5-48}$$

当样本量较大时，此置信区间和添加了 binomial + wald 选项所输出的置信区间 $p \pm z_{\alpha/2}\sqrt{\dfrac{p(1-p)}{n}}$ 几乎一样。这是因为 $n \to \infty$，$t_{\alpha/2}(n-1) \to z_{\alpha/2}$，且：

$$n \to \infty, \quad \frac{S}{\sqrt{n}} = \frac{\sqrt{\dfrac{np(1-p)}{n-1}}}{\sqrt{n}} = \sqrt{\frac{p(1-p)}{n-1}} \to \sqrt{\frac{p(1-p)}{n}} \tag{5-49}$$

让我们试用 ci 命令计算 *gkscore* 和 *_1_gkscore* 的置信区间。
.ci *gkscore*,level(95)   /* 95% 的置信水平 */

Variable	Obs	Mean	Std. Err.	[95% Conf. Interval]
gkscore	6182	434.578	1.375094	431.8823 437.2736

.ci _1_*gkscore*, level (95)   /*95% 的置信水平 */

Variable	Obs	Mean	Std. Err.	[95% Conf. Interval]
_1_gkscore	58307	434.2454	.4457355	433.3717 435.119

比较上述结果可以发现, 插值后 2013 年中国考生平均高考分数的 95% 的置信区间为 (433.3717, 435.119)。该区间可能包含也可能不包含真实的总体均值, 我们无法确定, 只是希望它是所有区间中包含总体均值的那 95% 部分中的一个。该区间估计的结果通常被表述为: 我们有 95% 的信心认为 2013 年中国考生平均高考分数的真实值在 433.3717 和 435.119 之间。此外, 插值后的_1_*gkscore* 的置信区间明显短于 *gkscore*, 除受插值的影响外, 这也是样本量变大的结果。

置信区间, 不仅以区间的形式对产生这个样本的总体的参数分布进行了估计, 而且其间还蕴含了估计精确度的信息。这些特性是点估计所不能比拟的。因此, 置信区间得以广泛应用。有趣的是, 许多高校在硕士研究生入学考试中都会涉及置信区间的手工计算题。因此, 建议读者自行尝试如何手算置信区间。

置信区间的计算步骤可以简单归纳如下:

(1) 掌握置信区间的计算公式, 在该案例中, 即 $\bar{X} \pm t_{\alpha/2}(n-1)\dfrac{S}{\sqrt{n}}$。

(2) 设定显著性水平 (significance level) ($\alpha = 0.001$, 0.01, 0.05 及 0.10), 并确定为双尾检验还是单尾检验。社会科学研究通常采用 $\alpha = 0.05$。[①] (3) 查阅 Z 分布或 t 分布的临界值对照表, 并根据步骤 (1) 进行计算。

5.3.4.2 对总体比例的区间估计

让我们继续利用 CHIP 2013 数据, 并根据 $p \pm z_{\alpha/2}\sqrt{\dfrac{p(1-p)}{n}}$ 计算 0 - 1 变

---

① 针对显著性水平, 我们会在本书姊妹篇《进阶社会统计学及 Stata 应用》的 "假设检验" 章节具体讨论。

量"性别"（*male*）95% 的置信区间。在 Stata 中键入：

```
.use ch5.dta,clear
.codebook male
```

male				(unlabeled)

```
              type:  numeric (float)
             label:  male1

             range:  [0,1]              units:  1
     unique values:  2               missing .:  168/59116

        tabulation:  Freq.   Numeric  Label
                     28705         0  女
                     30243         1  男
                       168         .
```

```
.sum male
```

Variable	Obs	Mean	Std. Dev.	Min	Max
male	58948	.5130454	.499834	0	1

`.ci male,binomial wald`/* 由于估计的是比例,故需添加针对 0 - 1 变量的相应选项 binomial 和 wald * /

Variable	Obs	Mean	Std. Err.	— Binomial Wald — [95% Conf. Interval]	
male	58948	.5130454	.0020587	.5090105	.5170803

因此,"性别"变量 95% 的置信区间为（0.5090105, 0.5170803）。该区间可能包含也可能不包含真实的总体均值, 我们无法确定, 但只是希望它是所有区间中包含总体均值的 95% 部分中的一个。该区间估计的结果通常被表述为：我们有 95% 的信心认为 2013 年中国城镇居民性别的真实值在 0.5090105 和 0.5170803 之间。

5.4 两个总体参数的区间估计

本节将讨论两个总体参数的区间估计, 包括两个总体均值之差、两个总体比例之差和两个总体方差之比等内容。

　　对两个总体参数的区间估计，需满足"两样本的独立性假定"。也就是说，我们要分析的两个样本须为两个**"独立样本"**（independent sample），即一个样本的所有个体须与另一个样本的所有个体相互独立。此处的"两个样本"既可以指从两个不同的总体中所抽取的样本，也可以指在抽样阶段对一个目标总体实施抽样后所得的随机样本，再被一个二分类的特征划分成了两个子样本（如按性别分成了男性组和女性组）。对于第二种情况，若这两个子样本均来自同一个更大的随机样本，且此大型样本中的个体是随机独立抽取的，则通常可以假定这两个子样本也是相互独立的。需要提醒的是，若两个样本为匹配样本（matched sample），[①] 即一个样本的个体与另一个样本的个体一一对应，则不服从该独立性假定。

5.4.1　两总体均值之差的置信区间

　　设两个总体 X_1 和 X_2 相互独立，其均值分别为 μ_1 和 μ_2，方差分别为 σ_1^2 和 σ_2^2。对 X_1 和 X_2 各抽取容量为 n_1 和 n_2 的两个相互独立的随机样本，记其样本均值分别为 $\bar{X}_1$ 和 $\bar{X}_2$，样本方差分别为 S_1^2 和 S_2^2。

　　与本章的 5.3.1 小节相同，我们可以将（1）X_1 和 X_2 都服从正态分布，或（2）X_1 和/或 X_2 并不服从正态分布，但样本容量 n_1 和 n_2 足够大（一般要求 $n_1 \geqslant 50$，$n_2 \geqslant 50$），这两种情况视作同一种情况来考虑。

5.4.1.1　σ_1^2 和 σ_2^2 已知

　　根据第 4 章 4.3.2 小节的内容可知，若 σ_1^2 和 σ_2^2 已知，则当（1）X_1 和 X_2 都服从正态分布，或（2）X_1 和/或 X_2 不服从正态分布，但样本量 n_1 和 n_2 足够大（一般要求 $n_1 \geqslant 50$，$n_2 \geqslant 50$）时，$\bar{X}_1 - \bar{X}_2$ 服从或近似服从正态分布。将其标准化后得：

---

　　① 常见的匹配样本，如随机对照试验中的实验组或干预组（treated group）和控制组或对照组（control group）、同一组人在两套试卷上的得分、性别差异研究中的妻子和丈夫样本等。

$$Z = \frac{(\bar{X}_1 - \bar{X}_2) - (\mu_1 - \mu_2)}{\sqrt{\dfrac{\sigma_1^2}{n_1} + \dfrac{\sigma_2^2}{n_2}}} \sim N(0,\ 1) \tag{5-50}$$

或

$$Z = \frac{(\bar{X}_1 - \bar{X}_2) - (\mu_1 - \mu_2)}{\sqrt{\dfrac{\sigma_1^2}{n_1} + \dfrac{\sigma_2^2}{n_2}}} \overset{a}{\sim} N(0,\ 1) \tag{5-51}$$

那么 $\mu_1 - \mu_2$ 的 $1-\alpha$ 置信水平下的置信区间为：以 $\bar{X}_1 - \bar{X}_2$ 为中心，左右

各扩展 $z_{\alpha/2}$ 倍标准误 $\sqrt{\dfrac{\sigma_1^2}{n_1} + \dfrac{\sigma_2^2}{n_2}}$ 构成的范围。由此可以得出如下结论。

当 σ_1^2 和 σ_2^2 已知时，若（1）X_1 和 X_2 都服从正态分布，或（2）X_1 和/或 X_2 不服从正态分布，但 $n_1 \geqslant 50$，$n_2 \geqslant 50$ 时，则 $\mu_1 - \mu_2$ 的置信度为 $1-\alpha$ 的置信区间为：

$$(\bar{X}_1 - \bar{X}_2) \pm z_{\alpha/2} \sqrt{\frac{\sigma_1^2}{n_1} + \frac{\sigma_2^2}{n_2}} \tag{5-52}$$

5.4.1.2 σ_1^2 和 σ_2^2 未知

若 σ_1^2 和 σ_2^2 未知，我们需要转向 t 分布。

（1）$\sigma_1^2 = \sigma_2^2 = \sigma^2$ 未知。做出 $\sigma_1^2 = \sigma_2^2$ 这一假设往往是基于大量的经验，或根据两个方差之比的 F 检验得到。此时，若（1）X_1 和 X_2 都服从正态分布，或（2）X_1 和 X_2 并不都服从正态分布，但样本容量 n_1 和 n_2 足够大（一般要求 $n_1 \geqslant 50$，$n_2 \geqslant 50$），则 $\bar{X}_1 - \bar{X}_2$ 服从或近似服从自由度为 $n_1 + n_2 - 2$ 的 t 分布，即[1]：

$$t = \frac{(\bar{X}_1 - \bar{X}_2) - (\mu_1 - \mu_2)}{\sqrt{\dfrac{(n_1-1)S_1^2 + (n_2-1)S_2^2}{n_1 + n_2 - 2}} \sqrt{\dfrac{1}{n_1} + \dfrac{1}{n_2}}} \sim t(n_1 + n_2 - 2) \tag{5-53}$$

---

[1] 为简便起见，此处省略了"近似"分布的符号。

对于第一种 X_1 和 X_2 都为正态的情况，根据 t 分布的定义，式（5－53）中的统计量恰好（exactly）服从 t 分布（分子是正态分布，分母是根号下 χ^2 分布除以 χ^2 分布的自由度）。

式（5－53）分母中的

$$S_p = \sqrt{\frac{(n_1-1)S_1^2+(n_2-1)S_2^2}{n_1+n_2-2}} \tag{5-54}$$

是两总体共同标准差 σ 的点估计量，称为**合并标准差**（pooled standard deviation），记作 S_p。如果我们假设 $\sigma_1^2=\sigma_2^2=\sigma^2$ 且已知，并将其代入式（5－50），则式（5－50）变为：

$$\frac{(\bar{X}_1-\bar{X}_2)-(\mu_1-\mu_2)}{\sqrt{\dfrac{\sigma^2}{n_1}+\dfrac{\sigma^2}{n_2}}} = \frac{(\bar{X}_1-\bar{X}_2)-(\mu_1-\mu_2)}{\sigma\sqrt{\dfrac{1}{n_1}+\dfrac{1}{n_2}}} \sim N(0,1) \tag{5-55}$$

对比式（5－55）和式（5－43），就会发现我们实际上是用 S_p 来估计 σ。

顾名思义，合并方差是将两个样本方差 S_1^2 和 S_2^2 合并，并按各自的自由度加权求出的。这样一来，信息更多的样本方差将享有更大权重。如果两总体方差相等的假设成立，由合并得到的方差 S_p^2 比 σ^2 的其他估计量更为有效，是对共同方差 σ^2 最好的估计。因此，当我们有理由相信 $\sigma_1^2=\sigma_2^2$ 时，最好直接用式（5－55）来估计 $\mu_1-\mu_2$ 的置信区间。

利用式 $\bar{X}\pm t_{\alpha/2}(n-1)\dfrac{S}{\sqrt{n}}$，可以得到以下结论。

若 $\sigma_1^2=\sigma_2^2=\sigma^2$ 但未知，则当（1）X_1 和 X_2 都为正态，或（2）X_1 和 X_2 并不都服从正态分布，但 $n_1\geqslant 50$，$n_2\geqslant 50$ 时，$\mu_1-\mu_2$ 的置信度为 $1-\alpha$ 的置信区间为：

$$(\bar{X}_1-\bar{X}_2)\pm t_{\alpha/2}(n_1+n_2-2)S_p\sqrt{\frac{1}{n_1}+\frac{1}{n_2}} \tag{5-56}$$

其中，$S_p = \sqrt{\dfrac{(n_1-1)S_1^2+(n_2-1)S_2^2}{n_1+n_2-2}}$。

---

(2) $\sigma_1^2 \neq \sigma_2^2$ 未知。然而，在通常情况下，σ_1^2 和 σ_2^2 是不等的。此时，若 (1) X_1 和 X_2 都服从正态分布，或 (2) X_1 和 X_2 并不都服从正态分布，但 $n_1 \geqslant 50$，$n_2 \geqslant 50$ 时，则用 S_1^2 和 S_2^2 来估计 σ_1^2 和 σ_2^2 后，$\bar{X}_1 - \bar{X}_2$ 将近似服从 t 分布，即有以下近似的 t 统计量：

$$t \approx \frac{(\bar{X}_1 - \bar{X}_2) - (\mu_1 - \mu_2)}{\sqrt{\dfrac{S_1^2}{n_1} + \dfrac{S_2^2}{n_2}}} \tag{5-57}$$

但式 (5-57) 中的统计量并不完全服从 $t(\mathrm{df})$ 分布（df 表示某自由度）。我们可用以下三种方法来得到对自由度 df 的近似，从而使该统计量能较好地近似 t 分布：

$$v = \frac{\left(\dfrac{S_1^2}{n_1} + \dfrac{S_2^2}{n_2}\right)^2}{\dfrac{1}{n_1-1}\left(\dfrac{S_1^2}{n_1}\right)^2 + \dfrac{1}{n_2-1}\left(\dfrac{S_2^2}{n_2}\right)^2} \tag{5-58}$$

上式被称为 **Satterthwaite 近似**（Satterthwaite's approximation），是对自由度的近似。当 $n_1 \geqslant 5$ 且 $n_2 \geqslant 5$ 时，它给出的自由度是十分准确的（虽然可能不是整数）。许多统计软件都默认使用这种方法。

$$v = \frac{\left(\dfrac{S_1^2}{n_1} + \dfrac{S_2^2}{n_2}\right)^2}{\dfrac{1}{n_1+1}\left(\dfrac{S_1^2}{n_1}\right)^2 + \dfrac{1}{n_2+1}\left(\dfrac{S_2^2}{n_2}\right)^2} - 2 \tag{5-59}$$

上式被称为 **Welch 近似**（Welch's approximation）。

$$v = \min\{n_1 - 1, \ n_2 - 1\} \tag{5-60}$$

相较于第一种近似，第三种自由度的近似给出的置信区间更保守。由它算出的置信区间会更宽，且该区间实际的置信度会至少等于甚至超过所指定的置信水平 $1-\alpha$。如果手算置信区间，可采用这种简单方法，但若借助统计软件，则可用前两种近似得到更准确的自由度。

根据式 (5-57)，我们可以得到以下结论。

若 $\sigma_1^2 \neq \sigma_2^2$ 且未知，则当 (1) X_1 和 X_2 都为正态，或 (2) X_1 和 X_2 并不都服从正态分布，但 $n_1 \geqslant 50$，$n_2 \geqslant 50$ 时，$\mu_1 - \mu_2$ 的置信度为 $1-\alpha$ 的

置信区间为：

$$\left(\bar{X}_1 - \bar{X}_2\right) \pm t_{\alpha/2}(v)\sqrt{\frac{S_1^2}{n_1} + \frac{S_2^2}{n_2}} \qquad (5-61)$$

其中，$t_{\alpha/2}(v)$ 是自由度为 v 的 t 分布的临界值，v 的计算公式为式 (5-58)、式 (5-59) 或式 (5-60)，其中前两种近似得更准确，为多数统计软件所支持。

需要注意的是，式 (5-61) 中的置信区间并没有要求在 $\sigma_1^2 \neq \sigma_2^2$ 时才能使用；当 $\sigma_1^2 = \sigma_2^2$ 时，两种情况下的置信区间 [见式 (5-56) 和式 (5-61)] 都可以作为 $\mu_1 - \mu_2$ 的置信区间。只是若 σ_1^2 恰好或几乎等于 σ_2^2，$\sigma_1^2 = \sigma_2^2$ 情况下的置信区间 [式 (5-56)] 的估计结果会更好。基于这种考虑，我们在式 (5-61) 前加上前提 $\sigma_1^2 \neq \sigma_2^2$。

现对两个总体均值之差的区间估计小结如图 5-10 所示。

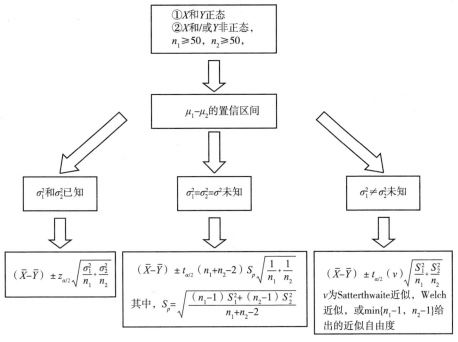

图 5-10　对两个总体均值之差进行区间估计的流程

5.4.2 两个总体比例之差的置信区间

设两个总体比例分别为 π_1 和 π_2。从这两个总体随机抽取两个独立的样本，设其样本比例分别为 p_1 和 p_2。

根据中心极限定理，当 $n_1\pi_1 \geq 10$，$n_1(1-\pi_1) \geq 10$，$n_2\pi_2 \geq 10$ 且 $n_2(1-\pi_2) \geq 10$ 时，样本比例之差 $p_1 - p_2$ 将近似正态分布。对 $p_1 - p_2$ 标准化后有：

$$Z = \frac{(p_1 - p_2) - (\pi_1 - \pi_2)}{\sqrt{\dfrac{\pi_1(1-\pi_1)}{n_1} + \dfrac{\pi_2(1-\pi_2)}{n_2}}} \overset{a}{\sim} N(0, 1) \tag{5-62}$$

当 π_1 和 π_2 未知时，需要用 p_1 和 p_2 来替代，代替后的抽样分布仍将趋近正态。因此我们可以得出以下结论。

当 $np_1 \geq 10$，$n(1-p_1) \geq 10$，$np_2 \geq 10$，$n(1-p_1) \geq 10$ 时，总体比例之差 $\pi_1 - \pi_2$ 的置信度为 $1-\alpha$ 的置信区间为：

$$(p_1 - p_2) \pm z_{\alpha/2}\sqrt{\frac{p_1(1-p_1)}{n_1} + \frac{p_2(1-p_2)}{n_2}} \tag{5-63}$$

5.4.3 两个总体方差之比的置信区间

为估计两个方差之比的置信区间，我们需要做出如下假定：

（1）两个总体 X_1 和 X_2 相互独立；

（2）X_1 和 X_2 都服从正态分布 $X_1 \sim N(\mu_1, \sigma_1^2)$，$X_2 \sim N(\mu_2, \sigma_2^2)$。

由第4章4.4.3节的内容可知，当上述条件成立时，两个样本方差之比的抽样分布服从 $F(n_1-1, n_2-1)$ 分布，即：

$$\frac{S_1^2/S_2^2}{\sigma_1^2/\sigma_2^2} \sim F(n_1-1, n_2-1) \tag{5-64}$$

因此，我们可用 S_1^2/S_2^2 和 F 分布来构建两个总体方差之比的置信区间。按照惯例，S_1^2/S_2^2 中样本方差更大的位于分子，样本方差更小的位于分母，即定义：

$$S_1^2 \geqslant S_2^2$$

在 $1-\alpha$ 置信度下，找到 $F(n_1-1,\ n_2-1)$ 的上下侧分位数为 $F_{\alpha/2}(n_1-1,\ n_2-1)$ 和 $F_{1-\alpha/2}(n_1-1,\ n_2-1)$，如图 $5-11$ 所示。于是概率等式为：

$$P\left\{F_{1-\alpha/2}(n_1-1,\ n_2-1) < \frac{S_1^2/S_2^2}{\sigma_1^2/\sigma_2^2} < F_{\alpha/2}(n_1-1,\ n_2-1)\right\} = 1-\alpha$$

$$(5-65)$$

也即：

$$P\left\{\frac{S_1^2/S_2^2}{F_{\alpha/2}(n_1-1,\ n_2-1)} < \frac{\sigma_1^2}{\sigma_2^2} < \frac{S_1^2/S_2^2}{F_{1-\alpha/2}(n_1-1,\ n_2-1)}\right\} = 1-\alpha \qquad (5-66)$$

由此，我们可以得出如下结论。

> 当两个总体 X_1 和 X_2 相互独立，且都服从正态分布 $X_1 \sim N(\mu_1,\ \sigma_1^2)$，$X_2 \sim N(\mu_2,\ \sigma_2^2)$ 时，σ_1^2/σ_2^2 的置信度为 $1-\alpha$ 的置信区间为：
>
> $$\left(\frac{S_1^2/S_2^2}{F_{\alpha/2}(n_1-1,\ n_2-1)},\ \frac{S_1^2/S_2^2}{F_{1-\alpha/2}(n_1-1,\ n_2-1)}\right) \qquad (5-67)$$

由于 F 分布表只提供上侧分位数，可用以下关系式求出下侧分位数：

$$F_{1-\alpha/2}(n_1-1,\ n_2-1) = \frac{1}{F_{\alpha/2}(n_2-1,\ n_1-1)} \qquad (5-68)$$

当然，下侧分位数也可以由 Stata 命令 <u>display invF</u>($n1-1, n2-1, 1-\alpha/2$) 直接得到。

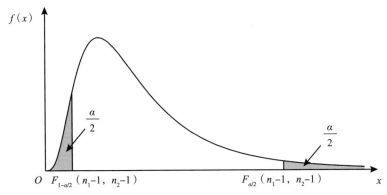

图 $5-11$　$1-\alpha$ 置信度下，$F(n_1-1,\ n_2-1)$ 分布的分位数

5.4.4 Stata 操作：两总体均值/比例之差的区间估计

Stata 软件并未提供直观的命令用于计算两个总体参数的置信区间，因此，对于两个总体方差之比置信区间的计算，我们通常进行手工计算；对于两个总体均值/比例之差置信区间的计算方法有两种：一是利用官方提供的假设检验命令，因其结果汇报了置信区间估计的信息；二是利用用户提供的命令 cid。若利用官方提供的检验命令，则如表 5-6 所示。[①] 现在我们分别利用这些命令来计算 $\mu_1 - \mu_2$ 和 $\pi_1 - \pi_2$ 的置信区间。

表 5-6 Stata 命令：计算 $\mu_1 - \mu_2$ 和 $\pi_1 - \pi_2$ 置信区间

命令	描述
(1) $\mu_1 - \mu_2$ 的置信区间：σ_1 和 σ_2 未知，且假设 $\sigma_1 = \sigma_2$ [式 (5-56)]	
ttest var1,by(var2)level(#)	按变量 var2 分组,计算 var1 在 var2 两类上的均值之差的置信区间;level(#)设定置信度,默认 level(95)
ttesti n1 mean1 sd1 n2 mean2 sd2,level (#)	如果没有原始数据,可对命令加上后缀"i"(immediate 缩写),直接输入统计值（样本量、均值、标准差）计算
(2) $\mu_1 - \mu_2$ 的置信区间：σ_1 和 σ_2 未知，且 $\sigma_1 \neq \sigma_2$ [式 (5-61)]	
ttest var1,by(var2)level(#)unequal	默认用 Satterthwaite 近似计算自由度
ttest var1,by(var2)level(#)unequal welch	用 Welch 近似计算自由度
ttesti n1 mean1 sd1 n2 mean2 sd2,level (#)[welch]	直接输入统计值计算
(3) $\pi_1 - \pi_2$ 的置信区间 [式 (5-63)]	
prtest var1,by(var2)level(#)	计算比例之差的置信区间
prtesti n1 p1 n2 p2,level(#)	直接输入统计值（样本量、样本比例）计算

① 表 5-6 中三种情况置信区间的计算公式都与本书一致。读者可以从命令的帮助文档的标题处进入 Stata 手册，再在手册中的 "Methods and formulas" 部分查找到详细的置信区间的计算公式。

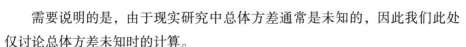

需要说明的是，由于现实研究中总体方差通常是未知的，因此我们此处仅讨论总体方差未知时的计算。

除上述官方命令外，我们还可以使用 Stata 用户开发并上传的命令 cid 来计算两个均值之差的置信区间（假设总体方差未知，并默认两总体方差不等）。① 其基本语法为：

.cid *var*1,by(*var*2)[unpaired unequal level(#)]

其中，选项 unpaired 告诉 Stata 执行独立双样本检验（默认为配对样本检验），unequal 和 level 的含义与表 5-6 相同。

案例1：计算 $\mu_1 - \mu_2$ 的置信区间

例如，我们可用 CHIP 2013 数据计算城镇考生和农村考生高考分数均值之差的置信区间，并分别假设总体方差相等和不等。因为分组变量 *urban* 中"农村"的编码 （=0）更小，所以 Stata 计算的差值是：农村考生高考分数均值 – 城镇考生高考分数均值。让我们先忽略 Stata 输出表格中的检验结果，只关注置信区间。

.use Ch5,clear

.cid　*gkscore*,by(*urban*)unpaired level(95)/*假设总体方差相等*/

```
Normal-based confidence interval for difference in  means by urban

Variable |   Obs    Estimate    Std. Err.     [95% Conf. Interval]
---------+-------------------------------------------------------------
 gkscore |  6991    -1.718698   4.225691      -10.00233   6.564939
```

.cid　*gkscore*,by(*urban*)unpaired unequal level(95)　/*假设总体方差不等*/

```
Normal-based confidence interval for difference in  means by urban

Variable |   Obs    Estimate    Std. Err.     [95% Conf. Interval]
---------+-------------------------------------------------------------
 gkscore |  6991    -1.718698   4.151232      -9.856551   6.419155
```

由上述两张表格可以得到，农村考生和城镇考生平均高考分数之差的

---

① 读者可输入命令 ssc install cid 下载。

95% 的置信区间为：

(1) 假设总体方差相等：（-10.00233，6.564938）；

(2) 假设总体方差不等：（-9.856551，6.419155）。

从上述结果可以发现，这两个区间的差异不大。以方差不等的情况为例，可以将结果表述为，我们有 95% 的信心认为 2013 年农村考生和城镇考生高考分数的均值之差在 -9.856551 和 6.419155 之间。

案例 2：计算 $\pi_1 - \pi_2$ 的置信区间

现在我们继续用 CHIP 2013 数据比较女性和男性中独生子女比例的差异，并计算此比例之差（女性中独生子女的比例 - 男性中独生子女的比例）的 95% 的置信区间：

.gen *onechild* =1 if *sibsize* ==0　　/*利用兄弟姐妹数量(不包括自己)*sibsize* 生成变量独生子女(*onechild*)：独生子女 =1,其他 =0 * /

.replace *onechild* = 0 if *sibsize* >0 & *sibsize* ! = .

.prtest *onechild*,by(*male*)

```
Two-sample test of proportions          女: Number of obs =     28487
                                        男: Number of obs =     30098
```

Variable	Mean	Std. Err.	z	P>|z|	[95% Conf. Interval]	
女	.1488047	.0021086			.1446719	.1529375
男	.1920393	.0022705			.1875892	.1964894
diff	-.0432346	.0030986			-.0493078	-.0371614
	under Ho:	.0031124	-13.89	0.000		

```
    diff = prop(女) - prop(男)                          z = -13.8912
Ho: diff = 0

   Ha: diff < 0              Ha: diff != 0                Ha: diff > 0
Pr(Z < z) = 0.0000    Pr(|Z| > |z|) = 0.0000      Pr(Z > z) = 1.0000
```

由上表可知，女性和男性中独生子女所占比例之差的 95% 的置信区间为（-0.493078，-0.0371614），即我们有 95% 的信心认为，中国女性中的独生子女比男性中的独生子女少 4.9% ~3.7%。

5.5 样本量的确定[*]

我们在讨论置信区间时，一方面希望置信区间足够宽，以使该区间能较大可能地包含参数的真值，提高估计的可靠性；另一方面则希望置信区间尽量窄，以提高估计的精度。为解决这一矛盾，既提高精度又不至于降低置信度，一般只能通过增加样本量或信息量来实现（样本量是研究者唯一可以自主决定的影响区间长度的因素）。但在实际研究中，数据的收集往往是一次性的，很难事后追加，因此在收集数据之前，我们就需要选定一个合适的置信度和可接受的置信区间宽度（即至少要求达到的精度），并据此确定好样本量。也就是说，我们需要根据从样本数据中期望得到的结果，来倒推能达到这一结果的样本量。

5.5.1 估计总体均值时样本量的确定

我们知道 μ 的置信度为 $1 - \alpha$ 的置信区间为：

$$\bar{X} \pm z_{\alpha/2} \frac{\sigma}{\sqrt{n}} \tag{5-69}$$

其中，$z_{\alpha/2} \dfrac{\sigma}{\sqrt{n}}$ 是置信区间的半径。它反映了因**抽样误差**（sampling error）引起的用样本估计总体时的不精确程度，在区间估计中又常被称为**误差幅度**或**误差边际**（margin of error），记为 e，即：

$$e = z_{\alpha/2} \frac{\sigma}{\sqrt{n}} \tag{5-70}$$

稍作转换，便得到确定样本量的公式：

---

[*] 体例安排及内容编撰参见贾俊平. 统计学（第 6 版）［M］. 北京：清华大学出版社，2014；Levine，D. M.，Szabat，K. A.，& Stephan，D. Business Statistics：A First Course（7 ed.）［M］. Boston，Massachusetts：Pearson，2014：270-288.

$$n = \frac{z_{\alpha/2}^2 \sigma^2}{e^2} \tag{5-71}$$

因此，为确定样本量 n，我们只需要知道式（5-71）等号右边的三个元素，即：

（1）合理的置信水平 $1-\alpha$。我们需要选定一个合理的置信度，常用的有 90%、95%、99% 等，以算出在此置信度下标准正态分布的临界值 $z_{\alpha/2}$。值得提醒的是，这里使用的是 z 值而不是 t 值，因为 t 分布要求样本量 n 已知，但显然此时 n 还没有确定。况且因为社会科学调查的样本量通常都很大（如几千上万），z 值与 t 值几乎相等。

（2）可接受的误差幅度 e。确定 e 时，需要思考：为了从置信区间得出可靠结论，我们能容忍多少误差。这通常由团队专家或雇主等人决定。

（3）总体标准差 σ。由于 σ 往往未知，我们需要对其做出估计。我们可以参考相关专业知识或前人研究结果，也可以利用历史数据或小规模试验调查的样本标准差，来估计 σ。但当然，由于在此阶段样本数据尚未收集，我们无法再像之前区间估计那样用 S 来估计 σ。

根据式（5-71）可知，样本量 n 与这三个元素有以下关系：当其他条件不变时，（1）n 与置信水平 $1-\alpha$ 呈正向关系：所要求的置信度或可靠性越高，n 越大；（2）n 与误差幅度 e 呈反向关系：可接受的抽样误差越小，即估计精度越高，n 需越大；（3）n 与总体标准差 σ 的平方呈正向关系：总体内个体的变异程度越大，n 越大。

由式（5-71）算出的 n 可能不是整数，此时我们通常向上取整，如将 1000.9 取为 1001，将 1500.3 取为 1501，使取整后的 n 能至少满足我们对样本大小的要求。

例 5.4　某调查机构计划在某地进行抽样，以估计该地高考考生的平均分数。该机构希望将误差幅度控制在 5 分，且要求置信水平为 95%，而最近的研究显示，该地考生高考分数的标准差约为 25 分。试问该机构应设计多大的样本量？

解　$n = \dfrac{1.96^2 \times 25^2}{5^2} = 96.04 \approx 97$

5.5.2　估计总体比例时样本量的确定

同理，估计总体比例 π 时的误差幅度为：

$$e = z_{\alpha/2}\sqrt{\frac{\pi(1-\pi)}{n}} \tag{5-72}$$

由此可得确定样本量的公式为：

$$n = \frac{z_{\alpha/2}^2\pi(1-\pi)}{e^2} \tag{5-73}$$

根据上式，我们知道为确定样本量 n，首先要明确三个元素：（1）合适的置信水平，以算出在此置信度下标准正态分布的临界值 $z_{\alpha/2}$；（2）可接受的误差幅度 e；（3）总体比例 π。由于 π 通常是未知的，所以我们需要通过相关研究、经验或试调查等方式来估计 π。若 π 难以估计，则常取 $\pi = 0.5$，以获得较大的样本量和最精确的置信区间。当然，这种做法也会导致调查成本增加。

例 5.5　某研究机构计划在某省抽样，估计当地 2021 年新生婴儿中女性的比例。同时，希望置信度达到 95%，并且误差幅度控制在 0.02。另一个小型抽样显示该比例约为 0.48。试计算该机构需要多少样本量？

解　$n = \dfrac{1.96^2 \times 0.48 \times (1-0.48)}{0.02^2} = 2397.15842398 \approx 2398$

上述由单变量确定的样本量，只是对实际所需样本量的一个近似，研究者不必、也不可能百分百地按此执行。这是因为在实际研究中，我们往往同时研究多个变量，这就会使样本量的确定更加复杂；此外，抽取多大样本还受其他因素的限制，如资金、人力成本和时间成本等；确定样本量的公式也有很多种。尽管如此，按上述方法确定的样本量不失为实际抽样的一个参考。

5.6　本 章 小 结

本章主要介绍了统计推断的核心手段之一——参数估计的方法和应用。

其中，**点估计**是指用估计量（即基于样本的函数）所计算出的估计值来估计未知参数的一种方法，估计结果以一个点的数值表示。评价估计量的优劣有三个基本标准：无偏性、有效性和一致性。无偏性要求估计量 $\hat{\theta}$ 抽样分布的期望等于参数 θ，有效性要求 $\hat{\theta}$ 的标准误尽可能小，而一致性要求随着 n 的增大，$\hat{\theta}$ 将逐渐逼近参数真值。我们一般会选用样本均值来估计总体均值，用样本比例估计总体比例，用样本方差估计总体方差。

点估计的常用方法有：矩估计、最大似然估计、最小二乘法和贝叶斯估计等。矩估计不要求知道总体的分布类型，其基本原理是令总体矩等于相应的样本矩，并将该联立方程的解作为矩估计量。最大似然估计则要求总体分布类型已知，其基本思想是寻找一个参数值，使观测值出现的概率最大。我们常对似然函数取对数再求一阶导后，解得最大似然估计值。

区间估计是指构造一个区间，使该区间在指定的可信度下包含未知参数。点估计给出的是一个具体值，而区间估计给出的是一个范围。若置信水平为 95%，这指对总体反复抽取固定容量的样本所得的所有置信区间中，包含 θ 的区间占 95%。据此，对于一个实际的置信区间，我们可以说"有 95% 的信心 θ 在该区间内"；而对于以随机变量为上下限的随机区间 $(\hat{\theta}_1, \hat{\theta}_2)$，可称 $(\hat{\theta}_1, \hat{\theta}_2)$ 包含参数真值的概率为 95%。当其他条件不变时，区间长度与置信度成正比，与精度成反比。若要同时保证置信度和精度，一般需要增加样本量。

此外，我们还讨论了对一个参数和两个参数的区间估计。在建立总体均值/比例、两个总体均值/比例之差的置信区间时，可以将正态总体和非正态总体但样本量足够大这两种情况一起考虑。但在建立总体方差及两个总体方差之比的置信区间时，则要求总体必须为正态分布。只是由于社会科学研究中的样本量通常都很大，我们通常假定总体服从正态分布。

为使置信区间在保证可靠度的前提下尽可能精确，在进行抽样设计时，我们可以根据希望达成的置信度和精确度，反过来确定样本量的大小。该样本量会受置信度、可接受的误差幅度和总体方差的影响。置信度越大，或误差幅度越小，或总体方差越大，则所需的样本量越大。

附录1 常见离散型与连续型随机变量的分布和数字特征

分布	概率密度	期望	方差
离散型分布			
离散均匀分布	$P\{X=k\}=\dfrac{1}{n}$, $k=1,2,\cdots,n$	$\dfrac{n+1}{2}$	$\dfrac{(n+1)(n-1)}{12}$
两点分布	$P\{X=k\}=p^k q^{1-k}$, $k=0,1$	p	$p(1-p)$
二项分布	$P\{X=k\}=C_n^k p^k q^{n-k}$, $k=0,1,2,\cdots,n$	np	npq
超几何分布	$P\{X=k\}=\dfrac{C_M^k C_{N-M}^{n-k}}{C_N^n}$, $k=0,1,2,\cdots,\min\{M,n\}$	$\dfrac{nM}{N}$	$n\dfrac{M}{N}\left(1-\dfrac{M}{N}\right)\dfrac{N-n}{N-1}$
泊松分布	$P\{X=k\}=\dfrac{\lambda^k}{k!}e^{-\lambda}$, $k=0,1,2,\cdots$; $\lambda>0$	λ	λ
几何分布	$P\{X=k\}=(1-p)^{k-1}p=q^{k-1}p$, $k=1,2,\cdots$	$\dfrac{1}{p}$	$\dfrac{1-p}{p^2}$
负二项分布	$P\{Y=y\}=C_{r+y-1}^y p^r q^y$, $y=0,1,2,\cdots$	$\dfrac{r(1-p)}{p}$	$\dfrac{r(1-p)}{p^2}$
连续型分布			
均匀分布	$f(x)=\begin{cases}\dfrac{1}{b-a}, & a\leqslant x\leqslant b\\ 0, & 其他\end{cases}$	$\dfrac{a+b}{2}$	$\dfrac{(b-a)^2}{12}$
指数分布	$f(x)=\begin{cases}\lambda e^{-\lambda x}, & x>0\\ 0, & x\leqslant 0\end{cases}$	$\dfrac{1}{\lambda}$	$\dfrac{1}{\lambda^2}$
正态分布	$f(x)=\dfrac{1}{\sqrt{2\pi}\sigma}e^{-\frac{(x-\mu)^2}{2\sigma^2}}$, $-\infty<x<+\infty$	μ	σ^2

续表

分布	概率密度	期望	方差
连续型分布			
对数正态分布	$f(x) = \dfrac{1}{x\sigma\sqrt{2\pi}}\, e^{-\frac{(\ln x - \mu)^2}{2\sigma^2}}, \ x > 0$	$e^{\mu + \frac{\sigma^2}{2}}$	$(e^{\sigma^2} - 1)e^{2\mu + \sigma^2}$
逻辑斯谛分布	$f(x) = \dfrac{e^{-\frac{x-\mu}{s}}}{s\left(1 + e^{-\frac{x-\mu}{s}}\right)^2}, \ -\infty < x < +\infty$	μ	$\dfrac{s^2\pi^2}{3}$
伽马分布	$f(x) = \dfrac{\beta^{\alpha} x^{\alpha-1} e^{-\beta x}}{\Gamma(\alpha)}, \ x > 0, \ \alpha, \ \beta > 0$	$\dfrac{\alpha}{\beta}$	$\dfrac{\alpha}{\beta^2}$

附录 2　第 2 章 Stata 命令清单

命令	用途	示例
codebook *varlist*	查看变量的名字、标签和取值（相当于编码表）	codebook *gkcat*
<u>tab</u>ulate(*X*),<u>gen</u>erate(*Z*)	生成 *X* 的虚拟变量，并同时输出 *X* 的频数分布表	tabulate (*gkcat*),gen-erate(*gk*)
list *varlist*	列出观测值	list *gkcat gk1 gk2 gk3 gk4 gk5* in 1/100 if *gkcat*!=.
<u>g</u>enerate *X2* =...	生成新变量	generate *lurbinc* = ln (*urbinc*)
<u>hist</u>ogram *X1*	绘制直方图	histogram *urbinc*,normal
ztable	显示标准正态分布概率表	ztable
heads [, flips (100) coins(1)prob(0.5)ci]	模拟抛硬币试验。4 个选项依次表示设定抛掷次数、每次抛掷的硬币数、硬币正面朝上的概率，及显示置信区间（括号内为默认设置）	heads,flips(1000)
dice[,NDice(2)NRolls(10)NSides(6)]	模拟掷骰子试验。4 个选项依次表示设定骰子数、抛掷次数和骰子的面数（括号内为默认设置）	dice,ndice (1) nrolls (200)

注：(1) *varlist* 为变量列表，*varlist* =*X1*, *X2*, *X3*, …，意为此处可以填入一个或更多变量；(2) 命令关键词中有下划线的部分为该关键词的简写；(3) 命令后的 [ ] 内是选项，可根据需要添加。

附录 3　第 2 章公式证明

1. 方差简化形式

$$Var(X) = E\{[X - E(X)]^2\} = E(X^2 - 2XE(X) + [E(X)]^2)$$
$$= E(X^2) - 2E(X) \cdot E(X) + [E(X)]^2 = E(X^2) - [E(X)]^2 \quad (2A-1)$$

2. 离散均匀分布的期望和方差

若 X 的分布律为：

$$P\{X = k\} = \frac{1}{n}, \ k = 1, 2, \cdots, n \quad (2A-2)$$

则：

$$E(X) = \sum_{k=1}^{n} k \cdot \frac{1}{n} = \frac{1}{n} \frac{(n+1)n}{2} = \frac{n+1}{2} \quad (2A-3)$$

$$E(X^2) = \sum_{k=1}^{n} k^2 \cdot \frac{1}{n} = \frac{1}{n}(1^2 + 2^2 + \cdots + n^2)$$
$$= \frac{1}{n} \frac{n(n+1)(2n+1)}{6} = \frac{(n+1)(2n+1)}{6} \quad (2A-4)$$

$$Var(X) = E(X^2) - [E(X)]^2 = \frac{(n+1)(2n+1)}{6} - \frac{(n+1)^2}{4} = \frac{(n+1)(n-1)}{12}$$
$$(2A-5)$$

3. 二项分布的期望和方差

设 $X \sim B(n, p)$，$X_i \sim B(1, p)$，$i = 1, 2, \cdots, n$，则 X 可写成 n 个独立的两点分布随机变量之和：

$$X = X_1 + X_2 + \cdots + X_n \quad (2A-6)$$

因此，X 的期望为：

$$E(X) = E(X_1 + X_2 + \cdots + X_n) = E(X_1) + E(X_2) + \cdots + E(X_n) = np$$
$$(2A-7)$$

利用 X_i 间的独立性可得：

$$Var(X) = Var(X_1 + X_2 + \cdots + X_n) = Var(X_1) + Var(X_2) + \cdots + Var(X_n) = npq$$

$$(2A-8)$$

另一种稍复杂的方法：

$$E(X) = \sum_{k=0}^{n} k \cdot C_n^k p^k q^{n-k} = \sum_{k=0}^{n} k \cdot \frac{n!}{k!(n-k)!} p^k q^{n-k}$$

$$= np \sum_{k=1}^{n} \frac{(n-1)!}{(k-1)![(n-1)-(k-1)]!} p^{k-1} q^{(n-1)-(k-1)}$$

$$= np \sum_{k=1}^{n} C_{n-1}^{k-1} p^{k-1} q^{(n-1)-(k-1)} = np \sum_{i=0}^{n-1} C_{n-1}^i p^i q^{n-1-i}$$

$$= np(p+q)^{n-1} = np \qquad (2A-9)$$

$$E(X^2) = \sum_{k=0}^{n} k^2 \cdot C_n^k p^k q^{n-k} = \sum_{k=0}^{n} [k(k-1)+k] \cdot C_n^k p^k q^{n-k}$$

$$= \sum_{k=1}^{n} k(k-1) \frac{n!}{k!(n-k)!} p^k q^{n-k} + \sum_{k=0}^{n} k \cdot C_n^k p^k q^{n-k}$$

$$= n(n-1)p^2 \sum_{k=2}^{n} \frac{(n-2)!}{(k-2)![(n-2)-(k-2)]!} p^{k-2} q^{(n-2)-(k-2)} + np$$

$$= n(n-1)p^2(p+q)^{n-2} + np = n(n-1)p^2 + np \qquad (2A-10)$$

$$Var(X) = E(X^2) - [E(X)]^2 = n(n-1)p^2 + np - n^2 p^2 = npq \qquad (2A-11)$$

4. 泊松分布的期望和方差

设 $X \sim P(\lambda)$，其分布律为：

$$P\{X=k\} = \frac{\lambda^k}{k!} e^{-\lambda}, \quad k=0, 1, 2, \cdots,; \ \lambda > 0 \qquad (2A-12)$$

则：

$$E(X) = \sum_{k=0}^{\infty} k \cdot \frac{\lambda^k}{k!} e^{-\lambda} = \lambda e^{-\lambda} \sum_{k=1}^{\infty} \frac{\lambda^{k-1}}{(k-1)!} = \lambda e^{-\lambda} e^{\lambda} = \lambda \quad (2A-13)$$

$$E(X^2) = \sum_{k=0}^{\infty} k^2 \cdot \frac{\lambda^k}{k!} e^{-\lambda} = \sum_{k=1}^{\infty} k \cdot \frac{\lambda^k}{(k-1)!} e^{-\lambda}$$

$$= \lambda \sum_{k=1}^{\infty} (k-1) \cdot \frac{\lambda^{k-1}}{(k-1)!} e^{-\lambda} + \lambda \sum_{k=1}^{\infty} \frac{\lambda^{k-1}}{(k-1)!} e^{-\lambda}$$

$$= \lambda^2 + \lambda \qquad (2A-14)$$

$$Var(X) = E(X^2) - [E(X)]^2 = \lambda^2 + \lambda - \lambda^2 = \lambda \qquad (2A-15)$$

5. 几何分布的期望和方差

设 $X \sim G(p)$，其分布律为：

$$P\{X = k\} = (1-p)^{k-1}p = q^{k-1}p, \ k = 1, 2, \cdots \qquad (2A-16)$$

则：

$$E(X) = \sum_{k=1}^{\infty} kpq^{k-1} = p\sum_{k=1}^{\infty} kq^{k-1} = p\left(\sum_{k=1}^{\infty} q^k\right)' \qquad (2A-17)$$

因为：

$$\left(\sum_{k=1}^{\infty} q^k\right)' = (q + q^2 + q^3 + \cdots)' = \left(\frac{q}{1-q}\right)' = \frac{1}{(1-q)^2} = \frac{1}{p^2}$$

$$(2A-18)$$

所以：

$$E(X) = p \cdot \frac{1}{p^2} = \frac{1}{p} \qquad (2A-19)$$

下面再求 $Var(X)$。因为：

$$E(X^2) = \sum_{k=1}^{\infty} k^2 pq^{k-1} = p\sum_{k=1}^{\infty} k^2 q^{k-1} = p\left(\sum_{k=1}^{\infty} kq^k\right)' = p\left(q\sum_{k=1}^{\infty} kq^{k-1}\right)'$$

$$(2A-20)$$

而根据式（2A-18）可得：

$$\left(q\sum_{k=1}^{\infty} kq^{k-1}\right)' = \left(\frac{q}{(1-q)^2}\right)' = \frac{1+q}{(1-q)^3} = \frac{2-p}{p^3} \qquad (2A-21)$$

所以：

$$E(X^2) = p \cdot \frac{2-p}{p^3} = \frac{2-p}{p^2} \qquad (2A-22)$$

从而求得方差为：

$$Var(X) = E(X^2) - [E(X)]^2 = \frac{2-p}{p^2} - \frac{1}{p^2} = \frac{1-p}{p^2} \qquad (2A-23)$$

6. 负二项分布的期望和方差

设 Y 服从参数为 r，p 的负二项分布，其分布律为：

$$P\{Y = y\} = C_{r+y-1}^{y} p^r q^y, \ y = 0, 1, 2, \cdots \qquad (2A-24)$$

要求其期望和方差，须首先证明上式的概率和为 1，即证明：

$$\sum_{y=0}^{\infty} P\{Y = y\} = \sum_{y=0}^{\infty} C_{r+y-1}^{y} p^{r} q^{y} = 1 \qquad (2A-25)$$

设 $f(q) = (1-q)^{-r}$，则将 $f(q)$ 以麦克劳林级数

$$f(0) + f'(0)x + \frac{f''(0)}{2!}x^{2} + \cdots + \frac{f^{(n)}(0)}{n!}x^{n} + \cdots \qquad (2A-26)$$

展开可得：

$$f(q) = 1 + r\frac{q}{1!} + r(r+1)\frac{q^{2}}{2!} + \cdots + \frac{(r+y-1)!}{(r-1)!}\frac{q^{y}}{y!} + \cdots$$

$$= \sum_{y=0}^{\infty} \frac{(r+y-1)!}{(r-1)!y!} q^{y} = \sum_{y=0}^{\infty} C_{y+r-1}^{y} q^{y} \qquad (2A-27)$$

也即：

$$(1-q)^{-r} = \sum_{y=0}^{\infty} C_{r+y-1}^{y} q^{y} \qquad (2A-28)$$

利用式（2A-28）便可证得：

$$\sum_{y=0}^{\infty} P\{Y = y\} = \sum_{y=0}^{\infty} C_{r+y-1}^{y} p^{r} q^{y} = p^{r} \sum_{y=0}^{\infty} C_{r+y-1}^{y} q^{y}$$

$$= p^{r} \cdot (1-q)^{-r} = p^{r} \cdot p^{-r} = 1 \qquad (2A-29)$$

利用 $P\{Y = y\}$ 概率和为 1 的性质，就可以求出 Y 的期望：

$$E(Y) = \sum_{y=0}^{\infty} y C_{r+y-1}^{y} p^{r} q^{y} = \sum_{y=1}^{\infty} y \frac{(r+y-1)!}{y!(r-1)!} p^{r} q^{y}$$

$$= r \sum_{y=1}^{\infty} \frac{(r+y-1)!}{(y-1)!r!} p^{r} q^{y} = r \sum_{y=1}^{\infty} C_{r+y-1}^{y-1} p^{r} q^{y} \qquad (2A-30)$$

令 $z = y-1$，则上式变为：

$$E(Y) = r \sum_{z=0}^{\infty} C_{r+z}^{z} p^{r} q^{z+1} = \frac{rq}{p} \sum_{z=0}^{\infty} C_{(r+1)+z-1}^{z} p^{r+1} q^{z} \qquad (2A-31)$$

注意到 $C_{(r+1)+z-1}^{z} p^{r+1} q^{z}$ 即为服从负二项分布的变量 Z（成功 $r+1$ 次，失败 z 次）的概率密度，其和等于 1，因此：

$$E(Y) = \frac{rq}{p} \cdot 1 = \frac{r(1-p)}{p} \qquad (2A-32)$$

同理可求 Y 的方差：

$$E(Y^2) = \sum_{y=0}^{\infty} y^2 C_{r+y-1}^{y} p^r q^y = \sum_{y=1}^{\infty} y^2 \frac{(r+y-1)!}{y!(r-1)!} p^r q^y$$

$$= \sum_{y=1}^{\infty} \left[(y-1) + 1 \right] \frac{(r+y-1)!}{(y-1)!(r-1)!} p^r q^y$$

$$= \sum_{y=2}^{\infty} \frac{(r+y-1)!}{(y-2)!(r-1)!} p^r q^y + \sum_{y=1}^{\infty} \frac{(r+y-1)!}{(y-1)!(r-1)!} p^r q^y$$

$$= r(r+1) \sum_{y=2}^{\infty} \frac{(r+y-1)!}{(y-2)!(r+1)!} p^r q^y + E(Y)$$

$$= r(r+1) \sum_{y=2}^{\infty} C_{r+y-1}^{y-2} p^r q^y + E(Y) \qquad (2A-33)$$

令 $m = y - 2$，则上式变为：

$$E(Y^2) = r(r+1) \sum_{m=0}^{\infty} C_{r+m+1}^{m} p^r q^{m+2} + E(Y)$$

$$= \frac{r(r+1)q^2}{p^2} \sum_{m=0}^{\infty} C_{(r+2)+m-1}^{m} p^{r+2} q^m + E(Y)$$

$$= \frac{r(r+1)q^2}{p^2} \cdot 1 + E(Y) = \frac{r(r+1)(1-p)^2}{p^2} + \frac{r(1-p)}{p}$$

$$(2A-34)$$

因此：

$$Var(Y) = E(Y^2) - [E(Y)]^2$$

$$= \frac{r(r+1)(1-p)^2}{p^2} + \frac{r(1-p)}{p} - \frac{r^2(1-p)^2}{p^2} = \frac{(1-p)r}{p^2} \qquad (2A-35)$$

7. 均匀分布的期望和方差

设 $X \sim U[a, b]$，其概率密度为：

$$f(x) = \begin{cases} \dfrac{1}{b-a}, & a \leqslant x \leqslant b \\ 0, & \text{其他} \end{cases} \qquad (2A-36)$$

则：

$$E(X) = \int_{-\infty}^{+\infty} xf(x)\,\mathrm{d}x = \int_{a}^{b} x \frac{1}{b-a}\mathrm{d}x = \frac{1}{b-a} \cdot \frac{b^2 - a^2}{2} = \frac{a+b}{2} \quad (2A-37)$$

$$E(X^2) = \int_{-\infty}^{+\infty} x^2 f(x)\,\mathrm{d}x = \int_{a}^{b} x^2 \frac{1}{b-a}\mathrm{d}x = \frac{1}{b-a} \cdot \frac{b^3 - a^3}{3} = \frac{b^2 + ab + a^2}{3}$$

$$(2A-38)$$

$$Var(X) = E(X^2) - [E(X)]^2 = \frac{b^2 + ab + a^2}{3} - \frac{(a+b)^2}{4} = \frac{(b-a)^2}{12}$$

$$(2A-39)$$

8. 指数分布的期望和方差

设 $X \sim Exp(\lambda)$，其概率密度为：

$$f(x) = \begin{cases} \lambda e^{-\lambda x}, & x > 0 \\ 0, & x \leq 0 \end{cases}$$

$$(2A-40)$$

其中 $\lambda > 0$ 为常数。则：

$$E(X) = \int_{-\infty}^{+\infty} x f(x) \mathrm{d}x = \int_0^{+\infty} x \lambda e^{-\lambda x} \mathrm{d}x = -\int_0^{+\infty} x \mathrm{d}e^{-\lambda x}$$

$$= -x e^{-\lambda x} \Big|_0^{+\infty} + \int_0^{+\infty} e^{-\lambda x} \mathrm{d}x = 0 - \frac{1}{\lambda} \int_0^{+\infty} \mathrm{d}e^{-\lambda x}$$

$$= -\frac{1}{\lambda} e^{-\lambda x} \Big|_0^{+\infty} = \frac{1}{\lambda}$$

$$(2A-41)$$

$$E(X^2) = \int_{-\infty}^{+\infty} x^2 f(x) \mathrm{d}x = \int_0^{+\infty} x^2 \lambda e^{-\lambda x} \mathrm{d}x = -\int_0^{+\infty} x^2 \mathrm{d}e^{-\lambda x}$$

$$= -x^2 e^{-\lambda x} \Big|_0^{+\infty} + \int_0^{+\infty} e^{-\lambda x} \mathrm{d}x^2 = 0 + 2\int_0^{+\infty} x e^{-\lambda x} \mathrm{d}x$$

$$= \frac{2}{\lambda} \int_0^{+\infty} x \lambda e^{-\lambda x} \mathrm{d}x = \frac{2}{\lambda} \cdot \frac{1}{\lambda} = \frac{2}{\lambda^2}$$

$$(2A-42)$$

$$Var(X) = E(X^2) - [E(X)]^2 = \frac{2}{\lambda^2} - \frac{1}{\lambda^2} = \frac{1}{\lambda^2}$$

$$(2A-43)$$

9. 正态分布的期望和方差

设 $X \sim N(\mu, \sigma^2)$，其概率密度为：

$$f(x) = \frac{1}{\sqrt{2\pi}\sigma} e^{-\frac{(x-\mu)^2}{2\sigma^2}}, \quad -\infty < x < +\infty$$

$$(2A-44)$$

要证 X 的期望和方差，首先需要证明上式的概率和为 1。令 $Z = \dfrac{X-\mu}{\sigma}$，$z = \dfrac{x-\mu}{\sigma}$，则转换为证明：

$$\frac{1}{\sqrt{2\pi}} \int_{-\infty}^{+\infty} e^{-\frac{z^2}{2}} \mathrm{d}z = 1$$

$$(2A-45)$$

即：

$$\int_{-\infty}^{+\infty} e^{-\frac{z^2}{2}} dz = \sqrt{2\pi} \qquad (2A-46)$$

直接求 $\int_{-\infty}^{+\infty} e^{-\frac{z^2}{2}} dz$ 很困难，但考虑到式（2A-46）两边都是正数，所以只要各自的平方相等，那么式（2A-46）必然成立。对 $\int_{-\infty}^{+\infty} e^{-\frac{z^2}{2}} dz$ 取平方，得：

$$\left(\int_{-\infty}^{+\infty} e^{-\frac{z^2}{2}} dz\right)^2 = \left(\int_{-\infty}^{+\infty} e^{-\frac{t^2}{2}} dt\right)\left(\int_{-\infty}^{+\infty} e^{-\frac{u^2}{2}} du\right) = \int_{-\infty}^{+\infty}\int_{-\infty}^{+\infty} e^{-\frac{t^2+u^2}{2}} dt du$$

$$(2A-47)$$

此积分可在极坐标系下求得：将积分变量定义为极坐标变量 $t = r\cos\theta$，$u = r\sin\theta$ 则 $t^2 + u^2 = r^2$。其中，积分上下限变为 $0 \leq r < +\infty$ 和 $0 < \theta < 2\pi$（因为 $-\infty < t, r < +\infty$）。于是式（2A-47）变为：

$$\int_{-\infty}^{+\infty}\int_{-\infty}^{+\infty} e^{-\frac{t^2+u^2}{2}} dt du = \int_0^{2\pi} d\theta \int_0^{+\infty} e^{-\frac{r^2}{2}} r dr = 2\pi\left[-\int_0^{+\infty} e^{-\frac{r^2}{2}} d\left(-\frac{r^2}{2}\right)\right]$$

$$= 2\pi\left(-e^{-\frac{r^2}{2}}\Big|_0^{+\infty}\right) = 2\pi \qquad (2A-48)$$

从而式（2A-47）得证。

因为 $X = \sigma Z + \mu$，求 X 的期望和方差就可以简化为求 Z 的期望和方差：

$$E(Z) = \frac{1}{\sqrt{2\pi}}\int_{-\infty}^{+\infty} z e^{-\frac{z^2}{2}} dz = \frac{1}{\sqrt{2\pi}}\left(-e^{-\frac{z^2}{2}}\Big|_{-\infty}^{+\infty}\right) = 0 \qquad (2A-49)$$

利用式（2A-47）得：

$$Var(Z) = \frac{1}{\sqrt{2\pi}}\int_{-\infty}^{+\infty} z^2 e^{-\frac{z^2}{2}} dz = -\frac{1}{\sqrt{2\pi}}\int_{-\infty}^{+\infty} z de^{-\frac{z^2}{2}}$$

$$= -\frac{1}{\sqrt{2\pi}} z e^{-\frac{z^2}{2}}\Big|_{-\infty}^{+\infty} + \frac{1}{\sqrt{2\pi}}\int_{-\infty}^{+\infty} e^{-\frac{z^2}{2}} dz$$

$$= 0 + \frac{1}{\sqrt{2\pi}} \cdot \sqrt{2\pi} = 1 \qquad (2A-50)$$

所以：

$$E(X) = E(\sigma Z + \mu) = \mu \qquad (2A-51)$$

$$Var(X) = Var(\sigma Z + \mu) = \sigma^2 \qquad (2A-52)$$

注意到 $E(Z)$ 和 $Var(Z)$ 其实就是标准正态分布的期望和方差。

10. 对数正态分布的概率密度函数

设 $X = e^Y$（$X > 0$），$Y \sim N(\mu,\ \sigma^2)$。设 Y 的累积分布函数和概率密度函数分别为 $G(x)$ 和 $g(x)$。为求 X 的概率密度函数 $f(x)$，可以先求出累积分布函数 $F(x)$，再利用 $f(x) = F'(x)$ 求出 $f(x)$。

给定 $x > 0$，有：

$$F(x) = P\{X \leqslant x\} = P\{e^Y \leqslant x\} = P\{Y \leqslant \ln x\} = G(\ln x) \qquad (2A-53)$$

因此：

$$f(x) = F'(x) = G'(\ln x) = \frac{1}{x} g(\ln x) = \frac{1}{x\sigma\ \sqrt{2\pi}}\ e^{-\frac{(\ln x - \mu)^2}{2\sigma^2}} \qquad (2A-54)$$

综上，X 的概率密度函数为：

$$f(x) = \frac{1}{x\sigma\ \sqrt{2\pi}}\ e^{-\frac{(\ln x - \mu)^2}{2\sigma^2}},\quad x > 0 \qquad (2A-55)$$

附录 4 第 3 章 Stata 命令清单

命令	用途	示例
recode *X*...	重新编码	recode *age* 0 / 17 = 1 18 / 44 = 2 45 / 65 = 3 66 / 104 = 4 – 1 = . ,gener-ate(*newage*)
<u>l</u>abel <u>de</u>fine *lblname* ...	定义一个名为 *lblname* 的标签	label define *age*1 1 "0 – 17" 2 "18 – 44" 3 "45 – 65" 4 "≥66"
<u>l</u>abel <u>val</u>ues *X lblname*	将此标签赋给 *X*	label values *newage age*1
egen newX = fcn(*X*) [, by (*Z*)...]	（按 *Z* 分组），对 *X* 根据函数fcn( ) 生成 *newX*	egen *newX* = mode(*X*)
preserve	预先保存数据	
store	重新回到原来的数据	
findit...	查找信息（如命令）	findit univar
<u>ta</u>bulate *X*	生成一维频数分布表	tabulate *newedulevel*,nol
<u>ta</u>bulate *Y X*	生成 *Y*（行）和 *X*（列）的列联表	tabulate *newedulevel urban*,col
<u>su</u>mmarize *varlist*	列出 *varlist* 的观测值数量、均值、标准差、最小值和最大值	summarize *urbinc eduyr* if *urbinc*! = . & *eduyr*! = .
<u>su</u>mmarize *varlist*,detail	在以上统计量基础上，另列出主要百分位数、偏度和峰度等	summarize *urbinc*,detail
univar *varlist*	显示 *varlist* 的观测值个数、均值、标准差、最小值、四分位数和最大值	univar(*urbinc*)

续表

命令	用途	示例
tabstat *varlist*,statistics(*stat*[...])columns(statistics)	列出 *varlist* 的 statistics（）中的统计量（*stat*），并以这些统计量为列变量；若未指定 statistics（），则默认为均值	tabstat *urbinc*,statistics(mean sd count)by(male)
table *X1*,contents(*stat Y1*[*stat Y2*...])	按 *X1*（行）分组，列出 *Y1*（和 *Y2* 等各自）的统计量（列），*stat* 意为在此处填入统计量。若未设定 contents（），则默认只显示频数	table *male*, contents(mean *urbinc* sd *urbinc* count *urbinc*)
tabulate *X*,summarize(*Y*)	按 *X*（行）分组，列出 *Y* 的均值、标准差和观测值数量（行）；该命令不能选择其他统计量	tabulate *male*, summarize(*urbinc*)
graph bar[(*stat*)] *varlist*,over(*X1*)	条形图	graph bar *urbinc*, over(*male*) over(*newedulevel*)
graph pie,over(*X1*)	饼形图	graph pie,over(*newedulevel*)by(*urban*)
histogram *X*	直方图	histogram *urbinc*, bin(80) kdensity normal
graph box *varlist*	箱丝图	graph box *urbinc*, over(*male*)
symplot *X*	对称图	symplot *urbinc*
qnorm *X*	分位 - 正态图	qnorm *urbinc*,grid
sktest *X*	偏度 - 峰度检验	sktest *urbinc*

注：（1）*varlist* 为变量列表，意为此处可以输入一个或更多变量；（2）命令选项没有完整列出，详见正文或帮助文档。

附录 5　第 4 章 Stata 命令清单

命令	用途	示例
set <u>obs</u> #	设定观测值数量	set obs 5000
<u>g</u>enerate X = _n	生成一组从 1 到观测值数的正整数数列	gen X = _n
set <u>seed</u> #	设定随机数种,以便抽样结果可重复	set seed 100
gsample #[, <u>percent</u> wor generate(*newvar*)]	抽取简单随机样本。其中,(1) #默认为样本容量;若设置选项 percent,则#为百分比。(2) wor:进行无放回抽样;默认有放回。(3) generate:将被抽中的个体标记为 1,存储在 newvar 里	gsample 100, generate(S1)
forvalues lname = range{ 关于 `lname' 的命令 }	运行 for 循环语句(对多个对象进行相同操作)。其中,range 可为 (1) #1 (#d) #2 表示从#1 到#2 且间距为#d;(2) #1/#2 {…} 表示从#1 到#2 且间距为 1 等	forvalues i = 2/10 { summarize X if S`i'==1 replace *Mean* =r(mean) in`i' }
clt	演示中心极限定理	clt

注:clt 命令目前只能在 Windows 系统中使用,暂时无法用于 macOS 系统。

附录 6 第 4 章公式证明

1. 卡方分布的期望和方差

设 $Q = \sum\limits_{i=1}^{n} X_i^2 \sim \chi^2(n)$ 。　　　　　　　　　　　　　　　　(4A-1)

因为 $X_i \sim N(0, 1)$ ，所以有：

$$E(X_i^2) = Var(X_i) + [E(X_i)]^2 = 1 \qquad\qquad (4A-2)$$

$$E(X_i^4) = \int_{-\infty}^{+\infty} x^4 \frac{1}{\sqrt{2\pi}} e^{-\frac{x^2}{2}} \mathrm{d}x = -\frac{1}{\sqrt{2\pi}} \int_{-\infty}^{+\infty} x^3 \mathrm{d}e^{-\frac{x^2}{2}}$$

$$= -\frac{1}{\sqrt{2\pi}} x^3 e^{-\frac{x^2}{2}} \bigg|_{-\infty}^{+\infty} + \frac{1}{\sqrt{2\pi}} \int_{-\infty}^{+\infty} 3x^2 e^{-\frac{x^2}{2}} \mathrm{d}x$$

$$= 0 + 3 = 3 \qquad\qquad (4A-3)$$

$$Var(X_i^2) = E(X_i^4) - [E(X_i^2)]^2 = 3 - 1 = 2 \qquad (4A-4)$$

从而可求得 Q 的期望和方差为：

$$E(Q) = E\left(\sum_{i=1}^{n} X_i^2\right) = \sum_{i=1}^{n} E(X_i^2) = n \qquad (4A-5)$$

$$Var(Q) = Var\left(\sum_{i=1}^{n} X_i^2\right) = \sum_{i=1}^{n} Var(X_i^2) = 2n \qquad (4A-6)$$

2. 总体标准差 σ 未知时 $\bar{X}$ 的分布

设 X_1，X_2，$\cdots$，X_n 为来自正态总体 $N(\mu, \sigma^2)$ 的样本，$\bar{X}$ 和 S 分别是样本均值和样本标准差，则由式（4-13）可知：

$$\frac{\bar{X} - \mu}{\sigma/n} \sim N(0, 1) \qquad\qquad (4A-7)$$

由式（4-37）有：

$$\frac{(n-1)S^2}{\sigma^2} \sim \chi^2(n-1) \qquad\qquad (4A-8)$$

因此由 t 分布定义得[①]:

$$t = \frac{\dfrac{\bar{X} - \mu}{\sigma/n}}{\sqrt{\dfrac{(n-1)S^2}{\sigma^2} \cdot \dfrac{1}{n-1}}} = \frac{\bar{X} - \mu}{S/n} \sim t(n-1) \tag{4A-9}$$

3. 两个样本均值之差的分布

设 X 和 Y 是两个相互独立的总体，$X \sim N(\mu_1, \sigma^2)$，$Y \sim N(\mu_2, \sigma^2)$，$X_1$，$X_2$，$\cdots$，$X_n$ 和 Y_1，Y_2，$\cdots$，Y_n 分别是来自 X 和 Y 的两个样本，则由式（4-27）有：

$$\frac{(\bar{X} - \bar{Y}) - (\mu_1 - \mu_2)}{\sqrt{\sigma^2/n_1 + \sigma^2/n_2}} \sim N(0, 1) \tag{4A-10}$$

由式（4-37）有：

$$Q_1 = \frac{(n_1 - 1)S_1^2}{\sigma^2} \sim \chi^2(n_1 - 1), \quad Q_2 = \frac{(n_2 - 1)S_2^2}{\sigma^2} \sim \chi^2(n_2 - 1) \tag{4A-11}$$

因为 Q_1 和 Q_2 相互独立，所以根据 χ^2 分布的可加性有：

$$\frac{(n_1 - 1)S_1^2}{\sigma^2} + \frac{(n_2 - 1)S_2^2}{\sigma^2} \sim \chi^2(n_1 + n_2 - 2) \tag{4A-12}$$

再利用 t 分布的定义可得：

$$t = \frac{\dfrac{(\bar{X} - \bar{Y}) - (\mu_1 - \mu_2)}{\sqrt{\sigma^2/n_1 + \sigma^2/n_2}}}{\sqrt{\dfrac{(n_1 - 1)S_1^2}{\sigma^2} + \dfrac{(n_2 - 1)S_2^2}{\sigma^2} \cdot \dfrac{1}{n_1 + n_2 - 2}}}$$

$$= \frac{(\bar{X} - \bar{Y}) - (\mu_1 - \mu_2)}{\sqrt{\dfrac{(n_1 - 1)S_1^2 + (n_2 - 1)S_2^2}{n_1 + n_2 - 2}} \sqrt{\dfrac{1}{n_1} + \dfrac{1}{n_2}}} \sim t(n_1 + n_2 - 2) \tag{4A-13}$$

---

① 此处还利用了由 χ^2 分布推导出的 S^2 和 $\bar{X}$ 相互独立的性质。因其与实际统计应用联系不大，本书将之略去，详情参见相关数理统计教材。

附录7　第5章 Stata 命令清单

命令	用途	示例
save *filename*	将数据另存为名为 *filename* 的数据	save *Urban*
mi set wide mi register imputed *X* mi impute pmm *X*, add (#)rseed(#)	插值：首先定义缺失数据 再定义待插值的变量 *X* 最后，设定随机数种，使用预测性均值匹配插值法（PMM），生成#个插值后的新变量	mi set wide mi register imputed *gkscore* mi impute pmm *gkscore*, add(1)rseed(1)
ci *X*,level(#)	计算总体均值的置信区间 $\overline{X} \pm t_{\alpha/2}$ $(n-1)\dfrac{S}{\sqrt{n}}$；置信度默认为 level（95）	ci *gkscore*,level(99)
ci *X*, binomial wald level(#)	计算总体比例的 Wald 置信区间，即 $p \pm z_{\alpha/2}\sqrt{\dfrac{p(1-p)}{n}}$	ci *male*,binomial wald
ttest *var1*,by(*var2*) level(#)	σ_1 和 σ_2 未知，且假设 $\sigma_1 = \sigma_2$ 时，计算 $\mu_1 - \mu_2$ 的置信区间	ttest *gkscore*,by(*urban*)
ttest *var1*,by(*var2*) level(#)unequal	σ_1 和 σ_2 未知，且 $\sigma_1 \neq \sigma_2$ 时，计算 $\mu_1 - \mu_2$ 的置信区间	ttest *gkscore*,by(*urban*) unequal
cid *var1*, by(*var2*) unpaired[unequal] level(#)	计算 $\mu_1 - \mu_2$ 的置信区间	cid *gkscore*,by(*urban*) unequal unpaired
prtest *var1*,by(*var2*) level(#)	计算 $\pi_1 - \pi_2$ 的置信区间	prtest *onechild*,by(*male*)

注：（1）命令关键词中有下划线的部分为该关键词的简写；（2）命令的选项没有完整列出，可在帮助文档中查看。

参 考 文 献

［1］陈强．高级计量经济学及 Stata 应用（第 2 版）［M］．北京：高等教育出版社，2014.

［2］陈强．计量经济学及 Stata 应用［M］．北京：高等教育出版社，2015.

［3］戴维．安德森，丹尼斯．斯维纪，托马斯．威廉姆斯．商务与经济统计（第 8 版）［M］．王国成等，译，北京：中信出版社，2003.

［4］丹尼尔·A. 鲍威斯，谢宇．分类数据分析的统计方法［M］．任强，译，北京：社会科学文献出版社，2009.

［5］杜子芳．抽样技术及其应用［M］．北京：清华大学出版社，2005.

［6］风笑天．社会学研究方法［M］．北京：中国人民大学出版社，2009.

［7］古扎拉蒂．计量经济学基础（第四版）［M］．费剑平，孙春霞，译，北京：中国人民大学出版社，2005.

［8］郭志刚．社会统计分析方法——SPSS 软件应用［M］．北京：中国人民大学出版社，1999.

［9］贾俊平．统计学［M］．北京：清华大学出版社，2006.

［10］贾俊平．统计学（第六版）［M］．北京：清华大学出版社，2014.

［11］金勇进．抽样：理论与应用［M］．北京：高等教育出版社，2010.

［12］莱斯利·基什．抽样调查（现代外国统计学优秀译丛）［M］．倪加勋等，译，北京：中国统计出版社，1997.

［13］劳伦斯·汉米尔顿．应用 Stata 做统计分析［M］．郭志刚，译．重庆：重庆大学出版社，2007.

[14] 卢淑华.社会统计学（第 3 版）[M].北京：北京大学出版社，
2005.

[15] 卢小广.统计学教程 [M].北京：清华大学出版社，2006.

[16] 迈克尔·P. 莫瑞.现代计量经济学 [M].费剑平，译，北京：机
械工业出版社，2009.

[17] 茆诗松，程依明，濮晓龙.概率论与数理统计教程 [M].北京：
中国统计出版社，2004.

[18] 茆诗松，程依明，濮晓龙.概率论与数理统计教程（第 2 版）
[M].北京：中国统计出版社，2011.

[19] 萨尔金德.爱上统计学 [M].史玲玲，译，重庆：重庆大学出版
社，2008.

[20] 盛骤，谢式千，潘承毅.概率论与数理统计及其应用（第 4 版）
[M].北京：高等教育出版社，2008.

[21] Stata 统计与数据分析工作室.什么是面板数据（Panel Data）？ht-
tp：//blog. sina. com. cn/s/blog_79892e5b01018j14. html. 检索日期：2018 - 12 -
25.

[22] 王汉生.数据思维：从数据分析到商业价值 [M].北京：中国人
民大学出版社，2017.

[23] 伍德里奇.横截面与面板数据的计量经济分析 [M].王忠玉，译，
北京：中国人民大学出版社，2015.

[24] 伍德里奇.计量经济学导论：现代观点 [M].费剑平，林相森，
译，北京：中国人民大学出版社，2003.

[25] 谢宇.回归分析 [M].北京：社会科学文献出版社，2010.

[26] 谢宇.社会学方法与定量研究 [M].北京：社会科学文献出版社，
2006.

[27] 袁方，王汉生.社会研究方法教程 [M].北京：北京大学出版社，
1997.

[28] 詹姆斯·斯托克，马克·沃森.计量经济学导论（第 2 版）[M].
孙燕，译，上海：格致出版社，2009.

［29］朱怀球. 统计与数据分析课件 ［EB/OL］. http：//www2. coe. pku. edu. cn/subpaget. asp？id = 381. 检索日期：2019 – 01 – 01.

［30］Acock, A. C. A Gentle Introduction to Stata ［M］. College Station, Texas：Stata Press, 2008.

［31］Agresti, A., & Finlay, B. Statistical Methods for the Social Sciences (3rd) ［M］. Upper Saddle River, New Jersey：Pearson Education, 1997.

［32］Agresti, A., & Finlay, B. Statistical Methods for the Social Sciences (4th) ［M］. Upper Saddle River, New Jersey：Pearson Education, 2009.

［33］Agresti, A. Analysis of Ordinal Categorical Data ［M］. Hoboken, New Jersey：John Wiley & Sons, 2010.

［34］Anderson, D., Sweeney, D., Williams, T., Camm, J., & Cochran, J. Statistics for Business and Economics (13 ed.) ［M］. Boston, Massachusetts：Cengage Learning, 2016.

［35］Angrist, J. D., & Pischke, J. S. Mostly Harmless Econometrics：An Empiricist's Companion ［M］. Princeton, New Jersey：Princeton University Press, 2008.

［36］Baum, C. F., & Christopher, F. An Introduction to Modern Econometrics using Stata ［M］. College Station, Texas：Stata Press, 2006.

［37］Berry, W. D. Understanding Regression Assumptions (Quantitative Applications in the Social Sciences) ［M］. Thousand Oaks, California：Sage, 1993.

［38］Blalock, H. M. Measurement in The Social Sciences：Theories and Strategies ［M］. Chicago, Illinois：Aldine Pub. Co. , 1974.

［39］Blalock, H. M. Social Statistics ［M］. New York, New York：McGraw – Hill, 1972.

［40］Chatterjee, S. , Hadi, A. , & Price, B. Regression Analysis by Example, 3rd ed. ［M］. New York, New York：Wiley, 2000.

［41］Clarke, R. D. An Application of the Poisson Distribution ［J］. Journal of the Institute of Actuaries, 1946, 72 (3)：481.

［42］Conover, W. J. Practical Nonparametric Statistics (3rd) ［M］. Hoboken, New Jersey: John Wiley & Sons, 1998.

[43] Creswell, J. W. Research Design: Qualitative, Quantitative, and Mixed Methods Approaches (3rd) [M]. Thousand Oaks, California: Sage Publications, 2013.

[44] DeGroot, M. H. Probability and Statistics (2nd) [M]. Reading, Massachusetts: Addison Wesley Publishing Company, 1986.

[45] DeMaris, A. Regression with Social Data: Modeling Continuous and Limited Response Variables [M]. Hoboken, New Jersey: Wiley Interscience, 2004.

[46] Fox, J. Applied Regression Analysis, Linear Models, and Related Methods [M]. Thousand Oaks, California: Sage, 1997.

[47] Fox, J. Applied Regression Analysis and Generalized Linear Models (2nd) [M]. Thousand Oaks, California: Sage, 2008.

[48] Fox, J. Applied Regression Analysis and Generalized Linear Models (3rd) [M]. Thousand Oaks, California: Sage, 2016.

[49] Govindarajulu, Z. Elements of Sampling Theory and Methods [M]. Upper Saddle River, New Jersey: Prentice Hall, 1999.

[50] Gujarati, D. N. Basic Econometrics (4 ed.) [M]. New Delhi: Tata McGraw – Hill Education, 2004.

[51] Hamilton, L. C. Statistics with Stata: Version 9 [M]. Boston, Massachusetts: Cengage Learning, 2006.

[52] Havlicek, L. L. , & Peterson, N. L. Robustness of the Pearson Correlation Against Violations of Assumptions [J]. Perceptual and Motor Skills, 1976, 43 (3_suppl): 1319 – 1334.

[53] Heckman, J. Sample Selection Bias as a Specification Error [J]. Econometrica, 1979, 47: 153 – 161.

[54] Kotz, S. , & Drouet, D. Correlation and Dependence [M]. Singapore: World Scientific, 2001.

[55] Kruskal, W. H. , & Goodman, L. Measures of Association for Cross

Classifications [J]. Journal of the American Statistical Association, 1954, 49 (268): 732 – 764.

[56] Levine, D. M. , Szabat, K. A. , & Stephan, D. Business Statistics: A First Course (6 ed.) [M]. Boston, Massachusetts: Pearson, 2012.

[57] Levitt, S. D. Understanding Why Crime Fell in the 1990s: Four Factors that Explain the Decline and Six that Do Not [J]. Journal of Economic Perspectives, 2004, 18 (1): 163 – 190.

[58] Lomax, R. G. , & Schumacker, R. E. A Beginner's Guide to Structural Equation Modeling (4th) [M]. New York, New York: Psychology Press, 2016.

[59] Long, J. Regression Models for Categorical and Limited Dependent Variables [M]. Thousand Oaks, California: Sage, 1997.

[60] Long, J. S. , & Freese, J. Regression Models for Categorical Dependent Variables Using Stata [M]. College Station, Texas: Stata Press, 2001.

[61] Moore, D. S. , McCabe, G. P. , & Craig, B. A. Introduction to the Practice of Statistics [M]. New York, New York: W. H. Freeman and Company, 2009.

[62] Powers, D. A. , & Xie, Y. Statistical Methods for Categorical Data Analysis [M]. Bingley, United Kingdom: Emerald, 1999.

[63] Rabe – Hesketh, S. , & Everitt, B. A Handbook of Statistical Analyses Using Stata (3rd) [M]. College Station, Texas: Stata Press, 2004.

[64] Rosner, B. Fundamentals of Biostatistics [M]. Boston, Massachusetts: Cengage Learning, 2015.

[65] Salkind, N. J. Statistics for People Who (Think They) Hate Statistics [M]. Thousand Oaks, California: Sage Publications, 2016.

[66] Shen, E. Note on the Sampling Error of the Median [J]. Journal of Educational Psychology, 1935, 26 (2): 154.

[67] Sokal, R. R. The Principles and Practice of Statistics in Biological Research [J]. Biometry, 1995: 451 – 554.

[68] Treiman, D. J. Quantitative Data Analysis: Doing Social Research to

Test Ideas [M]. Hoboken, New Jersey: John Wiley & Sons, 2008.

[69] Turner, A. G. Sampling Strategies. In: Handbook on Designing of Household Sample Surveys [M]. Geneva: United Nations Statistics Division, 2003.

[70] Waldman, M., Nicholson, S., Adilov, N., & Williams, J. Autism Prevalence and Precipitation Rates in California, Oregon, and Washington Counties [J]. Archives of Pediatrics & Adolescent Medicine, 2008, 162 (11): 1026 – 1034.

[71] Wilson, T. P. Measures of Association for Bivariate Ordinal Hypotheses. In: Measurement in The Social Sciences [M]. Chicago, Illinois: Aldine Pub. Co., 1974: 327 – 342.

[72] Wooldridge, J. M. Econometric Analysis of Cross Section Data and Panel Data [M]. Cambridge, Massachusetts: MIT Press, 2001.

[73] Wooldridge, J. M. Introductory Econometrics: A Modern Approach, 3rd [M]. Boston, Massachusetts: Thomson, 2006.

[74] Wooldridge, J. M. Introductory Econometrics: A Modern Approach [M]. Toronto, Canada: Nelson Education, 2002.

[75] Yamaguchi, K. Event History Analysis [M]. Thousand Oaks, California: Sage, 1991.

[76] Yates, F. Contingency Table Involving Small Numbers and the χ^2 Test [J]. Supplement to the Journal of the Royal Statistical Society, 1934, 1 (2): 217 – 235.

跋　语

社会统计学及 Stata 应用

值此读本付梓之际，悲欣交集。恍惚间，刚走上讲台给社会学本科生讲授统计学课程的场景再次浮现眼前。当时的我自认为准备充足，不仅完整延续了传统的"生填硬塞＋机械记忆＋公式推导＋手工验算"的授课模式，而且积极板书，滔滔不绝，激情四溢，绞尽脑汁与学生互动，但台下一片迷茫，对提问一头雾水，几无应和……场面一度尴尬。课后，邀请多位学生喝咖啡，才知道他们大多没有高等数学的背景或数理功底相对较弱，一看到公式推导与手工计算，就开始焦虑不安，并对统计课充满了隐隐的恐惧。一旦离开，便泥牛入海，杳如黄鹤。奈何统计课又是专业必修课，一种"统计难"或"无用论"的观念，便在一代代的学生中悄然流传。的确，主动欣赏并学习统计学，再利用统计方法解决实际问题，是一个无高等数学背景或数理功底相对较弱学生面临的极大挑战。

穷则变，变则通，通则久，故革故鼎新。在屡屡尝试中，我逐步以贴近学生身边的案例，如教育、爱情、性别、健康、消费与收入等入手，将复杂的统计学原理掰开、揉碎，融入其中，以友好的"切口"娓娓道来。此外，在降低数学公式推导比重的同时，辅以计算机统计软件，让学生自己动手操作，亲自参与数据处理及统计分析过程。当他们看到自己的操作很快就得到了预期的结果时，大脑奖赏区就会点亮，因而学习统计的兴趣及主动性与日俱增。如此教学相长，效果立竿见影。

一路披荆斩棘，筚路蓝缕，且行且悟。学生们不仅都顺利地通过了严格的统计学考试，最为可贵的是，有许多人由此爱上了统计学。其中，有部分同学转专业去了经济统计系或在攻读研究生时选择了大数据分析或计量经济学等方向。我的课程也逐渐颂声载道，竟至于一座难求，有许多其他专业的学生及教师旁听，甚至还有研究生回头重修。我的讲义被学生们谬赞为像读小说般引人入胜，而讲授的统计学课程在每学期都被不虞而誉为最受欢迎的课程。后来，在许多人的鼓励下，我把线下统计课程搬上了互联网，有幸成为有目共赏的中国大学 MOOC 课程。

我的授课讲义一直广为传播，许多朋友鼓励我将其整理为读本发行。明知编撰道阻且长，经费囊中羞涩，出版困难重重，但考虑到中国社会科学国际化的使命及本土化统计读本出版迟滞的现状，我思忖再三，还是慨然应允了。不承想，编撰及创作耗时耗力，长达 10 年之久。尽管在初稿完成后的试用期，多方的积极反馈让我倍感欣喜，但同时也让我心有戚戚、感慨良多。

随着统计学在各学科中的渗透与广泛应用，中国的社会科学研究日益兴盛，但我国传统的统计教学方式与读本发展却相对滞后。这会让初登社会科学殿堂的学生既感晦涩难懂，又觉统计学难觅用武之地。传统的统计教学方式亟待改革，但若缺少优秀读本的支撑，再瑰丽的教学改革计划也是枉然。读本即唱本，若无好唱本，即使梅兰芳大师在世，也会立觉捉襟而肘见、纳履而踵决。另外，有部分统计学教师一直使用国外教科书，诚然国外教科书有一定的先进性，但写作语言及案例却与中国学生有一定隔阂。如何编撰与世界接轨的、一流的、服务于社会科学专业学生的本土化统计读本，已是当务之急。

编撰此基本统计读本的挑战主要来自：其一，如何更好地服务于无高等数学背景或数理功底相对较弱的社会科学专业的学生；其二，如何突破许多统计读本内容泛泛、语言枯燥、不用案例、不接地气的桎梏；其三，如何适用于社会科学各专业学科的教学特点，即培养的重点并非在于统计方法的创新，而在于如何把理论与实践相结合、学以致用，使读者既能利用正确的统计方法分析与处理数据，解读数据背后的机制，理解与发现社会，又可通过标准的统计学方法、模型及统计软件解决实际的问题，提升或改进社会科学理论。因此，此读本在编撰中试图超越上述挑战，并达到如下标准。

第一，基础读本的全面性、系统性、创新性。一本优秀的基础统计学读本，不仅要涵盖统计学基础知识的重点、难点，还要把基础知识、研究问题及学科前沿的研究成果有机结合，并进行合理铺垫，以实现与未来的进阶统计学习内容有序承接。

第二，以研究问题及中国案例入手，把统计理论穿插其中。以适用于社会科学各学科、跨学科的中国案例及学生耳熟能详的研究问题为起点，把统计原理与公式糅合其中，加强学生对统计思想的理解，淡化公式的推导与死记硬背，[①] 但要求读懂公式背后的故事，启发读者对现实问题的思考，培养他们分析与解决问题的能力，增加读本的实用性。此外，尽管在正文中淡化数学公式的推导，但考虑到不同读者的需求，此读本把数学公式推导放入各章附录，以供查阅与参考。

第三，强化统计软件的应用。现代统计学或数据分析，不仅是手工计算所无法完成的，而且即使学会统计计算，也并不一定能正确使用统计方法来解决实际问题。因此，笔者在教学实践与读本编撰过程中，以中国案例分析、以具体问题入手，强化统计知识点在实际研究中的应用，并从真实数据出发，辅以 Stata 统计软件操作演示命令（提供完整的 do file），对操作过程及统计结果进行详细解读，强化对案例分析、统计思想、方法特点、应用范围、局限性的理解，力图让学生通过读本有身临其境的课堂听课感。

第四，读本编排的友好性。即不仅保证此基础读本内容的可信性（系统性、科学性及正确性），还要保证读本呈现形式的可爱性（语言文字、图表、案例等）。[②] 如何在可爱与可信之间权衡，服务于社会科学各专业初学统计学课程的本科生，是此读本首要完成的任务。因此在知识点的讨论与编撰中，本书尽可能把复杂的概念与问题分解，以简单而不失严谨的逻辑、易于让读者接受的语言文字、清晰易懂的图表和命令，力求浅显易懂、循序渐进地展现，由浅入深、深入浅出，由此期待在统计学科的严谨性（如严密的数学证明）与通俗接地气的解读之间达到一种有机的平衡。

通过本书，读者可以通过案例分析、计算机操作，掌握基础统计学的原理、知识及应用，熟悉数据统计分析的技术与操作，掌握统计软件的运行与

---

① 在授课或读本编撰中发现，即使不采用大量的公式，也可以让学生们对统计思想有深刻的理解。

② 王国维对于哲学的评价是"可爱者不可信，可信者不可爱。"

结果解读，培养科学的统计思维，为将来进阶统计内容的学习（回归分析及因果推断等）及复杂问题的解决打下坚实的基础。例如，本书强调数据的收集、准备，以及基础性统计分析方法与技术的学习，注重增强实用性，并重点强调统计学的黄金法则，即检验、检验、再检验，以突出统计检验的生命力与重要性。只有通过检验，才能从部分推断到总体。若一个理论没有经过反复的数据检验与实证支持，则它极有可能是一个容易被证伪的特殊理论（Ad Hoc Theory，AL）。只有通过严格及反复的检验，才能增强理论的科学性。

具备一定的统计学基础、掌握这项获得科学结论的基本工具、养成科学的统计思维，这些不仅有助于我们成为优秀的学习者或社会科学家，更能增强我们对社会现象及人类行为的观察力、理解力和思考力。浸淫其中，我们至少可以正确地解读调查报告、数据分析结果、研究论文，也可以有效地甄别谁在利用数据撒谎。

或许部分读者认为本书较为基础，或在利用复杂模型撰写论文时感觉无用武之地。诚然，基础统计学有一定的定式或枯燥性，它缺少像回归分析及因果推断模型那样在论文撰写或发表时有一锤定音效果的实用魅力，但却是学习复杂统计模型及方法的必备前提，是绝对同等重要的。万丈高楼，起于平地。若统计基础不牢固，则将来面对复杂的统计模型就可能会囫囵吞枣、不知所云，或仅学皮毛，照猫画虎，机械套用，继而破绽百出，贻笑大方。其实，从一滴水中可以看到整个世界，无论将来学到的模型再怎么繁复巧妙，也都万变不离其宗。唯有通过扎实的基础训练，循序渐进，才能利用量化分析这柄利器，实现解决实际问题之"大成"，保证我们将来在复杂统计分析中的正确性、系统性与科学性。

无疑，统计学在社会科学中的应用存在一定的局限性（诸如统计理论的不完备及大量非实验/观察性数据的使用等），但它在社会科学进步中的奠基作用是不容忽视的。一个有志于探索因果机制的社会科学研究者，必须社会科学理论功底扎实、统计方法训练有素、社会实践经验丰富、科学人文素养深厚。凡此四者缺一不可，否则，我们就不具备深入解读社会现象及人类行为的基础。因此，我们不仅要认识到统计学的局限性，还要在如何将之变为更加可靠、更有效地分析工具上努力探索。

合抱之木，生于毫末；九层之台，起于累土。① 对基础统计学知识的把握程度决定了将来掌握更复杂统计学知识的高度。嚼得菜根，百事可为。只有掌握了基础统计知识，砥砺奋进，勠力前行，才能根深枝茂、厚积薄发、行稳致远。不积跬步，无以至千里；不积小流，无以成江海。相信以本书为起点，培养正确的统计思维，再循序渐进过渡到高级统计学内容的学习，理论与实践相结合，博学之，审问之，慎思之，明辨之，笃行之，才能切实提高统计学方法应用的能力，推进社会科学研究的长足发展。

追逐光明，求索智慧，是人类永恒的使命。统计学，则是一柄开辟光明与智慧之路的利器。君子藏器于身，待时而动，何不利之有？动而不括，是以出而有获，语成器而动者也。来日方长，去日尚短，让我们一起跨步前行，或直奔，或趑趄，或彳亍，或一步一踬，或小伫观望，② 应始终不以才华超绝时俊为喜，而以学养不及先贤为愧，存一念之真，秉烛以继，负笈千里，直挂云帆。

山川异域，风月同天。流年笑掷，未来可期。祈盼我们在进阶读本《进阶社会统计学及 Stata 应用》《从线性回归到因果推断》中再相逢，一起步入如花繁盛的"智性革命"（an intellectual revolution）时代。

王存同
甲辰荷月　于燕园

---

① 引自老子《道德经》第 64 章。
② 张晓风. 种种有情　种种可爱［M］. 长沙：湖南文艺出版社，2015.